레벨업

강한 커리어

한국 최대 헤드헌팅회사
커리어케어 대표가 알려주는
커리어 근육 단련법

레벨 업
강한 커리어

신현만 지음

SAY KOREA

목차

L　　E　　V　　E　　L　　　　U　　P

서문

세 개의 태풍에 맞설 커리어 근육을 키워라 ··· 8

CHAPTER 1.
경력관리, 늦었다고 생각할 때가 가장 빠르다

Q 오늘을 충실하게 사는 게 더 중요하지 않나요? ··· 20

Q 같은 선에서 출발했는데 가는 길이 달라지는 이유는 무엇인가요? ··· 28

Q 덜 일하고 돈 받으면 좋은 것 아닌가요? ··· 37

Q 워라밸을 선택했는데 자꾸 불안합니다 ··· 44

Q 프로 이직러가 뭐가 잘못된 거죠? ··· 51

Q 이직할 때 꼭 챙겨야 할 것은 무엇인가요? ··· 60

CHAPTER 2.
내 커리어는 어디로 가고 있는가

Q 졸업을 미루고 스펙을 쌓아야 할지 고민입니다 ··· 72

Q 평범한 직장인이 몸값을 높이려면 무엇을 먼저 해야 할까요? ··· 80

Q 사모펀드에 들어가고 싶습니다 ··· 87

Q 이미 포기한 길에 미련이 남습니다 ··· 94

Q 관리자보다는 실무의 스페셜리스트로 남고 싶습니다 ··· 101

Q 외국계 기업으로 이직을 제안받았습니다 ··· 109

Q 40대에 이직을 하면 임원은 불가능한가요? ··· 116

Q 대기업 임원 출신이면 이직이 쉬울 줄 알았습니다 ··· 123

Q 한국 사회에서 프리랜서로 사는 것이 가능할까요? ··· 130

CHAPTER 3.
강한 커리어를 위한 경력 경로

Q 아직도 적성에 맞는 일을 못 찾은 것 같습니다 ··· 142

Q 경력 지원자의 연봉은 어떻게 책정되나요? ··· 150

Q 어떻게 하면 연봉 협상을 유리하게 진행할 수 있을까요? ··· 158

Q 번번이 승진에 실패하는 이유를 모르겠습니다 ··· 166

Q 연봉과 직급 중 무엇을 우선해야 할까요? ··· 173

Q 워라밸을 지키면서 일할 수 있는 방법은 없을까요? ··· 180

Q 선배 따라 회사 옮겼다가 경력이 꼬였습니다 ··· 188

CHAPTER 4.
경력 관리의 핵심, 자기 브랜딩

Q 경력자만 뽑으면 경력 없는 신입은 어떻게 하라는 걸까요? ··· 198

Q 영어를 쓸 일도 없는데 토익 점수는 왜 요구하나요? ··· 205

Q 계속 탈락하다 보니 면접이 두렵습니다 ··· 212

Q 면접에서 솔직하게 대답하면 불이익을 받지 않을까요? ··· 221

Q 비즈니스 마인드가 부족하다는 지적을 받았습니다 ··· 229

Q '다양한 경험'과 '깊이 있는 경험' 중 무엇이 유리한가요? ··· 236

Q 학력이 좋지 않으면 임원 승진이 불가능한가요? ··· 244

Q 추가 학위를 따두면 임원 승진에 유리할까요? ··· 254

Q 직장에서 자기 브랜드를 구축해야 하는 이유가 무엇인가요? ··· 261

Q MBA 과정을 밟는 게 몸값을 높이는 데 도움이 될까요? ··· 270

CHAPTER 5.
조직의 문법을 이해하는 방법

Q 평판조회가 정말 입사를 좌우하나요? ··· 280

Q 상사와 갈등이 생기면 이직을 해야 할까요? ⋯ 288

Q 무능한 상사 밑에서 계속 일해야 할까요? ⋯ 295

Q 팀플레이에서 지적을 받았습니다 ⋯ 303

Q 커리어에 도움 되는 네트워크는 어떻게 구축해야 할까요? ⋯ 311

Q 좋은 멘토와 롤 모델을 구하려면 어떻게 해야 할까요? ⋯ 319

CHAPTER 6.
커리어 변곡점을 대비하라

Q 마흔에 하는 커리어 고민, 너무 늦은 게 아닐까요? ⋯ 328

Q 제게 맞는 헤드헌터는 어떻게 찾아야 할까요? ⋯ 337

Q 13년 차 직장인인데 주특기가 없습니다 ⋯ 346

Q 경력을 전환하고 싶은데 방법을 모르겠습니다 ⋯ 354

Q 정년까지 버틸 자신이 없습니다 ⋯ 361

Q 경단녀가 다시 커리어를 시작할 방법은 무엇인가요? ⋯ 368

Q 이직과 창업 제안을 동시에 받았습니다 ⋯ 376

결문

레벨 업을 위한 최고의 시간은 바로 지금이다 ⋯ 384

세 개의 태풍에 맞설 커리어 근육을 키워라

L E V E L   U P

한국의 인재시장이 격랑의 시기를 맞고 있습니다.

먼저 코로나19 팬데믹 시기에 인재시장을 뒤흔든 '디지털 전환' 태풍입니다. 그리고 이 태풍이 지나가기도 전에 '인공지능^AI 태풍'이 불어닥쳤습니다. 이 인공지능 태풍은 상륙 전부터 위력을 과시하면서 인재시장을 초긴장 상태로 몰아넣는 중입니다.

인공지능이 인재시장에 미칠 영향은 아직 가늠조차 어려운 상황입니다. 2024년 3월 한국개발연구원^KDI이 한국은행과 공동으로 개최한 노동시장 세미나에서는 "중간 숙련 일자리를 중심으로 이미 AI가 일자리에 상당한 영향을 미치고 있다"는 발표가 나왔습니다. 그리고 "인공지능 기술이 도입되면 총량에서는 큰 영향이 없겠지만, 전문직 수요는 늘어나는 대신 청년층 중심의 중간 숙련 수요는 줄어들고 임금도 감소할 것"이라고 내다봤습니다.

젠슨 황^{Jensen Huang} 엔비디아 CEO는 2024년 3월, 미국 스탠퍼드대학교 경제포럼에서 "인간처럼 생각할 수 있는 컴퓨터를 만드는 데 얼마나 걸릴 것 같으냐"는 질문에 대해 "인간처럼 생각하는 것을 인간의 시험을 통과할 수 있는 능력으로 정의한다면, 5년 안에 달성할 수 있다"고 대답했습니다. 그리고 인간 수준의 인식을 가진 '범용 인공지능^{AGI, Artificial General Intelligence}'이 곧 등장할 것이라고 예측하기도 했습니다.

저는 젠슨 황의 전망을 듣고 상당히 충격을 받았습니다. 범용 인공지능은 인간처럼 학습하고 추론할 수 있으며, 복잡한 문제를 해결하고 독립적으로 의사결정을 내릴 수 있는 인공지능을 말합니다. 영화 〈아이언맨〉에 나오는 인공지능 시스템 '자비스'나 〈인터스텔라〉에 나오는 '타스' 같은 존재입니다. 이런 인공지능이 등장한다면, 인재시장은 우리의 상상을 뛰어넘어 전혀 다른 양상을 띠게 될 수 있습니다.

디지털 전환, 인공지능에 이어 세 번째 태풍이 불어온다

그런데 디지털 전환 태풍이나 인공지능 태풍 못지않은 위력의 태풍이 인재시장을 강타하고 있습니다. 이 태풍은 엄청난 위력에도 불구하고 움직임이 겉으로 잘 보이지 않고 소리도 크게 나지 않아 사람들이 그 위력을 실감하지 못하고 있습니다. 바로 '저성장의 태풍'입니다.

한국경제는 이제 본격적으로 저성장 국면에 돌입했습니다. 2000년대 초만 해도 한국경제의 성장률은 6퍼센트대였습니다. 그런데 5년마다 1퍼센트씩 떨어지더니, 이제 2퍼센트대가 깨지기 직전입니다. 2023년 한국경제는 전년보다 1.4퍼센트 성장하는 데 그쳤습니다. 2024년 전망도 그리 밝지 않습니다. 정부와 국책연구기관, 국제기구는 2퍼센트대 초반의 성장을 점치고 있지만, 민간경제연구소들은 1퍼센트대 후반을 예상합니다.

경제 전문가들은 저출산과 고령화로 인한 인구감소를 고려하면 0퍼센트대의 '제로 성장 시대'가 도래할 날도 머지않았다고 전망합니다. 어떤 전문가들은 마이너스 성장에 대비해야 한다고까지 주장하고 있습니다.

기업들은 이 세 개의 태풍이 몰려오자 발 빠르게 인력 운용 전략을 바꾸기 시작했습니다. 고급인력 중심으로 조직을 재편하는 한편으로, 몸집을 줄여 조직을 작고 날렵하게 만들고 있는 것입니다. 직원들의 반발이나 사회적 시선을 의식해 소리 없이 추진하고는 있지만, 이미 인력 감축의 강도는 매우 강력합니다.

채용도 줄이고 있습니다. 인위적 감축이 가져올 후유증이 부담스럽고 인력 수요 자체가 줄고 있는 점을 감안해 채용 최소화로 자연 감축에 나서고 있는 겁니다. 이제는 서울의 명문대 출신조차 취업이 쉽지 않은 실정입니다. 명문대 졸업이 대기업 취업을 보장하던 시대는 종말을 맞고 있습니다.

직장을 떠난 사람들의 복귀도 어려워졌습니다. 학위나 자격증을 따기 위해, 출산이나 육아를 위해, 부모님을 보살피려고, 잠시 쉬려고 등의 이유로 직장을 떠난 사람들은 이제 떠나기 전 수준의 직장으로 돌아오기가 쉽지 않습니다.

기업들이 추진하는 인력 운용 정책의 변화는 일반 직장인에게도 부담을 주고 있습니다. 회사의 인력 정책이 보수적으로 바뀌면서 승진이 적체되고 성과가 부진한 직장인들은 퇴출 압력을 강하게 느끼게 된 것입니다. 그동안에도 압력이 없었던 것은 아니지만, 지금처럼 강도가 높은 적은 별로 없었습니다. 문제는 이런 압력이 일시적 현상이 아니라는 점입니다. 심지어 이 압력은 더 심해질 가능성이 큽니다.

직장인들은 무엇을 어떻게 해야 이 무시무시한 세 개의 태풍에 대처할 수 있을까요? 이 강력한 태풍에 휩쓸리지 않고 살아남을 수 있는 방법은 무엇일까요? 이 책은 이런 질문에서 시작되었습니다.

왕관을 견디는 것은 탄탄한 목의 근육이다

'회사 실적이 나빠졌다는데 구조조정이 진행되지는 않을까?'
'나이 들어서 이제 뒷전으로 밀려나는 건 아닐까?'
'이번에도 승진에서 누락되면 어떻게 하지?'
'사무자동화로 직원을 줄인다는데, 거기 내가 포함되는 건 아닐까?'

이런 질문을 던지며 스스로를 자포자기의 수렁으로 끌어들이는 것이 아니라 당당하게 자신만의 경력 경로Career path를 성큼성큼 걸어가는 법, 외부 환경 변화에 흔들리지 않고 자신 있게 '강한 커리어'를 완성하기 위해 커리어의 근육을 단련시키는 법을 저는 모색해 보았습니다. 그러고 나서 내린 결론은, 강한 커리어는 '전문성'에 뿌리를 두고 있다는 것입니다. 그리고 이 전문성을 강화하고 발전시키기 위해서는 커리어를 체계적이고 꼼꼼하게 관리해야 한다는 사실입니다.

직장생활에서 부딪히는 문제의 상당 부분은 커리어의 목표와 경로가 불분명해서 생겨납니다. 어떤 일이든 목표 없이 추진하면 도중에 길을 잃기 마련입니다. 무턱대고 길을 걷다 보면 왜 이 길을 걷고 있는지, 어디로 가야 하는지 혼란을 느끼게 됩니다. 특히 어려운 문제에 부딪히면 길을 헤매다 낙오할 가능성이 큽니다. 목표 없는 실행은 차라리 실행하지 않는 것보다 못할 수도 있습니다.

많은 직장인들이 자기 분야의 전문가가 되기를 원합니다. 최고 위치에 오르는 것을 꿈꿉니다. 그러나 이에 성공하는 사람은 그리 많지 않습니다. 대부분 경력 목표에 도달하기 전에 포기하고 맙니다. 왜일까요?

세상에 공짜는 없는 법입니다. 경력관리도 마찬가집니다. 누구나 그럴듯한 경력 목표를 설정할 수 있고, 그 목표를 달성하는 과정을 설계할 수 있습니다. 문제는 '실행'입니다. 제 경험에 비추어 볼 때, 경력관리에 실패한 사람들은 목표를 못 세운 것도, 여정을 잘못 설계한 것도 아니었습니다. 경력 목표로 가는 과정의 지루함과 답답함을 견디지 못했기 때문이었습니다. 현재 단계에서 충분한 경험과 지식을 축적해야 이것을 토대로 다음 단계의 길을 걸을 수 있는데, 그렇지 않았던 겁니다. 커리어 근육이

제대로 만들어지지 않았기 때문이었습니다.

"One who wants to wear the crown, bear the crown."
(왕관을 쓰려는 자, 그 왕관의 무게를 견뎌라.)

윌리엄 셰익스피어가 자신의 희곡 『헨리 4세』에서 영국 왕 헨리 4세의 행태를 꼬집으면서 한 말입니다. 왕관을 쓴 자에게는 명예와 권력만큼 막중한 책임감이 뒤따른다는 의미입니다.

셰익스피어의 말대로, 누구든 왕관을 쓰려면 그 왕관의 무게를 견뎌야 합니다. 경력 목표에 도달하려면 설계도의 경로를 따라 걸어야 합니다. 해당 분야의 전문가가 되려면 경험과 지식을 지속적으로 쌓아가야 합니다. 그 과정의 고단함을 감당하지 못하면 축적은 이루어지지 않으며, 목표로 가는 여정은 계획에 그칠 수밖에 없습니다.

가끔 "나는 소확행(또는 워라밸)을 추구하기 때문에 그런 것에 관심이 없다"고 이야기하는 직장인들을 만납니다. 그런데 이들과 좀 더 깊은 이야기를 나눠보면, 이들도 욕심이 없는 게 아니었습니다. 꿈을 꿔도 실현되기 어렵기 때문에 지레 포기하고 자기 합리화를 하는 것이죠. 이솝 우화의 여우처럼, 포도를 못 따는 게 아니라 안 따는 것이라고 정당화하는 겁니다.

이들을 보며 느꼈던 안타까움과 막막함이 이 책을 쓰게 된 동력이 되었습니다.

이제는 커리어 자산을 축적할 때

저는 근 10여 년의 세월 동안 주로 저와 같은 처지의 경영자를 비롯한 의사결정권자들이 함께 생각해볼 이야기를 책으로 전해왔습니다. 전작인 『사장의 별의 순간』도 그중 하나입니다. 그 책을 출간한 후 주변에서 보통의 직장인을 위한 책을 한 권 더 써보면 어떻겠냐는 권유를 여러 차례 받았습니다. 제가 쓴 『회사가 붙잡는 사람들의 1% 비밀』이 나와 그 시절 직장인들에게 유용한 지침을 전달했던 게 2009년이니, 이후 15년 동안 바뀐 세상을 사는 바뀐 직장인들의 생존법을 살피면 좋겠다는 이야기였지요.

'의미 있는 일'이라는 주변의 응원을 자양분 삼아 바뀐 세상의 흐름을 이기고 자신을 성장시키기 위해 고민하는 이들의 이야기를 들어보기로 했습니다. 그리고 저는 시간이 강타한 변화의 한복판에 경영자만 놓여있는 것이 아니었음을 확인했습니다. 그래서 강산이 한 번 반 지나는 동안 바뀐 것과 바뀌지 않은 것을 구분하고 좀 더 현실에 닿는 답을 찾기 위해 고민했습니다. 어떻게 보면 이 책은 당시를 살던 직장인에게 많은 힘이 되었던 『회사가 붙잡는 사람들의 1% 비밀』이라는 책의 2024년 버전이라고도 볼 수 있습니다.

불어오는 태풍에도 단단하게 버티고 서서 자신만의 목표를 향해 나아가고자 하는 직장인들에게는 무엇이 필요할까요? 저는 고민 끝에 이 책에 이런 이야기들을 Q&A 형식으로 담아냈습니다. 내용을 크게 세 가지로 분류하면 다음과 같습니다.

첫째, 목표 설정과 경력 경로 설계에 대한 것입니다. 앞서도 말했듯 목표에 맞추어 과정을 제대로 설계하면 어떤 난관에도 비틀거리지 않을 수 있습니다. 그래서 직장인이 똘똘하게 목표를 세우고 과정을 설계하는 법을 담았습니다.

둘째, 조직의 메커니즘과 관련된 이야기입니다. 연봉과 승진은 직장인에게 가장 피부에 와닿는 성과이자 앞으로 나아가게 하는 동력입니다. 또 인간관계나 조직 적응 실패는 경력관리에 가장 큰 걸림돌이 되기도 합니다. 조직의 문법을 이해하는 직장인은 어떤 방해나 난관에도 현명하게 대처하며 앞으로 쭉쭉 나아갈 수 있습니다. 이 책은 경력관리를 위해 조직 생활을 어떻게 해야 하는지에 대한 내용을 다루었습니다.

셋째, 앞으로 다가올 세상을 어떻게 이해하느냐가 개인의 미래를 좌우합니다. 태풍이라고 표현할 정도로 강력한 변화의 흐름을 마주하며 생존하고 성공하기 위해 어디에 초점을 맞추어 자기계발을 해야 하는지, 커리어에 득이 되는 이직의 기술은 어떤 것인지, 이후 커리어 트렌드는 어떻게 변화할 것인지에 대해 20여 년간 헤드헌팅회사를 경영하며 얻은 나름의 결론을 담았습니다.

지금 불고 있는 세 개의 태풍이 앞으로 직장생활과 인재 시장을 어떻게 바꿔놓을지 예측하기가 쉽지 않습니다. 이 태풍은 쉽게 가라앉지 않을 것입니다. 게다가 그 규모와 종류가 다를지라도 태풍은 계속해서 불어올 게 확실합니다. 따라서 어떤 태풍에도 흔들리지 않는 커리어, 강한 커리어를 만들 필요가 있습니다.

이 책이 독자 여러분의 경력 목표와 경로 설계에 도움이 되기를 바랍니다. 그래서 외부 상황이 어떻게 바뀌어도 자신의 입지가 흔들리지 않도록 커리어를 구축하고 관리할 수 있기를 바랍니다. 어느 누구라도, 어떤 상황이더라도, 아직 늦지 않았습니다.

2024. 4.
삼성동 봉은사에 쌓여가는 봄을 바라보며

CHAPTER
1

경력관리,
늦었다고 생각할 때가
가장 빠르다

L E V E L   U P

오늘을 충실하게 사는 게
더 중요하지 않나요?

금융회사에 다니고 있는 30대 중반의 직장인입니다. 대학교를 졸업하고 운 좋게 지금의 직장에 바로 입사한 후 현재까지 성실하게 다니고 있습니다. 그런데 얼마 전 오랜만에 대학교 동기들과 만난 뒤로 저의 경력을 다시 생각해보게 됐습니다.

지금까지 저는 지금 일하는 곳에서 맡은 역할을 다하고, 퇴근 후나 주말에는 충분히 휴식을 취하고 취미생활을 하며 즐겁게 지내는 것이 옳다고 생각했었습니다. 소위 '워라밸'이 제 목표였던 거죠.

그런데 제가 이렇게 오늘을 충실하게 사는 동안 대학 동기들은 미래를 준비하고 있었더군요. 퇴근 후에 직무 관련 자격증을 준비하는 친구도 있었고, 학원에 등록하여 외국어를 배우는 친구도 있었습니다. 같은 업종에 근무하는 사람들과 정기적으로 스터디 모임을 하는 친구도 있고, 조만간 회사가 보내주는 MBA 과정에 입학하기 위해 외국으로 떠나는 친구도 있었습니다.

모임 내내 '난 그동안 뭘 하고 있었지'라는 생각이 끊이질 않았습니다. 그동안 충실히 살아왔다고 생각했는데, 다시 살펴보니 친구들에게 많이 뒤떨어졌다는 생각이 듭니다. 지금부터라도 경력관리에 나서야 하는 것일까요?

직장은 당신을 평생
책임져주지 않습니다

저는 헤드헌팅회사를 차리기 전에 신문사에서 기자로 근무했습니다. 그래서 언론사 시절의 동료와 후배들로부터 경력관리에 관한 상담을 여러 차례 요청받고는 했습니다. 회사도 다르고 나이도 제각각이었지만, 그들이 쏟아낸 얘기는 대개 비슷했습니다. 신문사나 방송사에서 부장과 국장, 논설위원 등 요직을 거치면서 나름대로 열심히 살았는데, 어느새 밀려나있는 자신을 보고 있다는 겁니다.

요즘에는 법률, 스포츠, 정치, 과학 등의 분야에서 전문기자들이 활약하고 있습니다만, 사실 언론계에서 기자가 특정 분야의 전문성을 확보해야 한다는 관념이 뿌리를 내린 것은 그리 오래되지 않았습니다. 제가 신문사에 재직할 때 기자들은 정치부에서 사회부로, 경제부에서 스포츠부나 편집부로 소속 부서가 바뀌는 일이 흔했습니다. 물론 과거에도 환경이나 문학, 스포츠, 보건의료 담당처럼 특정 분야를 깊게 파고드는 전문기자들이 없지는 않았습니다. 그러나 대개 신문사에서 유능하다는 평을 듣는 기자는 어떤 분야를 맡든 취재를 잘하고 기사를 잘 쓰는 사람이었습니다.

금융계도 그랬습니다. 과거에 은행은 직원을 한 부서에서 계속 근무하게 두지 않았습니다. 지점의 창구 담당으로 보냈다가 외환 부서로 발령을 내고, 인사 부서를 거쳐 해외지점에 배치하는 식으로 순환시켰습니다.

평생직장 시대에는 회사가 직원을 순환 배치하는 것이 딱히 문제일 것이 없었습니다. 이 회사에서 정년까지 일할 사람이니, 오히려 여러 직무를 경험하게 하는 것이 회사의 구조와 생리를 잘 알고 있는 전문가를 키우는 셈이었습니다.

그렇지만 지금은 직장이 직원을 평생 책임져주는 시대가 아닙니다. 어느새 이직은 직장인의 일상이 되었습니다. 2022년의 조사에 따르면 연령별로 평균 이직 횟수는 20대 직장인은 2.1회,

30대는 3.2회, 40대 직장인은 4.2회에 달했습니다. 20대 중반에 첫 직장을 다니기 시작한 사람은 40대 중반이 될 때까지 대략 5년에 한 번씩 이직을 한 셈입니다. 한 직장에서 정년퇴직을 맞이하는 이들은 이제 천연기념물만큼이나 찾아보기 어렵습니다.

기업 내부의 문화도 이미 바뀌었습니다. 임원 등 요직에 내부 직원을 발탁하지 않고 외부 인재를 영입하는 경우가 늘었습니다. 기업은 성장을 지속하기 위해 신규사업을 추진하고 인적 자원을 쇄신해야만 하는데, 내부 직원만으로는 신규사업을 추진하고 성장을 꾀하기가 어려워진 것입니다.

세상 역시 가늠하기 어려운 속도로 바뀌고 있습니다. 이제 AI가 세상의 모든 영역에서 핵심 도구가 되는 미래가 목전에 다가와있습니다. 우리가 마주하고 있는 현실은 직장인들에게 현재에 머무르지 말고 미래를 준비하라고 재촉하고 있습니다. 개인 스스로 어느 분야의 전문가가 되거나 기존의 역량에 더해 새로운 영역을 개척하지 않으면 미래의 경력을 설계하기 어려운 세상이 됐습니다. 질문하신 분께서 느끼는 불안감은 그 근거가 충분한 셈입니다.

질문하신 분께서 던진 질문은 변화하는 세상에서 수많은 사람이 던지는 질문입니다. 과거에는 최선이었던 선택이 상황이 변하면서 최악이 되는 일은 앞으로 더욱 짧은 주기로 찾아올 것입니다. 그러니 앞으로 우리는 지금 서있는 곳이 어디인지, 앞으로 가야 할 곳이 어디인지, 그곳에 도달하기 위해서는 어느 길을 밟아가야 하는지 이전보다 더욱 구체적으로, 그리고 더욱 자주 되새겨보아야 합니다.

경력 목표와 경력 경로를 설정하라

경력관리를 잘하는 사람들의 머릿속에는 경력 목표^{Career goal}와 경력 지도^{Career map}가 상당히 구체적으로 들어있습니다. 언제까지 직장생활을 유지하고, 은퇴할 때까지 어느 정도의 노후 자금을 마련하며, 이를 위해서는 어떤 회사에서 어느 정도 위치까지 올라가야 하는지 상세한 계획표가 세워져있습니다. 그들은 현재 자신의 위치에서 다음 단계로 가기 위해 필요한 역량이 무엇인지 파악하고 이를 함양하며, 현재 위치에서 더 높이 올라가기 어렵다면 수평 이동, 즉 부서를 전환하거나 이직을 선택합니다.

경력 목표를 세우고 거기에 이르는 구체적 경로를 설계한 사람들은 차근차근 자신의 코스를 밟아갑니다. 목적지가 분명하고 목적지에 이르는 길도 다 파악해뒀기 때문에 주저하지 않고 성큼성큼 자신의 길을 걸어갑니다. 다음 목표에 도달하기 위해 공부하고 경험을 쌓고 직장을 옮기는 것이죠. 바로 질문하신 분께서 목격한 친구들의 모습입니다.

만약 질문하신 분께서 대학을 졸업한 뒤 특정 기업에 입사하는 것만 목표로 삼았다면 친구들과 격차가 벌어지는 것은 시간문제입니다. 친구들에게 기업에 입사하는 것은 목표가 아니라 원대한 목표, 먼 미래를 위한 과정의 하나일 뿐입니다. 그들의 눈은 입사해 다니고 있는 현재의 회사가 아니라 다음 목적지를 향하고 있을 가능성이 큽니다.

현재 느끼고 있는 불안감을 해소하고 싶으시다면, 지금부터라도 경력 목표를 정하고 그 과정을 설계해야 합니다. 그리고 각 과정에서 필요한 자격이나 조건을 갖추는 방법을 찾아봐야 합니다.

경력관리는 단순히 이직을 계획하거나 직장에서 정치에 몰두하는 게 아닙니다. '역량을 갖추고 있으면 기회는 언젠가 온다'는 믿음을 갖고 필요한 지식과 경험을 쌓아가는 것입니다. 내가 경력 목표에 도달하기 위해 필요한 역량을 갖추고 있는가, 비어있다면 그것은 무엇이고 그것을 어떻게 채울 것인가를 고민해야 합니다.

미래는 미래를 그리는 자의 몫이다

현대경영학의 아버지로 불리는 피터 드러커Peter Ferdinand Drucker
는 "지식사회에서 지식근로자는 각자가 CEO가 돼야 한다"고 말
했습니다. 모든 지식근로자는 자신의 분야에서 CEO와 마찬가
지로 스스로 판단하고 결정하면서 자기가 보유한 지식과 능력으
로 조직 목표에 기여해야 한다는 의미입니다. CEO의 마음으로
자신의 직무역량을 관리해나간다면 경력 목표는 더욱 빨리, 더욱
충실하게 달성할 수 있을 겁니다.

경력관리를 경영학적 관점에서 해석한다면 '한정된 자기 시
간을 배분하는 적극적 행위'라고 할 수 있을 것입니다. 나에게 주
어진 24시간을 어디에 어떻게 써야 경력 목표를 달성하기에 가
장 효율적인가를 고민하고 계획해보는 겁니다.

프랑스의 유명한 소설가인 폴 부르제Paul Charles Joseph Bourget는
"당신은 당신이 생각하는 대로 살아야 한다. 그러지 않으면 머지
않아 사는 대로 생각하게 될 것이다"라는 말을 남겼습니다. 이 말
을 염두에 두고 경력에 관해 계획을 세워본다면, 계획 그대로는
아니더라도 그에 가깝게 살게 될 것이 분명합니다. 예컨대 회계
전문가가 되겠다고 생각한 사람은 직장생활을 하면서 최대한 회
계와 관련된 직무를 맡으려 할 것이고, 회계에 관한 책을 한 권이

라도 더 보게 될 겁니다. 그렇게 몇 년을 자신과 싸우면서 시간을 한 곳에 쏟아부으면 어느덧 전문가가 되어있는 자신을 발견하게 될 것입니다.

질문하신 분께서는 나이가 30대 중반이라고 하셨습니다. 경력관리 차원에서 늦었다면 늦었고 빠르다면 빠른 나이입니다. 나이보다 중요한 것은 이제라도 인생을 어떻게 살 것인가에 관한 계획을 세우는 것입니다. 이제부터라도 그 계획을 위한 축적의 시간을 가져야 합니다.

저는 저희 회사에 지원한 젊은 후보자들을 면접할 때 종종 이런 질문을 던집니다.

"10년 뒤 당신은 어떤 모습이 돼있을까요?"

제가 이런 질문을 하는 이유는 응시자가 자기 미래를 설계하고 있는 사람인지, 그 설계 내용은 어떤 것인지를 파악하기 위해서입니다.

귀하라면 이 질문에 뭐라고 답을 하시겠습니까?

같은 선에서 출발했는데 가는 길이
달라지는 이유는 무엇인가요?

40대 직장인입니다. 대학 시절부터 꾸준히 모임을 갖던 동기들이 있습니다. 지난 몇 년간 해외 지사 근무로 모임에 불참하다가 오랜만에 참석했는데, 그간 분위기가 많이 바뀐 것을 느꼈습니다. 예전에는 다들 취업 시기가 비슷하여 직위도 비슷했고, 근무 조건이나 상사 얘기로 동병상련을 나누곤 했습니다. 그런데 이제는 달고 있는 직함이나 처지가 다들 제각각입니다. 팀장이 된 친구도 있고, 임원이 된 친구도 있습니다. 반대로 아직 차장을 달지 못한 친구도 있고, 일찌감치 직장생활을 접고 자영업을 시작해 사장님 소리를 듣는 친구도 있습니다.

서로 주된 관심사가 달라져서 대화가 다채로워진 것은 즐겁지만, 이제 점점 더 공통점이 사라지고 이렇게 모이는 일도 줄어들 것이라는 예감에 씁쓸해지기도 했습니다. 이 시기에 이런 일들이 생길 수 있다는 사실은 알고 있었지만, 직접 몸으로 겪고 나니 새삼스럽고 낯선 기분이 듭니다. 동기들 간에 삶의 길이 서로 달라진 원인이 무엇일까요? 물론 저마다 다른 선택을 한 결과이겠지만, 선택이 달라질 수밖에 없었던 근본적인 원인이 있지 않을까 싶습니다.

비전의 차이가
커리어의 차이로 나타납니다

저는 TV로 중계되는 마라톤 경기를 즐겨 봅니다. 뛰는 선수들의 표정에서부터 응원하는 사람들의 모습, 카메라가 잡는 주변 풍경까지 볼거리가 참 많습니다. 특히 선수들의 입장이 되어 지금 무엇을 떠올리고 어떤 생각을 하고 있을지 상상해보는 재미가 있습니다. 연습 과정의 고통, 치고 나갈 것인지 아니면 당분간 현재의 속도를 유지해야 할지에 대한 고민, 완주한 뒤 느낄 쾌감 같은 것 말입니다.

경기 초반에는 선수들 간의 실력 차이가 잘 드러나지 않습니다. 덩어리지어 달리던 선수들이 점점 간격을 벌리기 시작하는 것은 중반부터입니다. 우리의 인생도 비슷합니다. 질문하신 분의 연령대인 40대는 인생의 중반부에 해당합니다. 앞에서 치고 나가는 선수와 뒤처지는 선수의 차이가 본격적으로 벌어지는 시기입니다.

이렇듯 직장인들 사이에 격차가 벌어지는 것은 20대와 30대를 다르게 보냈기 때문입니다. 더 구체적으로 이야기하면 격차의 핵심 요인은 '전문성의 유무'입니다. 20대와 30대에 경력 목표를 정한 뒤 자신의 전문성을 강화하는 쪽으로 경력을 쌓아온 사람들은 40세 이후에도 기존 경력 경로의 연장선을 이어갑니다. 전문성에 깊게 뿌리를 내렸기 때문에 커리어의 나무에 꽃이 피고 열매도 맺게 되는 것입니다. 반대로 전문성 축적이 이뤄지지 않은 나무에서는 꽃이 제대로 피지 않고, 피더라도 작고 연약해 좋은 열매를 기대하기가 어렵습니다.

30대의 시간이 30년을 결정한다

'첫 직장이 중요하다'라는 말이 있습니다. 이는 첫 직장에서 배운 것과 경력이 이후의 직장, 나아가 직업에까지도 커다란 영향을 미치기 때문에 생겨난 말입니다. 그런데 이제 저는 조금 다르게 생각합니다. 바로 '직장인이 보내는 30대의 시간이 남은 30년을 결정한다'라고 말입니다.

이제 직장인의 이직은 허물이 아니라 일상이 됐습니다. 뿌리를 내려 열매를 맺을 때까지 한 곳에서만 자라지 않고 이곳저곳을 옮겨 다닐 수 있게 됐습니다. 직장인의 경력 경로는 선형적인 움직임이 아니라 양자적인 움직임을 띱니다. 다시 말해서 첫 직장이 만족스럽지 않거나 비전이 보이지 않는다면, 따로 전문성과 역량을 쌓아 이전과 이어지지 않는 새로운 위치에서 커리어를 다시 만들어갈 수 있다는 의미입니다.

그렇지만 이것이 가능한 시기는 그리 길지 않습니다. 길어야 40대 초중반까지가 한계이고, 이후부터는 다시 선형적인 움직임을 보입니다. 결국 30대를 어떻게 보내느냐가 40대는 물론 50대 이후 인생 후반기에 큰 영향을 미치게 됩니다.

30대의 직장생활은 기초를 다지고 성장을 준비하는 시기입니다. 벼농사로 치면 모를 논에 옮겨 심는 시기라고 할 수 있습니다. 비닐하우스에서 키운 뒤 갓 옮겨 심은 모는 처음엔 모두 비슷비슷합니다. 그런데 후텁지근한 장마철이 지나 한여름 땡볕이 쏟아지기 시작하면 차이가 나타나기 시작합니다. 줄기가 굵어지고 잎 색깔이 진해지면서 건강한 모와 그렇지 않은 모의 성장 격차가 갈수록 확연해집니다.

사람의 경우에는 40대가 바로 이 시기입니다. 공들여 관리한 논과 그렇지 않은 논의 소출이 천양지차인 것처럼, 20대와 30대를 보내면서 축적을 한 사람과 그렇지 않은 사람의 40대와 50대는 삶의 양상이 완전히 다릅니다.

한국은행이 2023년 발표한 〈우리나라의 인구 고령화와 소득 불평등〉이라는 자료에 따르면, 명예퇴직으로 근로소득이 줄어들기 시작하는 40대 중반부터 나이가 들수록 소득격차가 커지는 '연령 효과'의 영향을 받습니다. 이 때문에 50대 후반에 가면 소득격차가 급격하게 벌어집니다. 경력관리를 잘한 사람들은 더 좋은 곳으로 옮겨 가지만, 경력관리에 실패해 전문성을 쌓지 못한 사람들은 이직하는 과정에서 내리막을 걷습니다. 후자의 경우 첫 직장에 비해 이후의 직장은 재직기간이 점차 짧아지고 회사의 이름값도 점점 더 낮아집니다. 이러한 커리어 패턴은 경력 목표와 그 목표를 향해 가는 과정이 제대로 설계돼있지 않을 때 나타납니다.

나이를 먹는다는 건 누구나 마찬가지입니다. 차이가 만들어지는 것은 나이를 먹는 동안 축적한 것이 다르기 때문입니다. 직장에서 인사발령에 따라 부서를 옮기면서 직무를 바꾸고, 혹은 여러 이유로 직장이 마음에 들지 않아서 이곳저곳 옮겨 다니다

보면 경력 목표는 온데간데 없어지고 경로도 엉망이 되기 쉽습니다.

이런 사람들은 창업하기도 쉽지 않고, 창업하더라도 성공하기 어렵습니다. 전문성이 약하다 보니 자신의 전문성을 기반으로 사업을 하지 않고 시장에서 인기가 있거나 단순 노동력을 기초로 하는 자영업에 뛰어들 수밖에 없습니다. 잘 모르는 데다 경쟁이 치열한 분야에 도전하면 위험성이 커지고 성공 가능성이 줄어드는 것은 당연합니다.

목표를 달성할 조건을 채워나가라

직장인의 커리어 여정은 빈 공간에 블록을 맞춰 넣는 게임인 테트리스를 닮았습니다. 예고된 다음 도형을 고려하지 않고 무작정 쌓다 보면 블록을 더 넣을 공간이 없어지고 게임이 종료됩니다. 마찬가지로 이직에서도 다음 단계에 대한 고려 없이 연봉이나 당장의 편안함을 좇아 직장을 옮기다 보면 게임이 빨리 끝납니다. 직장인의 커리어 설계는 다음과 그다음 단계, 나아가 큰 그림까지 그려보고 거기에 적절한 구도와 요소를 갖추어가야만 멀리 이어질 수 있습니다.

이러한 전략을 가장 성공적으로 구사한 사람이 바로 이순신 장군입니다. 그는 임진왜란 때 일본과의 해전에서 전대미문의 공을 세웠습니다. 역사적으로도 믿기지 않는 이순신의 전공을 두고 그 병법과 승리 요인에 관해 많은 분석이 이루어졌습니다. 그리고 이순신의 병법으로 많이 언급되는 것 중 하나가 '선승구전先勝求戰'입니다. 이는 『손자병법』의 「군형편」에 나와 있습니다.

勝兵, 先勝而後求戰,

敗兵, 先戰而後求勝.

(이기는 장수는 이길 형세를 만든 뒤 싸움을 구하고,

지는 장수는 싸움을 시작하고서 이기는 방법을 찾는다.)

이순신은 싸우기 전에 먼저 이길 수 있는 상황과 조건을 조성하는 전략을 적극적으로 사용했습니다. 미리 지형지물을 꼼꼼히 살피고, 주민이나 염탐꾼을 동원해 왜군의 동향을 상세히 파악했습니다. 이를 토대로 이길 수 있는 계획을 짠 뒤, 이 계획이 실현되도록 상황을 조성해나갔습니다. 이순신을 상대하는 왜군은 싫어도 전투에 나설 수밖에 없었고, 그가 준비한 전장으로 들어갈 수밖에 없었습니다.

당시 이순신의 수군은 병력이나 함선, 전쟁물자 등 모든 것이 절대적인 열세였기 때문에 이길 확률이 거의 없었습니다. 그러나 이순신은 매번 이기는 상황을 만들기 위해 고심했고, 이 계획은 매우 정교하여 실제 전투 과정에서 대부분 적중했습니다. "신에게는 아직 열두 척의 배가 있습니다."라는 말로 유명한 명량해전도 마찬가지입니다. 정교한 계획으로 현실적인 열세를 극복한 대표적인 사례입니다.

경력관리에서도 이러한 선승구전 전략이 필요합니다. 목표와 과정을 치밀하게 세운 뒤 각 과정에 필요한 조건들을 채워나가는 것입니다. 경력관리에서 목표를 달성하는 핵심 조건은 '전문성의 축적'입니다. 전문성 축적 없이 다음 직책이나 직장으로 눈길을 돌리면 커리어 축이 흔들리고 기반이 무너지는 위험을 맞이할 수 있습니다.

꿈은 누구라도 꿀 수 있고 가능성은 누구에게나 열려있습니다. 그러나 결과물은 저절로 얻어지는 게 아닙니다. 내 인생을, 내 커리어를 진지하게 여기는 사람과 그렇지 못한 사람은 당장의 고단함을 대하는 태도가 다릅니다. 목표가 분명한 사람은 욕망을 다스리면서 독하게 자신만의 길을 걸어갑니다. 40대 이후 격차를 벌리면서 앞서나가는 사람들은 예외 없이 급여나 근무지 위치, 복지 같은 드러난 조건보다 조직의 비전과 문화, 그리고 자신의 성장 가능성에 더 큰 의미를 부여했습니다.

문제는 이런 사실을 20, 30대에는 잘 알아채지 못한다는 겁니다. 그 시기엔 직장을 다니면서 전문성을 축적하는 사람과 그렇지 않은 사람의 차이가 잘 드러나지 않으니까요. 그러나 앞서 언급한 것처럼 30대에 보내는 시간이 남은 30년을 결정합니다. 이를 반드시 명심하시길 바랍니다.

덜 일하고 돈 받으면
좋은 것 아닌가요?

화장품 관련 중소기업에 입사해 영업관리 부서에서 일한 지 3년이 지나고 있습니다. 요즘 직장생활이 이래도 될까 싶을 정도로 한가한 날들이 이어지고 있습니다. 겉으로 보기에는 이것저것 업무의 가짓수가 많아 업무량이 많은 것처럼 보입니다. 그러나 월말의 며칠만 바쁠 뿐이고, 평상시에는 하루에 몇 시간만 집중해 업무를 처리하고 나면 사실상 할 일이 없습니다. 솔직하게 말해서, 제 능력이 뛰어나서 그런 것은 아닙니다. 그저 이 부서가 담당하는 업무가 그렇습니다.

그러다가 최근에 현장 지원 업무가 부서에 추가로 배정됐습니다. 여태일 없이 월급만 받아가는 '월급 루팡' 생활을 해왔으니 업무가 늘어난 것이야 불만이 아닙니다만, 그 일이 영업관리와 무관한 업무여서 고민이됩니다. 이 업무를 계속 맡는 것인지 아니면 일시적인 것인지조차 이야기해주는 사람이 없고, 선배들에게 물어보니 전에도 그랬으니 적당히 하라고 얘기합니다.

지금까지는 덜 일하고 돈 받는 것이 즐거웠습니다만, 앞으로를 생각하니조바심이 납니다. 대학 동기들이 업무 역량을 쌓아 치고 나갈 때 저만 물경력으로 시간을 허비하는 것이 아닌가 싶어 걱정되기 시작했습니다. 제가 앞으로 제대로 된 커리어를 쌓으려면 어떻게 하면 좋을까요?

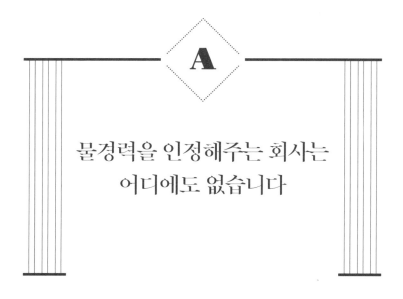

물경력을 인정해주는 회사는
어디에도 없습니다

세상의 모든 직업은 노동과 대가를 교환합니다. 노동이 필요한 사람이 노동의 난이도와 요긴함을 값으로 매겨 노동을 제공하는 자에게 지불합니다. 군인이나 소방관 등 위험이 따르는 직업은 위험수당을 추가로 지급하기도 합니다. 어쨌거나 양자는 서로 '돈값을 할 때' 균형이 유지됩니다. 그리고 재화와 서비스의 가격은 그에 상응하는 세상의 평가에 수렴되기 마련입니다. 직장인의 몸값도 예외는 아닙니다.

질문하신 분과 같은 사회초년생들은 입사한 지 얼마 되지 않았으니 경력이라고 할 만한 게 없습니다. 선배와 상사들이 하는 일을 보고 배워야 하는 처지이므로, 조직에서는 이들에게 큰 기대를 걸지 않고 부서에서 제일 쉽고 단순한 일을 맡기게 됩니다. 그러나 이 과정에서 사회초년생들은 업무 만족도가 하락합니다. 그리고 지금 하는 일이 앞으로 직장 경력에 도움이 될지 고민하는 시기가 찾아옵니다.

세상에는 뛰어난 창의성과 효율을 필요로 하는 일 말고도 꾸준히 같은 업무를 반복해야만 전체가 굴러갈 수 있는 일도 많습니다. 다만 그러한 일은 누구나 할 수 있는 일이므로 그 일을 하는 사람에 대한 평가가 높지 않은 것입니다. 내일이 오늘보다 더 나은 삶이길 원하지 않는 직장인이라면 이러한 업무에도 충분히 만족할 수 있습니다. 그러나 자신의 지향점을 높게 둔 직장인이라면 고민이 깊어질 것입니다. 직장생활 기간이 긴데도 허드렛일만 계속한다면, '내가 이 일을 하려고 공부를 했나' '이런 일이나 하려고 그렇게 고생을 하면서 취업준비를 했나'라고 생각하면서 자괴감을 느끼게 되죠. 여기에 조직 문화마저 엉망이라면 머리가 복잡해집니다.

회사에서 본격적으로 경력을 이야기할 수 있는 시기는 대리 정도의 직급에 도달할 때입니다. 질문하신 분이 바로 그런 시기에 접어든 것 같습니다. 뭔가 하긴 했는데 남은 것이 없는, 마치

부피만 큰 공갈빵을 먹고 난 뒤와 같은 허전함을 느끼는 것이죠. 자신의 커리어를 진지하게 고민하기 시작했다는 증거입니다. 단순 업무나 잡무는 전문성을 인정받을 수 없으며, 회사 안에서뿐만 아니라 직장을 옮길 때도 그 경험을 인정받기 어렵다는 점을 깨닫기 시작했다는 의미입니다.

물경력의 다섯 가지 특징

경력이란 어떤 전문 분야에서 노하우를 축적한 시간과 경험 정도를 일컫는 말입니다. '물경력'은 오래 일해도 축적된 것이 별로 없거나, 일정 수준 이상의 축적이 이뤄지지 않는 직무를 오랫동안 한 경우를 말합니다. 물경력으로 일컬어지는 직무는 대략 다음과 같은 특징이 있습니다. 자신의 직무가 이 다섯 가지 특징 가운데 여러 가지 항목에 해당한다면 물경력을 의심하는 것이 좋습니다.

1) 강도나 난이도가 매우 낮은 업무를 하는 직무
2) 똑같은 것을 되풀이하는 단순반복형 직무
3) 누가 해도 되고, 근속기간이 길어져도 바뀌지 않는 직무

4) 전문 분야와 무관한 일을 많이 하는 직무

5) 주먹구구식으로 일하는 직무

일반적으로 한 분야에서 3년 이상 근무하면 업무에 대한 지식과 경험이 쌓였기 때문에 경력으로 인정합니다. 10년 이상 근무하면 그런 업무를 하는 조직을 지휘할 수 있다고 봅니다. 그러나 단순반복 업무 또는 누가 해도 할 수 있는 업무를 10년간 한 사람에게 지휘하는 역할을 맡길 수 있을까요? 어느 분야에서든 전문적 기술과 지식이 요구되는 요즘 사회에서 물경력을 인정해주는 회사는 어디에도 없습니다.

단순반복 업무를 하는 경우 근무 기간이 길어져도 연봉이 오르지 않게 되고, 나중에는 오갈 데 없는 존재로 전락하게 됩니다. 따라서 직장인들은 어떤 업무를 맡을 때 1년 뒤, 3년 뒤, 그리고 5년 뒤 무엇이 얼마나 축적될지를 따져봐야 합니다. 일하는 과정에서 쌓이는 지식과 기술, 관계가 무엇인지를 살펴보라는 겁니다. 만약 축적하는 내용에 한계가 분명히 존재한다면 그 직무의 전문성도 한계가 있다고 봐야 합니다. 설사 전문성이 있다고 해도 그 가치가 높지 않은 것이죠.

미래의 내 모습을 상상하라

요즘 기업은 신입사원 대규모 공채를 하지 않고 필요 인원을 그때그때 경력직으로 뽑고 있습니다. 대졸 취업예정자들도 경력직 수시채용시대에 맞춰 졸업 이전부터 자기 전문 분야를 정해서 지식과 경험을 축적하려고 노력합니다. 경력직 선호 시대에는 본인이 원하는 기업에 바로 입사하기 어렵기 때문에 작은 회사에서 영업이든, 상품 기획이든, 마케팅이든 자기가 희망하는 분야의 경험과 지식을 축적합니다. 이를 바탕으로 자신의 몸값을 높여 더 큰 회사로 옮겨가는 전략을 구사하고 있는 것이죠.

하지만 이렇게 생각하는 사람도 직장생활을 얼마간 하다 보면 어느덧 이런저런 사정으로 끌려가는 삶을 살게 됩니다. 그러다 어느 순간 이대로는 안 되겠다는 사실을 깨닫고 진지하게 자신의 커리어를 들여다보게 됩니다. 물론 여유가 있고 편하게 일하는 게 지금 당장은 행복할 수 있습니다. 그러나 직장 일이 편하다는 것은 곧 역량이 쌓이고 있지 않다는 의미와 같습니다. 나이가 들고 더 큰 역할을 요구받았을 때 보여주고 써먹을 것이 없다는 말입니다. 그러니 더 늦기 전에 자신이 원하는 직무에서 필요한 역량이 무엇인지 탐색하고 그것을 쌓을 방법을 찾아 나서야 합니다.

질문하신 분이 당장 해야 할 일은 자신이 어떤 분야에서 전문성을 쌓을지를 검토하는 것입니다. 가고자 하는 목표를 설정하고 10년 뒤를 그려보세요. 미래의 내 모습을 구체적으로 떠올리는 것은 자신의 현재 상황을 정확하게 살피는 좋은 방법입니다. 현재 맡고 있는 업무와 환경 때문에 물경력의 위험에 처해있더라도 지금 무엇인가는 축적되고 있습니다. 그것을 분석해보고 발전시킬 것을 찾아내 강화해나가세요. 그렇게 최선의 선택을 쌓아나가면 물경력도 '철경력'으로 바뀔 수 있습니다.

직장인들에게 진로 고민은 끝이 없습니다. 30대의 진로 고민은 일상입니다. 조급한 마음을 덜어내고 지금 위치에서 업무 경험을 바탕으로 더 강한 커리어를 만들기 위해 무엇을 해야 하는지 생각해보면 좋겠습니다.

워라밸을 선택했는데
자꾸 불안합니다

과장으로 일하고 있는 7년 차 직장인입니다. 지난해 여름에 지금 회사로 직장을 옮겼습니다. 그런데 최근 들어 뭔지 모를 불안감이 스멀스멀 올라오고 있습니다.

실은 이전 직장에서 과중하다 할 정도로 업무가 많았습니다. 일이 끊이지 않아 야근과 주말 근무를 밥 먹듯 했고, 이렇게 일에 치여 살다간 결혼도 못 할 것 같다는 생각에 워라밸이 보장되는 직장을 찾아 현재의 회사로 옮겼습니다.

이전 직장에서 일을 많이 한 만큼 얻은 것은 있었습니다. 연거푸 조기 승진했고 연봉과 성과급도 많이 받았습니다. 하지만 질릴 대로 질린지라 더 이상 일에 매몰돼 살지 않겠다고 다짐했고, 새로운 직장에서는 문제가 되지 않는 선에서 최대한 일을 줄여왔습니다. 그 덕분에 지금은 여유 있는 점심 식사와 정시 퇴근이 가능해졌습니다.

그런데 왠지 모를 불안감이 자꾸 엄습합니다. 일감을 줄이려는 티를 내온 탓인지 저 대신 동료 과장에게 업무가 쏠리고 있습니다. 제가 해내지 못할 일이 아닌데도 팀장은 제게 일감을 맡기지 않으려 합니다. 저는 일이 줄어든 지금에 만족해야 하는 걸까요? 다시 일에 매몰된 삶으로 돌아가야 하는 걸까요?

직장이 없으면
워라밸도 없습니다

질문하신 분은 잘 모르는 지역에 가서 식당을 찾는다면 사람이 복작거리는 곳과 한가한 곳 가운데 어느 곳을 선택하시는지요? 저는 될 수 있으면 사람이 많은 식당으로 들어갑니다. 손님이 많은 식당은 음식이 맛있고, 음식이 맛있는 식당에 손님이 몰린다고 여기기 때문입니다. 한가한 음식점은 밑반찬이나 식재료가 오래된 것일 가능성이 크다는 것도 복작거리는 식당을 선택하는 이유 중 하나입니다. 대부분의 사람들이 저와 비슷한 판단을 할거라고 생각합니다.

손님이 손님을 부르는 현상은 경쟁이 벌어지고 있는 모든 분야에서 공통적으로 나타나는 모습입니다. 직장에서의 업무 처리도 사정은 다르지 않습니다. 일 잘하는 사람에게 일이 몰리고, 능력이 있는 사람이 일을 많이 하게 됩니다. 상사 입장에서 급하고 중요한 일을 부하직원에게 맡겨야 한다면 과연 누구에게 업무 지시를 하겠습니까? 분명 일 잘하는, 이른바 '믿을맨'일 겁니다. 혹여 다른 직원 가운데 손이 빈 사람이 있어도 상사의 선택은 달라지지 않습니다. 한가한 사람에게 일을 맡기면 그 사람이 집중해서 열심히 해줄 것 같지만 꼭 그렇지만은 않습니다. 한가한 사람이 한가한 이유는 일을 잘하지 못해서일 가능성이 큽니다. "중요한 일일수록 바쁜 사람에게 맡겨라"는 말이 생긴 까닭도 여기에 있습니다.

그러면 일 잘하는 사람은 어떻게 '믿을맨'이 됐을까요? 일을 많이 했기 때문입니다. 일을 많이 하다 보면 기술과 지식이 축적되고 업무 역량이 커집니다. 업무 역량이 커지면 일을 더 잘하게 되고, 좋은 성과를 냅니다. 일이 많고 바쁜 사람은 그렇게 커리어가 발전합니다. 자신이 성장하고 있음을 느끼면 자신감도 붙습니다.

그러니 일이 많은 것을 무턱대고 불만스러워할 일은 아닙니다. 일이 많으면 내가 일을 잘하고 있고 그것을 인정받고 있다는 뜻이기도 하니까요. 물론 단순반복적 업무가 많다면 업무 역량과는 무관한 것이니 고민해봐야 할 겁니다. 그러나 시스템을 웬만큼 갖춘 회사라면 단순반복 업무로 직원을 바쁘게 만드는 경우는 그리 많지 않습니다.

일이 줄어드는 것은 부정적인 신호다

질문하신 분은 직장생활을 시작한 지 10년도 지나지 않았습니다. 여전히 직무 역량을 강화해야 할 단계에 있습니다. 일이 많으면 당장은 고되고 짜증이 납니다. 그래서 일이 적고 편하고 여유로운 시간을 찾아 직장을 옮기기도 합니다. 그런데 경력관리라는 측면에서 보면 일이 적은 것은 결코 긍정적이지 않습니다.

아마도 현재 질문하신 분의 상사는 이전 직장에서 뛰어난 성과를 보인 '귤'이 왜 우리 회사로 옮겨와서는 '탱자'가 되었는지를 고민하고 있을 것입니다. 내 일이 줄어들고 옆의 동료에게 일이 쏠리는 상황은 이를 말해줍니다. 이런 현상을 절대 예사롭게 보면 안 됩니다. 이러한 상황이 반복되다 보면 질문하신 분은 이직한 지 1년도 안 돼 직장에서 '실패한 선발'로 분류되고 말 것입니다.

직장에서 일이 줄었다고 반가워하는 건 앞으로 성장과 성취와는 무관하게 살겠다는 태도와 다름없습니다. 쉬지 말라거나 공연을 보러 다니지 말라는 게 아닙니다. 누구든 할 수 있으면 여유 있는 생활을 하는 게 좋습니다. 쉬어야 새로운 아이디어도 떠오르고, 더 큰 즐거움을 기약하며 다시 일에 몰두할 수 있습니다. 하지만 일과 직장에 대한 현재의 생각을 바꾸지 않는다면 마음 한구석에 스멀스멀 자라나는 불안감은 계속 커질 겁니다. 특히 이런 상황이 지속되면 언젠가는 더 이상의 여유 있는 휴식은 기대하기 어렵게 될 겁니다. 일과 중의 여유가 휴식이지, 할 일이 없는 휴식은 그냥 할 일이 없는 것입니다.

유능한 직원, 경력관리에 관심을 갖고 있는 직원은 일을 찾아서 합니다. 일이 없으면 만들어서라도 합니다. 그냥 시간을 허비하지 않습니다. 누군가는 이를 일중독이라고 생각할지 모르겠지만, 본인은 자신이 일을 통해서 성장한다는 것을 알기 때문에 일에 빠져드는 것입니다.

자기계발에 열심인 사람들이 하는 착각이 있습니다. 직장에서 업무는 대충하고, 퇴근해서 공부하고 기술을 배우는 것을 자기계발이라고 생각하는 것입니다. 이는 수학 시간에 영어 공부하고 영어 시간에 국어 문제 푸는 학생과 다름없는 얼빠진 마음가짐과 행동입니다. 직장인은 직장에서의 일을 통해 배우고 성장합니다. 일을 통해서 직무기술을 배우고, 직무경험을 쌓고, 직무 네트워크를 형성합니다.

자기계발의 목적이 일을 더 잘하는 것이고, 일의 질을 높이는 것이라면 우선 양을 축적하는 것이 우선입니다. 양의 축적 없이 질이 좋아지는 경우는 드뭅니다. 일정한 양이 축적되면 질적인 변화가 발생한다는 '양질전환의 법칙'은 업무에서도, 경력관리에서도 통하는 이야기입니다.

그런 점에서 질문하신 분은 일이 줄어들어 만세를 부르고 있는 자신을 돌아볼 필요가 있어 보입니다. 일이 줄어드는 것은 직장에서 자신에 대한 평가가 달라지고 있다는 뜻입니다. 조직에서, 그리고 사업에서 쓸모없는 존재가 되고 있다는 의미입니다. 이 시그널에 민감하게 반응해야 할 필요가 있습니다.

일을 적게 하는 사람은 발전할 가능성이 별로 없습니다. 자기계발도 어려워집니다. 조직으로부터 인정받기도 어렵습니다. 그러니 질문하신 것처럼 걱정하고, 불안을 느끼는 것이 당연합니다.

지금 하셔야 할 일은 현재의 상황이 오래 지속되지 않도록 전환점을 만드는 것입니다. 일이 쏠리고 있는 옆 동료를 안타까운 눈으로 보지 말고 부러워해야 합니다. 언젠가 동료가 상사가 되는 모습을 지켜보고 싶지 않다면 말입니다.

오늘부터라도 다시 예전의 자신으로 돌아가 일에 대한 욕심을 부리셔야 합니다. 그리고 일에 몰두하는 모습을 주변에 지속적으로 노출하십시오. 남의 눈에 비치는 것에 그치지 말고 실질적 내용이 뒷받침되도록 업무의 축적과 완성도를 위해 노력해야 합니다. 이런 경험이 자꾸 쌓이면 질문하신 분의 적극성을 바라보는 회사의 눈이 자연스럽게 바뀔 것입니다. 부디 10년 뒤 이시기를 회고하며 '그때 힘들었지만 많은 도움이 됐다'는 말을 하실 수 있기를 바랍니다.

프로 이직러가
뭐가 잘못된 거죠?

친구들에게 '프로 이직러'라는 별명을 듣는 12년 차 직장인입니다. 직장 생활을 시작한 이래 지금까지 네 번 회사를 옮겼는데, 옮길 때마다 더 큰 회사에서 더 많은 연봉을 받았습니다. 친구들은 '대단하다'고들 하고 그런 말을 들을 때마다 저도 '그래, 운이 좋았지'라며 겸양을 떨었지만, 사실은 직장을 옮길 때마다 피나는 노력을 해왔다고 자부합니다. 그러지 않았다면 지금의 위치에 있는 게 어려웠을 테니까요.

그런데 이제는 더 이상 '운이 좋았지'라는 말을 하는 것도 어려워진 것이 아닌가 싶습니다. 최근 헤드헌팅회사로부터 제안을 받아 한 번 더 입사 지원서를 제출했는데, 아예 서류 심사에서 떨어졌습니다. 헤드헌터 말로는 능력이 의심받은 것은 아니지만 잦은 이직 이력이 원인이 된 것 같다고 합니다.

지금까지 해왔던 이직이 능력 부족이나 잘못 때문에 떠밀려 한 것도 아닌데, 그저 이직 횟수가 많다는 것이 서류 심사에서조차 떨어질 원인이 되나요? 그동안 주변에 "이직을 통해 몸값을 올리고 자신의 경력 경로를 구축하라"면서 제 이야기를 자랑삼아 많이 해왔습니다. 그런데 이직이 잦아서 이직을 못 하는 상황에 부닥치니 몹시 당황스럽습니다.

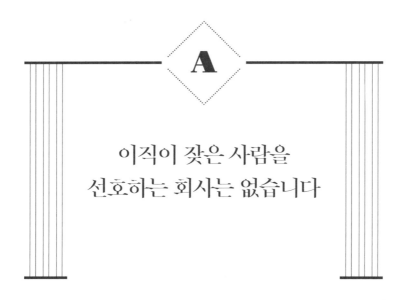

이직이 잦은 사람을
선호하는 회사는 없습니다

'조자룡 헌 칼 쓰듯 한다'는 속담을 들어보셨는지요. 중국 후한 시대를 배경으로 한 역사소설인 『삼국지』의 한 장면에서 유래된 속담으로, 조조曹操가 형주荊州를 점령했을 때 유비가 패하여 도망가자 조자룡이 조조의 대군을 혼자 휘젓고 다니며 유비의 부인과 아들을 구출했다는 얘기에서 생겨난 말입니다.

　이 속담은 두 가지 용법으로 사용됩니다. 하나는 조자룡에 초점을 맞추어 누군가 어떤 일을 전문적이고 능숙하게 처리하는 모습을 비유할 때 쓰입니다. 다른 하나는 내 것 남의 것 가리지 않고 손에 잡히는 칼과 창을 마구 휘두른다는 뜻으로, 누군가 자신의 권한이나 자원을 남용하는 것을 지적할 때 사용됩니다.

질문하신 분의 '프로 이직러'라는 인상적인 별명을 듣고 저는 후자의 해석이 떠올랐습니다. 어쩌면 저 별명을 붙여준 친구들도 질문하신 분의 이직 무용담을 부러워하는 한편으로 이직을 남발하는 것은 아닌지 우려했을 듯싶습니다.

이직은 경력관리를 위해 아껴서 활용해야 하는 귀한 카드입니다. 현재 회사에서 경력관리가 더 이상 안 되거나, 커리어 발전을 위해서는 다른 직장으로 옮겨야만 할 때, 헤드헌터나 다른 기업으로부터 명백히 훨씬 좋은 조건으로 이직을 제안받았을 때 등 반드시 필요한 경우에 제한적으로 사용해야 합니다.

이직의 기회는 무한정 주어지는 것이 아닙니다. 이직 경력은 숨긴다고 숨길 수 있는 것이 아니며, 자주 이직을 하는 사람은 어디를 가든 다시 곧 이직을 할 사람으로 일종의 낙인이 찍히게 됩니다. 그래서 무턱대고 이직 카드를 꺼내다 보면 더 이상 원하는 이직이 불가능해지는 상황을 맞게 됩니다.

당신이라면 당신을 채용할 것인가

직장을 옮기겠다는 결심은 대체로 두 가지 상황에 처할 때 하게 됩니다. 하나는 현재 직장에서 근무하기가 어려워 어쩔 수 없이 옮기는 것이고, 다른 하나는 현재에 큰 불만은 없지만 더 나은 조건을 찾아서 자발적으로 떠나는 것입니다. 전자의 경우는 보통 연봉이 적든, 근무환경이 나쁘든, 상사나 동료와 갈등이 심하든, 승진에서 계속 누락됐든, 원하지 않는 업무가 주어지든, 출퇴근 거리가 멀어졌든 현재의 직장에 머무를 수 없기에 이직을 선택하게 됩니다. 그리고 후자의 경우는 지금 직장에 머물러도 무리가 없지만, 내 자신의 위치를 지금보다 더 높은 곳에 두고자 하는 마음에 선택하게 됩니다. 두 가지 모두 이직을 선택한다는 현상은 같지만, 내적인 동기는 전혀 다릅니다.

질문하신 분의 경우 후자에 해당하니 이에 대해 이야기를 해 봅시다. 지금 직장에 잘 다니고 있는데 헤드헌터나 다른 기업에서 제안이 오면 누구라도 일단 조건을 따져보게 됩니다. 이 제안을 판단할 핵심 기준은 '내 경력에 도움이 되느냐'라는 것입니다. 원하는 업무를 맡을 수 있든, 전문성이 강해지든, 직급이 높아져 업무 범위가 확장되든, 보상을 비롯한 근무 조건이 좋아지든 간에 나의 발전에 가장 유용한 쪽을 선택하면 됩니다. 경력 목표와 경로에 따라 계획적으로 목적지를 향해 옮겨 가는 것이라면 이직은 좋은 선택이고, 적극 권장할 만한 일입니다.

그런데 이직을 추진할 때 '내가 이직해야 할 이유'만큼이나 중요하게 살펴야 할 것이 있습니다. 바로 자신을 받아주는 기업의 입장에서 '나를 뽑아야 할 이유'를 생각해보는 것입니다.

기업의 채용 담당자는 후보자의 이력서에 적힌 경력을 보면서 그동안의 이직에 대해 그 이유를 묻기 마련입니다. 이때 후보자는 자신의 이직 사유와 과정을 채용 담당자가 납득할 수 있게 설명할 수 있어야 합니다. 채용 담당자가 이직 과정과 사유에 대해 납득할 수 없으면 '이 사람이 왜 우리 회사에 지원했을까'에 대한 생각이 많아지고, 다시 이직할 가능성에 대한 걱정도 커집니다. 그러면 좋은 결과를 얻기는 어려워질 것입니다.

이직 횟수가 많은 것이 반드시 탈락 사유가 되는 것은 아닙니다. 다만 질문하신 분이 제출한 경력기술서에는 여러 번 있었던 각 이직의 사유와 과정이 충분히 납득할 만큼 설명되지 않았던 것이 아닐까 싶습니다.

질문하신 분은 서류 심사에서 탈락한 것으로 자존심에 상처를 입었을지 모르겠지만, 어쩌면 그 단계에서 중단된 것이 다행인지도 모르겠습니다. 면접이 진행됐다면 시간을 허비함과 함께 더 큰 상처를 받았을 수도 있을 테니까요. 면접관은 그동안의 이직 사유를 물어볼 것이 분명한데, 질문에 적어주신 것처럼 "더 많은 연봉" 때문이라고 솔직하게 답하기는 어려울 겁니다. 그렇다고 다른 이유를 대다 보면 '숨기는 것이 있다'는 인상을 주게 될 것이고, 진실을 듣기 위해 계속되는 면접관들의 날 선 질문에 진땀을 빼다 보면 면접 결과는 좋지 않을 가능성이 큽니다.

잦은 이직의 두 가지 함의

제가 자주 받는 질문 중 하나가 적절한 이직 주기에 관한 것입니다. 한 직장에서 얼마나 있다가 자리를 옮겨야 좋겠느냐는 것이지요. 이럴 때 제가 하는 답변은 "그 사람의 성취도에 따라 다르다"는 겁니다. 어떤 사람들은 3~4년마다 한 번씩 직장을 옮겨서 연봉 수준도 높이고 전문성도 확보하라고 답합니다. 전적으로 옳은 것도 틀린 것도 아니지만, 중요한 것은 일정한 주기가 아니라 그동안 얼마나 의미 있는 경험을 쌓았느냐는 겁니다.

그렇다면 기업의 입장에서는 직원들의 이직 주기를 어떻게 생각하고 있을까요?

코로나19 팬데믹 시기에 대퇴사 시대Great Resignation란 용어가 등장했습니다. 직장인들 상당수가 현재의 직장은 목적지에 도달하기 위한 수단일 뿐이고, 목적지에 더 빠르고 편하게 갈 수 있다면 직장을 옮기는 게 합리적이라는 쪽으로 인식을 전환했습니다. 이렇게 이직에 대한 직장인들의 인식이 변하자 기업들의 태도도 달라졌습니다. 언제라도 필요한 사람이 있으면 채용해서 업무에 투입하는 쪽으로 전략을 바꾼 거지요. 물론 이직과 채용에 대한 직장인이나 기업의 관점이 코로나19로 인해 갑자기 바뀐 것은 아닙니다. 이전부터 변화의 바람이 불고 있었지만, 팬데믹 시기를 거치면서 바람의 강도가 급격하게 세졌고 바람의 영향이 미치는 범위도 급격하게 넓어진 것이죠.

이렇게만 말하면 기업이 직원들의 이직에 전향적인 태도를 보일 것이라 생각될 겁니다. 그러나 사회에는 관성이라는 것이 있고, 인식의 변화는 실질적인 변화를 쉽게 따라잡기 어렵습니다. 우리가 아무리 이직이 일상화된 시절을 살고 있다고 해도 이직을 보는 기업의 시각은 여전히 보수적인 편입니다. 이직이 잦은 사람을 두고 기업은 대체로 그 사람의 능력이 출중했다기보다는 조직 적응에 어려움을 겪었다거나 업무 성과가 부진했던 것이 아닐까 하는 점을 먼저 의심합니다. 어떤 대기업의 인사책임자는 '세 번 이상'의 이직 경험을 가진 사람의 서류를 보면 특히 더 채용에 신중을 기하게 된다며 그 이유를 이렇게 설명했습니다.

"그런 이력서를 보면 직무 경험 축적이 잘 안 돼 있을 것이라는 생각이 들어요. 업무 능력이 고만고만하고 성과도 제대로 못 낼 것 같다는 선입견을 피할 수 없습니다. 그래서 서류심사 단계에서 퇴짜를 놓는 경우가 많습니다. 운이 좋아 면접에 나오는 경우에는 후보자에게 날 선 질문을 쏟아내게 됩니다."

'프로 이직러'라는 말은 그저 말하기 좋아하는 사람들이 쓰곤 하는 용어일 뿐, 잦은 이직을 통해 자신의 경력을 열어가기는 참 어렵습니다. 실제로 제가 만난 많은 사람들 가운데 이직을 자주 해서 경력관리에 성공한 사람은 별로 기억에 없습니다. 오히려 이직을 자주 하는 바람에 경력이 망가져서 고생하고 후회하는 사람들이 대부분입니다.

이제 직장인이 하나의 직장을 평생 다니는 모습을 찾아보기 어려운 시대가 되었습니다. 또한 이직이 일상화된 현실과 다르게 여전히 이직을 부정적인 요소 중 하나로 취급하는 기업의 인식도 혼재하고 있습니다. 그러니 직장인들은 이직을 하면서 치밀한 전략과 전술을 준비해야만 합니다. 이직을 남발하지 않고 효율적으로 써먹으려면 경력관리 계획을 꼼꼼히 세울 필요가 있습니다. 자신의 경력 목표와 그 목표를 향한 과정이 잘 관리되고 있다면 굳이 자주 옮길 이유가 없습니다. 발전적 이직이라면 평생 서너

번 하기도 어려운 것 아닐까요? 4~5년 정도에 한 번쯤 옮기면서 경력을 발전시켜나간다면 40대 중반쯤에 하는 이직이 마지막일 것 같습니다.

이직할 때 꼭 챙겨야
할 것은 무엇인가요?

대학 졸업 후 한 중견기업의 계열사 한 곳에서 직장생활을 시작했습니다. 집에서도 가까운 곳이어서 별다른 일이 없다면 이곳에서 줄곧 일하려고 마음먹었는데, 직장생활 만 12년 만인 30대 후반에 첫 이직을 시도하고 있습니다.

이직을 마음먹은 데는 두 가지 이유가 있었습니다. 하나는 상사와의 불화였고, 다른 하나는 팀장 승진이 무산된 것이었습니다. 아무래도 승진 누락이 결정적인 원인이 됐습니다.

예정에 없던 이직이었지만 의외로 진행은 수월했습니다. 친구가 '이직은 퇴사하고 하는 것이 아니라 현직에 있으면서 진행해야 한다'고 조언해주어 그 말을 따랐습니다. 또 헤드헌터를 연결해주어 옮길 곳을 찾는 것과 지원 절차도 원만히 진행됐고, 이제 마지막 면접을 앞두고 있습니다. 연봉과 직급 같은 근무 조건이 사전에 협의된 터라 별다른 일이 없는 한 사실상 입사가 확정된 셈이라고 들었습니다.

그런데 여전히 마음 한구석에 불안함이 있습니다. 퇴사에 대한 주저함인지, 새로운 곳에 대한 두려움인지 잘 모르겠습니다. 저처럼 이직 경험이 없는 사람들이 퇴사를 최종 결정하기 전에 꼭 살펴야 할 것들이 있을까요?

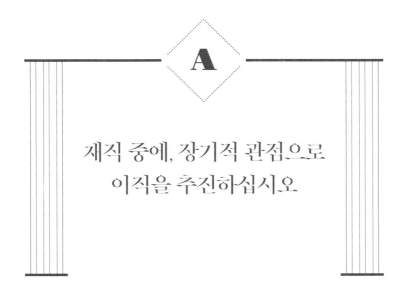

재직 중에, 장기적 관점으로
이직을 추진하십시오

대학 시절에 말을 재미있게 하는 친구가 있었습니다. 요즘도 그 친구를 만나면 종종 이런 농담을 듣습니다.

"네 명함 맡기면 술집에서 외상 잘 주겠다."

학생증을 맡기고 외상술을 마시던 시절을 지낸 사람들은 이 말의 뜻을 압니다. 신용카드가 없던 당시에는 술값을 치를 돈이 부족하면 나중에 돈을 지불하고 찾아가겠다는 의미로 학생증을 맡기곤 했습니다. 술집 주인은 맡겨놓고 아직 찾아가지 않아 수북이 쌓여있는 학생증을 보여주며 "절대 안 된다"고 말하다가도 못 이기는 척 "꼭 찾아가라"라는 당부와 함께 결국 학생증을 받아주었습니다.

미수 위험이 있음에도 학생증을 유가증권처럼 받아주었던 술집 주인의 생각은 무엇이었을까요? 그는 학생증을 그저 종잇조각이 아닌 그 사람의 신원과 신용을 보증하는 무엇으로 받아들였던 것 같습니다.

이 이야기를 꺼내는 것은 직장이 차지하는 의미를 되짚기 위해서입니다. 사회에서 명함이 중요한 이유도 여기에 있습니다. 명함에 적힌 직장은 일하고 월급을 받는 곳 이상의 가치를 가진, 한 사람의 인생 전체라고 해도 지나치지 않습니다. 어느 회사를 다니고 있고, 그곳에서 무슨 일을 하며, 또 어떤 사람들과 함께 일하는지에 따라 개인의 사회적 정체성이 결정되기 때문입니다.

인생의 첫 번째 이직을 결심하기까지 질문자가 견뎌야 했을 긴 번민을 헤아려봅니다. 40대 진입을 코앞에 두고 이뤄지는 첫 이직 결정이 결코 쉽지는 않았을 겁니다. 더구나 조직 적응 문제로 인한 '떠밀린 이직'이니 더욱 그러할 것입니다. 대부분의 사람들이 그렇지만, 굴곡 없는 삶을 살아온 사람들은 특히 변화를 달가워하지 않지요. 어쩌면 그랬기 때문에 순탄한 생활이 가능했던 것인지도 모르겠습니다.

변화는 항상 두려움을 동반하게 됩니다. 두려움을 피하려는 것은 인간의 본성입니다. 그러나 피할 수 없는 변화라면 받아들여야 합니다. 질문하신 분도 지금 맞이하게 된 이직을 어쩔 수 없는 선택이라기보다는 능동적인 변화로 여겨보시길 바랍니다.

이직은 반드시 재직 중에 추진하라

이직 경험이 처음인 사람들이 빠지기 쉬운 함정은 퇴사를 마무리한 뒤에야 이직을 준비하기 시작하는 것입니다. 그러나 이러한 경우 첫째로 새로 이직할 곳을 찾지 못하는 기간이 길어질수록 물러설 곳이 없어지며, 둘째로 이직 시장에서 통용되는 '현직 프리미엄'을 누릴 수 없게 됩니다.

제가 이끄는 회사의 헤드헌터들이 후보자들에게 빼놓지 않고 전하는 이직의 철칙 중 하나가 바로 '재직 상태에서 추진하라'는 겁니다. 이직 시장에서 '현재 재직 중'이라는 의미는 상당합니다. 일반적으로 개인 브랜드의 절반 이상은 회사 브랜드가 차지합니다. 그리고 재직 상태에서는 회사 브랜드를 등에 업을 수 있습니다. 회사를 떠난 뒤 순수한 개인으로 움직일 때보다 브랜드 경쟁력이 비교할 수 없을 정도로 더 강합니다. 이런 사정은 사람들이 현직에 있을 때는 잘 느끼기 어렵습니다.

회사를 떠나도 이전 직장 재직 사실이 경력으로 남으니 회사 브랜드가 완전히 사라지는 것은 아니겠지만, 현직에 있을 때와 비교하면 그 영향력은 큰 차이가 있습니다.

추사秋史 김정희가 그린 〈세한도歲寒圖〉에 이러한 글귀가 쓰여 있습니다.

歲寒然後知松栢之後凋

(날이 차가워지매 소나무와 잣나무의 푸르름을 알게 된다.)

이는 『논어』에 나오는 구절로, 지금도 이직을 꾀하는 이들이 새겨들어야 할 경구입니다. 보통은 퇴사한 뒤에야 자신의 브랜드의 큰 부분이 전 직장의 이름값에 크게 기대고 있었다는 것을 깨닫게 되고, 그때는 이미 늦은 경우가 많습니다.

사실 직장에 몸담은 상태에서 새로운 직장을 알아보는 것은 상당한 스트레스를 받는 일입니다. 직장 동료들을 속이는 것 같아 가시방석에 앉아있는 느낌을 받게 될 뿐만 아니라, 이직을 추진하는 사실이 혹시나 동료들에게 알려지면 자신의 이미지가 엉망이 될 것 같아 노심초사하기도 합니다. 그래서 차라리 마음 편하게 사표를 내고 면접에 집중하자고 마음먹는 사람들도 적지 않습니다. 그러나 누군가가 이직을 마음먹었다고 해서 지원한 곳이 그 사람을 반드시 뽑아줄 이유는 없습니다. 지원한 곳과 모든 협의가 끝나고 최종 오퍼에 서명하기 전까지 그 사람의 신분은 지원자일 뿐입니다.

퇴사할 때 생각과 달리 직장을 떠나 백수 상태가 되면 초조해져서 여유가 사라집니다. 그러나 기댈 언덕이 있어야 안심하고 일을 도모할 수 있습니다. 물러설 곳이 있다면 연봉이나 직급 협상 과정에서 밀리지 않을 뿐만 아니라 조급한 선택을 피할 수 있습니다. 따라서 이직을 검토하려면 반드시 재직 상태에서 준비하는 게 좋습니다. 질문하신 분께서 먼저 사표를 내지 않고 재직 중에 이직을 도모한 것은 백 번 잘한 일이라 하겠습니다.

입사를 앞두고 살펴야 할 것들

직장인이 이직을 고민할 때 살펴야 할 첫 번째는 이직으로 내 커리어가 앞으로 어떻게 바뀔지를 판단하는 것입니다. 이것은 당장의 연봉과 직책, 직급, 복리후생 같은 현실적 문제보다 더 본원적인 문제입니다.

이를 점검하는 방법으로 저는 경력기술서를 써보길 권합니다. 지금 이직할 회사에 제출한 것을 재작성하라는 것이 아니라, 다음 이직을 염두에 두고 미래의 경력기술서를 미리 써보라는 의미입니다.

이번의 이직이 앞으로 경력기술서의 어떤 부분을 더 풍부하고 알차게 만들지를 한번 떠올려보세요. 새로운 직장에서의 모습이 추가된 경력기술서를 보면서 '아, 나의 이런 이미지가 강해지는구나', '나의 커리어가 상향 곡선을 그리게 됐구나', '나의 직무가 단단해지고 약점이 보완됐구나'라는 식의 생각을 미리 해보고, 그것을 앞으로 커리어의 이정표로 삼아보라는 것입니다.

개인의 커리어는 단거리 달리기가 아닌 마라톤입니다. 마라톤 국제 대회는 5킬로미터마다 급수대를 설치합니다. 당장 갈증을 느끼지 않아도 제때 수분을 공급해야 안정적으로 레이스를 할 수 있기 때문입니다. 커리어도 이와 다르지 않습니다. 자신이 추구하는 가치에 기반해 경력 경로를 중간점검하고 다시 앞으로를 계획해야 전체 코스를 완주할 수 있습니다.

이직을 긴 커리어 흐름의 어딘가에 위치한 매듭이라고 본다면, 그다음에 이을 줄을 무엇으로 할지, 그 매듭은 어떻게 묶어낼지를 생각해봐야 합니다. 또한 이직은 입사로 끝이 아닙니다. 사람 일은 알 수 없는 것이므로, 새 직장에서 적응이 어려울 수도 있고 이직한 곳이 전 직장보다 만족도가 떨어질 수도 있습니다. 이에 대한 대책이 없으면 퇴로가 막히는 꼴이 됩니다. 그러니 바로 앞의 한 수만 볼 것이 아니라 다음, 그다음까지도 살펴야 합니다.

아름다운 사람은 떠나는 자리도 아름답다

이직으로 인해 헤어지는 사람들에게 남길 자신의 이미지도 빼놓지 말고 점검하십시오. 대개 회사를 떠날 때는 마음이 급해집니다. 아무래도 떠날 곳보다는 갈 곳을 먼저 생각하고 그곳을 중심으로 생각하게 됩니다. 동료나 상사에 대해서도 어차피 헤어질 사람이니 그들이 어떤 생각을 하고 있을지 신경을 쓰지 않게 됩니다.

그러나 제 경험에 비추어 보았을 때 어떤 직장인이 일궈낸 직장생활 중의 이미지는 그곳을 떠날 때의 이미지가 절반 이상을 차지합니다. 그리고 이는 꼬리표처럼 계속 붙어 다니면서 사회적 존재로서 '나'라는 사람을 규정합니다. 당장의 이직에만 영향을 주는 것이 아니라는 의미입니다.

따라서 이직을 추진하는 사람들에게 제가 여러 번 강조하는 것은 현재 맡은 업무에 소홀하지 말라는 것입니다. 물론 이직 절차를 진행하며 면접을 보는 등의 이유로 결근이나 조퇴를 하게 되고, 이것저것 알아보느라 주의가 분산되기 때문에 업무에 소홀해질 가능성이 큽니다. 또 이직을 준비하고 있다는 사실을 동료나 상사가 알아챌 수도 있습니다. 그럼에도 저는 무리를 해서라도 현재의 업무에 오점을 남기지 말라고 조언합니다.

퇴직 과정에서 업무에 몰입하지 못한 모습을 남긴다면 이번뿐만 아니라 이후의 모든 이직 과정에서 평판조회 보고서가 부정적 코멘트로 채워질 수도 있습니다. 만에 하나 이직을 하지 못한 채 주저앉게 되면 이때의 업무 소홀이 자신에게 큰 부담으로 돌아올 수 있습니다.

세상은 다 연결돼있습니다. 세 다리 건너면 다 연결되는 사이라지 않습니까. 결국 자신이 한 일은 알려지게 돼있습니다. 어쩌면 옛 동료를 또 다른 비즈니스 관계로 만날 수도 있습니다. 저는 떠날 때 이미지가 엉망이 된 사람이 커리어나 일에서 잘 풀리는 경우를 많이 보지 못했습니다. 조금만 더 신경 쓰면 좋은 이미지를 남길 수 있는데, 그렇게 하지 않았던 탓에 나중에 후회하는 사람들이 적지 않습니다.

퇴직과 이직 시점에 살펴야 할 것들로 '이직은 반드시 재직 중에 추진할 것', '입사를 앞두고는 더 미래의 모습까지 그려볼 것', '퇴사 시에는 업무와 인간관계에 소홀하지 말 것'을 말씀드렸습니다. 세 가지를 모두 명심하셔서 아무쪼록 이번 이직을 잘 마무리하고, 더 나은 성과를 이뤄 다음에도 또 좋은 커리어를 만들어가길 기원합니다.

CHAPTER
2

내 커리어는
어디로 가고 있는가

LEVEL UP

졸업을 미루고
스펙을 쌓아야 할지 고민입니다

졸업을 앞둔 대학교 4학년 취업준비생입니다. 요즘 진로에 대해 고민이 많습니다. 잠시 대학원 진학도 생각했지만, 가정 형편을 고려해 취업하기로 마음먹었습니다. 현재 목표로 삼고 있는 곳은 금융회사, 특히 보험회사입니다. 제가 전공한 수학이 강점으로 작용할 수 있다고 해서입니다.

사실 2학년을 마치고 금융회사에 인턴을 지원했다가 떨어진 적이 있습니다. 그 뒤 취업에 도움이 될 자격증을 따려고 시도는 했지만 여러 사정으로 중도에 포기하고 말았습니다. 빨리 취업해야 할 것 같은데, 원하는 곳에 취업하기에는 준비가 안 된 것 같아 불안합니다.

지금이라도 휴학하거나 졸업 유예 신청을 하고 취업용 스펙을 쌓는 데 전념해야 하는 게 아닐까요? 아니면 일단 어디든 취업을 하는 데 우선순위를 두어야 할까요?

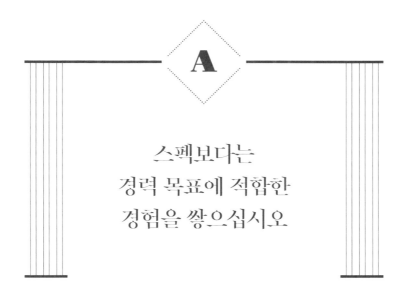

스펙보다는 경력 목표에 적합한 경험을 쌓으십시오

20~30년 전만 해도 대학을 졸업하면 바로 직장에 들어가서 대부분 정년까지 다녔습니다. 당시 젊은이들은 처음 입사한 그곳에서 임원으로 승진하고 사장이 되는 것을 경력 목표로 삼았습니다. '삼성맨', '현대맨', '대우맨'이라는 용어처럼 그룹 이름이 자신의 사회적 정체성을 규정하던 평생직장 시절의 이야기입니다.

당시엔 한 직장에서 20년은 기본이고 30년 이상을 근무한 뒤 후배들의 박수를 받으며 정년 퇴임하는 모습이 흔했습니다. 그러나 이제는 평생직장 시대의 사람들과 같은 경력 목표를 가진 경우는 찾아보기 어려워졌습니다. 설사 그런 목표를 갖고 있다고 해도 첫 직장에서 정년 퇴임할 가능성은 크지 않습니다. 물론 몇몇은 정년으로 가는 버스를 탈 수 있겠지만, 모두가 그 버스를 탈 수 있는 것은 아닙니다.

또 이제는 그룹 차원의 신입사원 공채를 실시하는 곳이 거의 사라졌습니다. 요즘 공채 제도를 유지하고 있는 곳은 공기업과 몇몇 그룹사에 불과합니다. 공채는 이제 경력직을 대상으로 하는 수시 채용으로 대체됐습니다. 그룹이 아닌 계열사별로, 그것도 부서 단위에서 필요한 시기에 필요한 인원만 충원하고 있습니다.

수시 채용 시대를 맞아 직장인에겐 직무가 매우 중요해졌습니다. 직무 전문성을 갖춘 인재들은 자신 있게 자신의 커리어를 개척해나가고 있습니다. 직원에 대한 평가 기준도 달라졌습니다. 업무의 세분화, 전문화를 요구하는 마당에 공채 시절의 평가 기준으로 직원을 평가하는 것은 어불성설입니다. 대학교를 졸업한 뒤 처음으로 입사한 회사에서 커리어를 완성하는 것도 의미가 없어졌습니다. 자기의 능력을 더 높이 사는 기업, 성장 기회를 제공하는 회사로 옮기는 게 자연스러운 세상이 됐습니다.

그러니 커리어의 첫걸음을 준비하는 취업준비생들은 먼저 취업 시장의 달라진 전제부터 숙지하고 받아들여야 합니다. 좋은 직장에 들어서는 문이 좁아졌고, 신입으로 바로 들어가는 직행노

선도 사라졌고, 그곳에 가는 길이 평탄치 않다는 점까지 현실로 받아들여야 합니다. 더불어 이직이 쉽고 자유로운 시대가 됐다는 점도 염두에 둬야 합니다.

첫 직장은 첫걸음일 뿐이다

명심할 것이 있습니다. 취업준비생은 취업 자체를 목표로 하면 안 된다는 겁니다. 첫 직장은 경력 목표를 향한 출발점일 뿐입니다. 첫 직장에 입사한 것에 만족하지 않으려면 먼저 자신의 궁극적인 경력 목표가 무엇인지 결정하고 그 모습을 구체적으로 떠올려보아야 합니다.

예를 들어 금융권 취업을 목표로 삼고 있는 사람이 "금융권에는 왜 가려고 하냐"는 질문을 받았을 때 "연봉 수준도 높고 안정적이기 때문"이라고 대답한다면 경력 목표를 제대로 설정했다고 보기 어렵습니다. 이 대답에는 자신이 금융권에 직장을 가져야 할 경제적 이유밖에 담겨있지 않습니다. 이를 보완하려면 거꾸로 해당 직장이 자신이라는 사람을 왜 필요로 해야 하는지를 떠올려봐야 합니다. 즉 '나는 어떤 성향의 사람인데, 그 성향이 금융권에서 어떤 업무를 할 때 도움이 되고, 앞으로 금융권에서 어떤

역할을 하고 싶고, 이를 위해 어떻게 노력하겠다'는 식의 답변이
나와야 하는 것입니다.

목적지로 가는 환승의 지도를 그려라

바야흐로 직장 환승의 시대입니다. 이제 자신의 커리어 목적지에
가려면 애초부터 갈아탈 계획을 염두에 두고 차에 올라야 합니
다. 물론 아무 차나 잡아 타라는 얘기는 아닙니다. 차를 잘못 탔
다간 목적지에 가지도 못한 채 생고생만 하는 수가 있습니다.

목적지에 이르기 위해서는 최적의 경로가 무엇인지 어렴풋하
게나마 환승의 지도를 그려보는 과정이 필요합니다. 그러면 아
주 같지는 않더라도 최적에 가까운 경로들을 선택하는 데 도움
이 될 수 있습니다. 목적지까지 직접 갈 수 있는 직행버스가 있다
면 좋겠지만 현실적으로 찾기가 쉽지 않을 겁니다. 따라서 최적
의 환승지를 정해 그곳에 가는 방법을 연구할 필요가 있습니다.
질문하신 분의 목적지가 대형 금융회사라면 저축은행이나 캐피
털회사가 좋은 환승지일 수 있습니다.

첫 직장부터 좋은 직장에 들어가기 위해 미리 취업용 스펙을
쌓고자 한다면 그것은 좋은 선택이 아니라고 말씀드리고 싶습니

다. 앞서 언급한 것처럼 이제는 이직이 자연스러운 일상이 된 시대입니다. 게다가 기업은 대부분 공채를 더 이상 실시하지 않고 경력자를 수시 채용하고 있습니다. 지금 시대에 알맞은 커리어 전략은 최종 목표로 연결될 수 있는 분야와 직무를 찾아 우선 경력을 시작하는 것입니다.

혹 입사 뒤 원하는 직무에 바로 배치되지 않을 수도 있습니다. 그러나 회사가 충분히 비전이 있다면 일단 입사하는 것이 좋습니다. 직장생활을 하다 보면 원하는 직무로 옮길 수 있는 길은 나타나기 마련입니다. 물론 한번 맡았던 직무를 바꾸는 게 쉽지는 않습니다. 그러나 경력 공백이 길어지는 것에 비하면 위험 부담이 훨씬 적습니다. 오랫동안 취업을 하지 못하면 스스로 자신감이 떨어질 뿐만 아니라, 취업 시장에서의 매력도가 떨어져 취업이 더욱 어려워집니다.

또한 대졸 취업준비생들의 상당수는 직장생활을 해보지 않아서 자신의 적성이 무엇인지 잘 모르는 경우가 많습니다. 게다가 지망하고자 하는 전문 분야도 직장생활을 하는 과정에서 바뀔 가능성이 있습니다. 따라서 당장 자신이 원하는 직무를 맡지 못한다고 해서 입사를 포기하는 것은 현명한 결정이 아닙니다.

경력관리는 대학 시절부터 시작하라

경력관리는 입사하고서부터 시작하는 것이 아닙니다. 잘 아시다 시피 대학 시절에 회사나 기관에 인턴으로 입사해 수료하는 것, 어학 연수를 다녀오는 것, 동아리 활동을 하고, 자격증을 따고, 복수전공을 선택하는 것 모두가 커리어와 연결돼있습니다. 이 모 두가 자신의 진로를 염두에 두고 하는 행동이니까요.

원하는 분야의 다양한 자격증, 인턴, 산학협력, 아르바이트 같 은 것을 통해 경력에 준하는 작은 이력들을 만들어보세요. 요즘 기업은 훈련기간을 짧게 들일 수 있고 업무에 곧바로 투입할 수 있는 사람을 원하기 때문입니다. 작은 이력이라도 업무와 연관된 다양한 경험을 쌓아두었다면 기업은 그러한 사람에게 조금 더 관심을 보일 것입니다.

예전에는 기업이 공채 입사자들을 대상으로 직업 훈련을 실 시했습니다. 그러나 점차 경쟁이 격해지고 시장의 변화 속도가 더 빨라지면서 기업들은 가르쳐서 쓸 시간이 없다는 판단을 내 렸습니다. 이미 충분히 훈련된 사람을 직원으로 뽑겠다는 것입니 다. 그러다 보니 신입사원 면접에서도 "어떤 경력을 갖고 있느냐" 고 묻는다고 합니다. 경력 같은 신입사원을 뽑으려다 보니 그런 모순적인 질문이 나오는 것입니다.

정말로 취업을 원하는 사람이라면 저러한 질문을 '말이 되지 않는다'고 폄훼하기 이전에, 저 말에 담긴 기업의 니즈를 파악하고 그것을 일부라도 충족시킬 수 있도록 준비하는 것이 현명한 선택일 것입니다.

평범한 직장인이 몸값을 높이려면
무엇을 먼저 해야 할까요?

직장생활 8년 차의 평범한 직장인입니다. 대학교를 졸업한 뒤 한 중견회사에 입사했고, 5년째 경영기획 업무를 담당하고 있습니다.

평범하다는 것은 제가 저 자신을 객관적으로 평가해보았을 때 내린 결론입니다. 이렇다 할 자격증도 없고, 박사는커녕 석사학위도 없습니다. 헤드헌터에게 연락받아본 적도 없습니다. 하지만 이런 자신에게 별 불만 없이 현재에 만족하면서 살아왔습니다.

그런데 작년에 결혼하고부터 생각이 꽤 바뀌었습니다. 이제 아이도 낳을 계획이고, 저만 책임지면 됐던 생활에서 벗어나 가족을 책임져야 하는 상황이 되었다는 걸 깨달았습니다. 아이가 태어나고 한동안은 저 혼자 외벌이를 해야 하기도 하고요.

지금부터라도 몸값을 높이기 위해 커리어 관리를 해나가야 할 것 같은데, 구체적으로 무엇을 해야 할지 잘 모르겠습니다. MBA 과정을 밟는 게 도움이 되지 않을까 싶다가도, 지금 하고 있는 업무가 저에게 잘 맞는 것인지도 확신이 서지 않습니다. 회사에 다른 팀으로 전배를 요청하여 아예 직무를 바꾸어볼까 하는 생각도 있습니다. 그런데 5년이나 해온 업무를 버리고 다른 직무로 가는 게 과연 현명한 선택일까요?

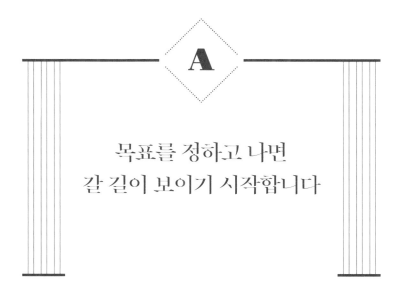

목표를 정하고 나면
갈 길이 보이기 시작합니다

요리에서 맛을 결정하는 주된 요소는 재료입니다. 아무리 이름난 요리사라도 질 나쁜 재료로 질 좋은 재료를 이길 수는 없습니다. 그래서 요리사의 수준 역시 재료를 보는 눈에 의해 결정된다고들 합니다. 만약 주재료의 질이 같다면 그때부터는 부재료와 양념을 어떻게 첨가하고 쓰느냐에 따라 음식 맛이 달라질 것입니다.

커리어도 이와 같습니다. 기본적으로 학력과 직무경력이 커리어를 좌우합니다. 이 두 가지가 음식의 주재료에 해당되는 셈이죠. 그런데 이미 직장생활을 시작한 이후에는 학력과 직무경력을 바꾸기가 어렵습니다. 커리어를 업그레이드하기가 힘든 것도 이 때문입니다.

이때 필요한 것이 커리어의 부재료입니다. 부재료가 될 수 있는 것은 MBA 학위나 대학원 졸업장, 자격증, 외국어 능력, 각종 프로그램 및 데이터 활용 능력 등입니다. 이것들을 적절하게 추가하면 자신의 가치를 한 단계 더 끌어올릴 수 있습니다.

질문하신 분처럼 아직 자신의 진로가 불분명한 상태라면 우선 경력 목표부터 정해야 합니다. 목표가 있어야 그곳에 이르는 과정을 설계할 수 있습니다. 어떤 요리를 할지 정하지 않은 상태에서 부재료를 어떻게 쓸지를 고민하는 것은 순서가 한참 뒤바뀌었다고 할 수 있습니다. 질문하신 분은 자신의 가치를 높일 방법을 고민하기 전에 자기가 무엇을 왜 하고 싶은지부터 고민할 필요가 있습니다.

질문하신 분께서는 자기 가치를 높이기로 마음먹은 주된 이유로 가족을 부양하기 위한 자금과 이를 가능케 하는 자리를 말씀하셨습니다. 그것이 어떤 자리이고 얼마만큼의 급여일지는 모르겠지만, 이를 달성하기 위해서는 우선 가고자 하는 분야에서 '몸값'이 높은 사람들의 커리어를 파악하는 것이 도움이 됩니다. 그 분야에서 성공한 사람들의 커리어를 벤치마킹하는 것입니다. 이렇게 해서 목표지점과 그곳에 도달하기 위해 거쳐야 할 곳, 그리고 그곳을 지나기 위해 갖춰야 할 것들이 정해지면 단계별로 실행에 들어갑니다. 계획에 따라 실행하다가 차질이 빚어지면 그 시점에서 목표지점과 중간경로를 다시 점검합니다. 이런 과정을 반복하면서 한 발 한 발 목표를 향해 나아가는 것입니다.

커리어 상승을 위해 직장인이 가져야 할 역량

각각의 커리어마다 목표에 도달하기 위해 필요한 요소는 천차만 별이겠습니다만, 경험적으로 보았을 때 직장인이 가져야 할 몇 가지 공통적인 요소가 있습니다.

가장 중요한 것은 체력입니다. 직장인은 운동선수가 아닌데 왜 체력이 필요할까요? 바로 체력이 모든 행위의 기반이기 때문 입니다. 아무리 능력이 있어도 체력이 받쳐주지 않으면 역량을 발휘해낼 수 없습니다. 연구와 조사와 분석을 거듭해 최적의 결 론을 도출하는 시간을 버티게 해주는 것도 체력이고, 마련한 전 략과 전술을 적시와 적소에 실행하게 해주는 것도 체력입니다. 컨설턴트나 변호사, 회계사 같은 전문직도 체력이 따라주지 않으 면 대성하기 어렵습니다. 그러니 질문하신 분께서도 우선 체력을 단련해두시라 권하고 싶습니다.

다음으로는 영어 구사 능력입니다. 당장 본인이 맡은 직무에서 영어를 사용할 일이 거의 없다면 영어 능력은 반드시 필요한 게 아니라고 생각할 수 있습니다. 이제는 영어를 웬만큼 잘 한다고 해서 특별히 우대하는 곳도 잘 보이지 않습니다. 그러나 영어는 여전히 세계의 공용어이고, 특히 사업에 있어서는 의사소통의 절대적인 수단입니다. 영어 능력이 부족하면 해외 사업 확장이나 해외 지사 근무 또는 해외 연수 등 결정적인 기회가 찾아온 순간을 눈 뜨고 놓치게 됩니다. 그러므로 영어는 꾸준히 학습하고 연마하여 원어민과 이야기를 나눌 수 있을 만한 수준을 갖추어두는 것이 좋습니다.

임원에게 필요한 것은 영업 능력

질문하신 분이 임원을 염두에 두고 있다면 저는 영업 분야를 한번 경험해보시라 권하고 싶습니다. 영업은 직장의 꽃이며, 모든 직무 가운데 성과에 가장 직결되는 부문입니다. 이 때문에 영업을 모르면 임원 되기가 어렵고, 영업에서 성과를 거두면 임원으로 승진할 확률이 높다는 얘기가 나오는 것입니다. 또한 기업의 모든 일은 결국 고객에서 출발하기 때문에, 고객을 만나는 직무를 적어도 한 번은 경험해보는 것이 좋습니다.

어떤 사람들은 영업을 두고 자존심을 낮춘 채 고객을 접대하거나 고객에게 읍소하는 일이라고 생각합니다. 철저히 을의 입장에 서야 하고 심한 감정노동을 해야 하는 업무라며 폄하하고 기피합니다. 물론 과거에는 그런 영업방식이 주류를 이뤘고 지금도 일부에서 그런 영업방식을 사용하고 있습니다.

그러나 지금은 다릅니다. 요즘 시대에 영업은 전문성이 없으면 성과를 내기 어려운 분야가 됐습니다. 고객을 응대하려면 친화력과 설득력, 도전정신과 인내력을 가져야 합니다. 계약을 성사시키려면 회사의 상품과 서비스, 기술에 대한 이해가 깊어야 하고 관련 산업과 시장의 동향도 훤히 꿰고 있어야 합니다. 이제 영업은 경험과 지식, 기술과 정보가 총동원되는 직장생활의 정수입니다. 변호사, 회계사 같은 전문직종에서도 가장 잘나가는 사람이 영업을 담당합니다. 고객을 끌어들이지 못하는 사람은 승진을 하거나 주요 보직을 맡기 어려운 시대가 됐습니다.

제가 아는 중견기업의 대표는 내부에서 키워야 할 사람을 발견하면 영업부서로 보냅니다. 그가 회사를 물려줄 아들을 자기 기업에 입사시킨 뒤 맨 처음 배치한 부서도 영업이었습니다. 영업은 끊임없이 고객을 생각하는 일입니다. 영업 담당자들은 늘 회사의 제품과 서비스가 팔릴 것인지, 고객은 만족할 것인지를 놓고 고민합니다. 그런데 기획이나 개발부서에서만 근무한 직원들에겐 그런 책임 의식을 찾아보기 어렵습니다. 그런 고민을 하지 않기 때문에 탁상공론식 아이디어를 내놓는 경우가 많습니다. 그래서 저 역시 직원들이 간부로 승진하기 전에 꼭 영업을 거치게 하고 있습니다.

영업으로 직장생활을 시작하지 않은 사람들에게 영업을 맡기려 하면 대개 반응이 비슷합니다. 자신은 영업을 모르는데, 영업 현장에 가서 무슨 수로 버티겠느냐고 하소연합니다. 하지만 그런 비즈니스 감각이 없다면 개발하고 키워야 합니다. 질문하신 분께서도 더 높은 곳을 원하신다면 반드시 영업을 경험하고 영업 능력을 키우시기를 바랍니다.

사모펀드에
들어가고 싶습니다

저는 서울 소재 대학교에서 경영학을 전공하고 있는 졸업 예정자입니다. 졸업한 뒤 금융회사에 취업하려고 합니다. 이를 위해 자산운용 관련 자격증을 따고 영어 공부도 꾸준히 하고 있습니다. 방학 때 국내 금융회사에서 인턴도 했습니다.

3학년까지만 해도 증권회사나 은행을 목표로 삼았는데, 졸업을 앞둔 지금 자꾸 사모펀드 쪽에 눈길이 갑니다. 연봉과 복리후생이 좋을 뿐만 아니라 직무 만족도가 월등히 높더군요. 그렇지만 채용공고가 자주 나질 않는 것 같습니다. 또 사모펀드 관련 커리어를 가진 선배나 지인이 거의 없어 채용 관련 정보를 얻기가 어렵습니다.

어떻게 해야 사모펀드의 문을 열 수 있을까요? 사모펀드에 들어가려면 특별히 요구되는 자격조건이 있나요? 외국 유학을 다녀오지 않으면 입사가 어렵다는 이야기도 있던데, 사실인가요?

먼저 경력을
만드십시오

요즘 대학생들 사이에서 사모펀드Private Equity Fund에 관심이 높습니다. 사모펀드는 비공개로 소수 투자자에게서 돈을 모아 주식과 채권, 기업이나 부동산에 투자해 수익을 내는 회사입니다. 기업 자체를 사고팔기도 해서 오가는 금액이 매우 클 뿐만 아니라 담당자가 얻을 수 있는 이익도 상당합니다. 당연히 임직원들의 보수도 많아서 '꽃의 직장'처럼 생각하는 것도 무리는 아닙니다.

그러나 사모펀드에서 일한다고 모두 고액 연봉을 받는 것은 아닙니다. 글로벌 사모펀드나 국내 대형 사모펀드, 그리고 중소형 사모펀드는 각각 자본금의 규모가 다릅니다. 당연히 직원들의 역할이나 보상수준도 천차만별입니다. 게다가 이들 사모펀드는 조직규모가 작아서 직원을 많이 뽑지 않습니다.

사모펀드의 형태

사모펀드의 형태는 크게 차입인수Leveraged Buyout, LBO 펀드, 벤처캐피탈Venture Capital, VC 펀드, 성장투자Growth Equity, GE 펀드로 나뉩니다.

LBO 펀드는 가장 일반적인 사모펀드인데, 은행에서 빚을 내 회사를 산 뒤 비싼 값에 되팔아서 수익을 내는 형태입니다. 이때 사모펀드 운용사가 전체 투자금의 1~2퍼센트를 현금으로 '의무출자GP commitment'해야 합니다. 사업 규모에 비례하여 충분한 자금이 필요하다는 이야기입니다.

VC 펀드는 유망 신기술이나 신사업모델로 창업하는 스타트업에 투자하는 펀드입니다. 스타트업 투자는 규모가 작아서 여러 스타트업에 동시에 투자합니다. 이 가운데 하나의 스타트업만 성공해도 큰돈을 벌 수 있습니다.

GE 펀드는 스타트업 가운데 어느 정도 궤도에 오른 회사를 대상으로 투자하는 펀드입니다. 투자 금액도 VC보다 크고 안정적이긴 하지만, 기대수익률은 VC보다 낮은 편입니다.

들어가기보다 버티기가 더 어려운 사모펀드의 세계

사모펀드는 학력을 중시합니다. 업계에서 활약하는 사람들은 대부분 소위 말하는 SKY와 외국의 유명 대학 출신입니다. 이런 현상은 비단 국내 사모펀드에만 존재하는 게 아닙니다. 해외의 사모펀드 회사들도 마찬가지입니다. 월 스트리트의 이름 있는 사모펀드 회사들도 대개 아이비리그 출신이거나 비슷한 수준의 대학교 졸업생 중에서 필요한 인원을 알음알음 선발하고 있습니다.

국내 사모펀드에 입사하고자 한다면 석사학위가 있으면 없는 것보다는 낫겠지만 큰 도움이 되지는 않습니다. 물론 외국의 유명 MBA 출신이거나 세계적인 대학교의 대학원에서 석사학위를 받은 사람이라면 유리할 수 있습니다. 실제 국내 사모펀드 업계에서 활동하고 있는 이들은 주로 대형 금융회사나 컨설팅회사, 글로벌기업 출신으로, 재무, 회계, 컨설팅 지식으로 중무장한 사람들입니다.

사모펀드 임직원들의 출신 기업을 살펴보면 왜 사모펀드 회사들이 학력을 중시하는지 잘 알 수 있습니다. 투자 자금을 모으려면 투자자를 설득해야 하는데, 가장 효과적인 설득 방법은 맡긴 돈을 누가 다루는지 확인해주는 겁니다. 이 때문에 사모펀드는 출자자에게 투자팀과 운용팀의 학력과 경력을 공개합니다.

무엇보다도 투자 대상이 되는 기업을 찾고 투자를 검토하거나, 투자금을 모아 회사를 산 뒤 가치를 키워서 팔고 나오는 모든 과정은 일정한 네트워크 안에서 이뤄집니다. 투자와 관련된 고급 정보는 업계의 흐름을 알고 있는 사람들이 아니면 접근이 쉽지 않습니다. 이 때문에 이너서클 구성원들과 연결되는 연줄이 없다면 게임에 참여하는 것 자체가 거의 불가능합니다.

그런 점에서 대졸 예정자가 사모펀드에 곧바로 입사하려는 계획은 다소 무모해 보입니다. 사모펀드는 채용공고를 잘 내지 않을 뿐만 아니라, 신입사원은 운용역으로 거의 뽑지 않습니다. 사모펀드가 신입사원을 뽑지 않는 이유는 앞서 말한 네크워크의 부재도 이유지만, 가장 큰 이유는 경험이 없기 때문입니다. 회사를 인수하고 기업 가치를 올려 매각하는 작업에 참여하려면 돌발상황과 위험에 대처할 수 있어야 합니다. 이런 전략적 사고와 문제해결 능력은 업무 경험을 통해서 커지는 역량입니다. 그런데 소수 정예 엘리트가 모여있는 사모펀드에서 신입사원을 뽑아 가르칠 만큼 한가한 직원은 없습니다.

따라서 사모펀드에서 커리어를 발전시키고 싶다면 대학을 졸업한 뒤 앞서 언급한 금융회사나 컨설팅회사, 글로벌기업에서 경험을 쌓고 입사 기회를 살피는 게 좋습니다. 필수로 요구되는 재무와 회계지식을 쌓고 영어 구사 능력을 갖춘 뒤 사모펀드에서 일하는 사람들과 교류한다면 가능성이 커질 겁니다.

이렇게 사모펀드에 들어가는 것은 참 어렵습니다. 그러나 더어려운 것은 생존입니다. 사모펀드는 리크스가 매우 큰 분야입니다. 자금을 끌어모으지 못하면 시작조차 할 수 없습니다. 또 시작하더라도 변동성이 커서 중소규모 사모펀드는 안정성이 매우 취약합니다. 근무 조건 역시 기대만큼 좋지는 않습니다. 대부분 기본급은 높지 않고 기여도에 따른 성과급을 지급하는 방식을 취하고 있습니다. 규모 있는 사모펀드라 하더라도 투자 뒤 매각이나 상장, M&A, 기업청산 같은 방법으로 투자금 회수에 성공하지못하면 그대로 주저앉게 됩니다. 물론 성공하면 몇십억 원, 아니몇백억 원의 보상을 받을 수도 있지만 현실적으로 성공보다 실패 가능성이 훨씬 큽니다. 게다가 사모펀드 업계의 경쟁이 격해지고 있습니다. 일확천금의 기회를 잡기 위해 기업들이 계속 설립되면서 근무환경도 악화 일로를 걷고 있습니다. 일반 직장보다못하다는 푸념도 심심치 않게 들립니다.

질문하신 분이 희망하는 사모펀드의 세계에 진입하려면 매우 좁고 높은 관문을 통과해야 합니다. 돈을 끌어모을Funding 수 있는 재능과 인맥도 있어야 합니다. 결코 쉽지 않은 길입니다. 화려한 만큼 위험도 크기 때문에 신중하게 판단할 필요가 있습니다.

물론 사업가적 기질이 있고, 투자 기술에 밝은 사람은 길게 보고 도전해볼 만합니다. 다만 이 일은 강한 성장 욕구와 이를 지속할 수 있는 집중력이 없으면 생명이 길지 않다는 점을 명심하시길 바랍니다.

이미 포기한 길에
미련이 남습니다

저는 변호사인 아버지의 영향을 받아 어렸을 때부터 변호사가 되겠다는 꿈을 갖고 있었습니다. 그래서 로스쿨에 입학해 3년 과정을 마쳤습니다. 그러나 변호사 시험에 세 번이나 떨어진 다음 변호사의 길을 포기하고 일반 기업에 취직하기로 마음먹었습니다. 결국 건설회사에 들어갔고, 법 공부를 한 이력을 인정받아 법무팀에 배치되었습니다. 지금 법무팀에는 저보다 나이가 적은 사내 변호사 한 분이 상사로 있고, 복잡하고 중대한 사안은 외부 로펌의 변호사들과 협의해가며 대처하고 있습니다.

시험 준비만 하다가 직장생활에 적응할 수 있을까 걱정했는데, 의외로 업무 자체는 금세 적응할 수 있었습니다. 다만 뜻밖에 포기했다고 생각했던 원래의 꿈이 자꾸 마음에 걸립니다. 가까이서 변호사들과 함께 일하다 보니 '내가 저 일을 하고 있어야 했는데' 하는 생각이 떠오르고는 합니다. 그래서인지 상사로 있는 변호사는 물론이고 외부 로펌의 변호사를 만날 때도 심리적으로 위축됩니다. 겉으로 감정을 드러내지 않으려고 애를 쓰지만 변호사를 만나기 전부터 자존심이 상해있는 저를 발견하게 됩니다. 이러다 보니 마음이 싱숭생숭하여 점점 더 업무에 집중하기가 힘들어지고 있습니다. 저는 어떻게 하면 좋을까요?

지금 서있는 곳이
새로운 출발점입니다

요즘 운전하는 이들에게 내비게이션은 필수입니다. 저 역시 늘 내비게이션을 켜고 운전하는데, 얼마 전 문득 이 장치를 곰곰이 생각해보게 됐습니다. 아시다시피 내비게이션에게는 실패라는 개념이 없습니다. 운전을 하다 길을 잘못 들면 내비게이션은 즉시 그 자리에서 다시 새로운 경로를 찾아줍니다. 이 신통한 장치에게 잘못된 길이란 없는 것이고, 언제나 지금 있는 그 자리가 새로운 출발점이 됩니다. 비록 기계이고 프로그램일 뿐이지만, 꽤 배울 만한 삶의 태도라고 생각합니다.

저는 질문하신 분께 방향을 지시해주기보다는 흔들리는 마음을 다잡아야 한다는 말씀을 드리고 싶습니다. 그리고 내비게이션의 마인드를 한번 가져보셨으면 합니다. 지금 내가 서 있는 곳이 길을 잘못 든 결과가 아니라 이제부터 시작될 새로운 길의 출발점이라고 생각해보는 것입니다.

길이 하나만 있다고 생각하면 그 길을 따라가지 못했을 때 실패한 인생이 됩니다. 그러나 목표에 이르는 길은 다양합니다. 이 길이 막히면 다른 길로 가면 됩니다. 조금 돌아가고 조금 험한 길일지는 몰라도 목적지에 도착할 수 있습니다.

박찬욱 감독의 영화 〈올드보이〉에 이런 대사가 있습니다.

"사람은 말이야. 상상력이 있어서 비겁해지는 거래. 그러니까 상상을 하지 말아봐. XX 용감해질 수 있어."

내비게이션은 상상하지 않습니다. 과거의 경로로부터 실패를 떠올리지 않고 현재의 조건으로부터 최적의 경로를 계산할 따름입니다. 사람도 마찬가지입니다.

과거 우리 주변에 '고시 낭인'이나 '고시 폐인'들이 적지 않았습니다. 그들은 여태 붙잡고 버텨왔던 시험공부라는 말뚝을 놓을 용기가 나지 않았고, 다른 길을 알아볼 엄두를 내지 못했습니다.

가던 길에서 벗어나거나 곤두박질칠 것 같으면 두려워하고 비겁해지기 마련입니다. 그러나 현실을 있는 그대로 받아들이면 올라갈 길이 보이기 시작합니다.

진정한 강함은 유연함을 포함한다

사법시험에서 좋은 결과를 얻지 못한 사람들 가운데 상당수가 기업의 법무팀이나 법무법인에서 일합니다. 사법시험을 공부하는 과정에서 법률 지식이 쌓였기 때문에 기업에서 법무를 담당하거나 로펌에서 사무장 역할을 하는 데 유리한 위치에 있다고 봤기 때문입니다. 그런데 이런 사람들을 만나보면 몇몇은 얼굴색이 어둡고, 표정도 우울해보입니다. 질문하신 분처럼 같이 일하는 변호사와 조직 내 위상이 다르고 연봉 차이도 커 자존심에 상처를 입고 있기 때문입니다. "아, 나도 시험에 합격했으면 저런 변호사처럼 일하고 대접도 받았을 텐데 내가 떨어져서 저들의 지휘를 받고 있구나"라고 생각하면서 콤플렉스에 시달리고 있는 겁니다.

저는 질문하신 분께서 경력관리를 마치 내비게이션을 켜고 운전하는 것처럼 생각해보시면 좋겠습니다. 처음 원했던 목적지에 이르지 못했다고 좌절할 필요는 없습니다. 목표는 고정된 것이 아닙니다. 유연한 변화가 인정되고, 때로는 장려되기도 합니다. 《하버드비즈니스리뷰》의 편집자이며 『하버드 인생학 특강』(2020)을 저술하기도 한 캐런 딜론Karen Dillon은 지금껏 자신이 만나거나 기사로 다뤄온 성공한 사람들은 자신의 초기 전략을 마냥 고수하지 않았다는 점을 강조하며 이렇게 말했습니다.

"모든 전략은 결국 바뀐다. 성공은 결코 미리 정해지지 않는다."

성공한 기업의 93퍼센트는 초기 전략을 버려야 했다는 연구도 있습니다. 대표적인 사례가 넷플릭스입니다. 넷플릭스의 초기 비즈니스 모델은 미국 내에서의 우편과 온라인을 활용한 DVD 비디오 대여였습니다. 하지만 2007년부터 기존의 대여 모델 대신 온라인 스트리밍 서비스로 전환하며 전 세계를 상대로 콘텐츠를 제공하기 시작했고, 이제는 다른 경쟁사들을 꺾고 OTT 플랫폼의 최강자로 거듭났습니다.

인생을 살면서 목표가 바뀌는 일은 다반사입니다. 목적지도 바뀔 수 있고, 가는 수단도 바뀔 수 있습니다. 물론 과거를 잊고 새로운 목표를 잡는 것은 쉬운 선택이 아닙니다. 그렇지만 우리는 인생을 조금 더 높은 곳에서 조망할 필요가 있습니다. 처음의 계획을 달성하는 것보다 중요한 것은 결국 성공하는 것이 아닐까요?

지금 가장 행복할 수 있는 길을 선택하라

과거를 잊고 새로운 목표를 잡는 건 결코 쉬운 일은 아닙니다. 이 때문에 많은 이들이 자신이 했던 일을 토대로 다른 일을 시작하려는 경향이 생기고, 그만큼 선택의 폭이 좁아집니다. 이럴 때는 좀 더 넓게 볼 필요가 있습니다. 질문하신 분께서는 자기 목표가 그저 변호사가 되는 것이었는지, 아니면 변호사가 되는 것은 궁극적인 행복의 조건 가운데 하나일 뿐이었는지 묻고 싶습니다. 행복하게 사는 것이 더 큰 삶의 목표라면 반드시 변호사가 되어야만 행복하게 사는 건 아니지 않겠습니까?

자존심 상하고 초라한 자신을 느껴야 하는 곳에서 평생 기죽은 채 사는 것은 추천드리지 않습니다. 적응하는 데 힘들고 시간이 걸리더라도 완전히 새로운 길을 가는 게 좋을 수도 있습니다. 시험에 떨어졌다는 것을 기억에서 거두고 전혀 다른 길에 도전해보는 것도 의미 있는 일입니다. 그래서 저는 질문하신 분께 지금 회사에서 직무를 전환해보거나, 회사를 옮기는 것도 진지하게 고려해보시라고 말씀드리고 싶습니다.

만약 아무래도 변호사 직업에 미련이 생긴다면, 한국이 아닌 미국에서 변호사 시험에 도전해보는 것을 권해드립니다. 미국 변호사 시험은 국내 변호사 시험보다 합격하기가 쉽다고 들었습니다. 그러나 저는 반드시 변호사가 되어야만 행복하게 사는 것은 아니므로, 변호사라는 직업에 미련을 두기보다는 지금 위치에서 도달할 수 있는 행복을 탐색해보시면 좋겠습니다.

관리자보다는 실무의
스페셜리스트로 남고 싶습니다

10년 차 IT 개발자입니다. 대략 2년에 한 번꼴로 직장을 옮기다 보니 벌써 네 번째 직장에 다니고 있습니다. 2년에 한 번이라면 개발자로서 그렇게 자주 옮기는 건 아닙니다. 시절이 좋은 탓도 있었겠지만, 개발자에게 이직만큼 기술을 배우면서 몸값을 올리는 데 좋은 방법이 없더군요. 그러나 저에겐 연봉이 최우선 관심사는 아니었습니다. 저는 코드 복기가 취미라 할 만큼 이 일이 재미있고, 저에게 잘 맞으며, 잘할 수 있습니다. 그래서 개발 업무 외에 다른 쪽으로는 관심을 두지 않았습니다.

그런데 최근 면접에서 묘한 이야기를 들었습니다. 면접관이 이만한 연차에 왜 프로젝트 매니저 경력이 없느냐고 물은 겁니다. 맡을 수 없어서가 아니라 맡고 싶지 않아서였다고 답했는데, 그 사람 눈에는 그게 이상해 보였나 봅니다. 나중에 헤드헌터가 탈락 사실을 알려주며 "나이가 나이니만큼 프로젝트 매니저 경력을 쌓는 게 좋겠다"고 조언했습니다.

저는 동의하기가 어렵습니다. 외국에는 평생 개발만 하는 엔지니어가 적지 않은데, 우리나라 기업들은 왜 개발자에게 자꾸 관리자 역할을 부여하려는 걸까요? 잘하는 것으로 평가받고 그에 따른 결과물로 보상받는 것은 우리나라에서는 불가능한 일일까요?

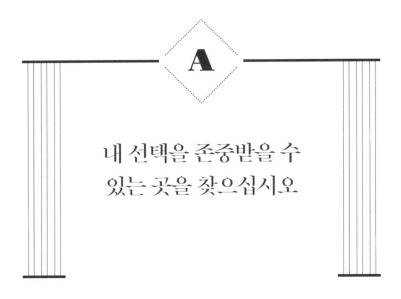

내 선택을 존중받을 수 있는 곳을 찾으십시오

요즘은 IT 전문 회사가 아니라도 IT 인력은 기업의 핵심 자원입니다. 업무 효율화를 꾀하고 생산성을 높이는 데 IT는 필수 요소가 됐기 때문입니다. 이런 회사에서 일하고 있는 개발자들을 만나보면 이런 이야기를 자주 합니다. 뛰어난 프로그래머로 성장하고 싶은데 회사가 자꾸 관리업무를 부여해 갈등이 생긴다는 것이지요.

IT 인력에 대한 고민은 기업을 이끄는 경영자들도 마찬가지입니다. 회사에는 제조부터 영업, 마케팅, 기획 같은 여러 부서가 있고 저마다 다른 영역을 맡는 만큼 직원들의 성향도 차이가 있습니다. 하지만 그중에서 IT 개발자들의 '독특함'은 다른 직군과 비교하기 어려울 정도입니다. 경영자들의 고민은 승진보다는 프로젝트를 욕심내고, 관리자 업무를 맡기면 회사를 옮기겠다고 고집을 피우는 IT 계열 직원들을 기존 시스템에서 어떻게 다루어야 할지 곤혹스럽다는 것이었습니다. 모든 전문 직군이 자신들만의 특별함을 받아들여달라고 하면 회사를 어떻게 이끌어가겠느냐는 푸념도 있었습니다.

기술인재의 특수성

회사에 다니는 직원이 경험과 성과를 축적해 조직 책임자, 사업 책임자로 성장하는 것은 여러모로 자연스러운 일입니다. 이 때문에 직원이 관리자 역할을 맡지 않겠다고 하면 경영진을 포함해 다른 직군에 있는 구성원들은 당황합니다. 이로부터 알 수 있는 안타까운 점은, 경영자 대부분이 기술인재를 다르게 관리해야 한다는 사실을 잘 모른다는 것입니다. 그들은 개발자들도 업무 성과에 대해 다른 직원처럼 승진과 보상을 최우선으로 원할 테니 그것을 제공하면 된다고 쉽게 생각합니다. 그러다 보니 큰 고민

없이 없이 일 잘하는 개발자를 관리자로 끌어올리려 합니다. 그 사람을 통해 프로젝트의 완성도를 높이고 성과를 많이 창출하며 조직원을 교육하는 것이 가장 옳은 선택이라고 생각해버립니다. 그러나 모든 개발자가 다 그런 것은 아니겠지만, 개발자 상당수가 이 같은 역할을 부담스러워합니다.

저희 회사에도 20여 명의 IT 담당 직원들이 있습니다. 이들도 대부분 관리업무를 꺼립니다. 저도 처음에는 이들이 팀장을 맡아 관리업무를 하면 업무 영역이 확장되니 좋아하지 않을까 생각했는데, 그게 아니라는 것을 알게 됐습니다.

기술인재에게는 보상만큼이나, 어쩌면 보상보다 더 중요한 것이 '전문성'입니다. IT 개발자들의 1차 관심사는 실무입니다. 이들 가운데는 자신의 개발 능력을 키우고 성과를 만들어 보상받는 그림을 그리고 있는 사람들이 생각보다 많습니다. 이에 비해 관리업무는 아무래도 기술자들에게 재미가 덜한 영역일 수밖에 없습니다. 개발자의 3분의 2 이상이 관리자가 되기를 원치 않는다는 조사 결과도 있을 정도입니다.

이런 현상은 IT 개발자가 수행하는 분석, 설계, 개발 업무가 단독으로 수행하는 특징이 강하기 때문에 발생합니다. 팀 단위로 프로젝트를 진행하는 경우에도 이 모습은 크게 달라지지 않습니다. 게다가 관리자가 되면 자신의 전문 지식과 결과물보다 팀에 더 포커스를 맞춰야 하는 부담도 작용합니다. 개발 관리자는 프로젝트의 성과뿐만 아니라 인력 채용, 연관 부서와 업무 조정 같은 역할을 해야 하는데, 이런 일에 힘을 쏟으니 내 개발 실력을 키우는 것이 더 커리어에 도움이 된다고 여기는 것이지요.

팬데믹이 맹위를 떨치던 2022년,《하버드비즈니스리뷰》에는 기술인재들의 이직 사유에 관한 기사「Survey: What Attracts Top Tech Talent?」가 실렸습니다. 이 기사에는 컨설팅회사 베인앤드컴퍼니가 500여 명의 기술 담당 직원과 230여 군데 기업의 기술 조직 담당자를 대상으로 기술인재를 끌어들이는 요소에 관해 조사한 결과가 소개됐습니다.

이 기사에 따르면, 기술인재들은 지금 다니는 직장을 그만두는 가장 큰 이유로 '학습과 성장 기회 부족'을 꼽았습니다. 다음으로는 '조직의 업무 유연성 부족', '불충분한 보상과 인식'을 꼽았습니다. 3분의 2가 재택근무와 사무실 근무가 병행되기를 원했는데, 46퍼센트는 그런 유연근무가 받아들여지지 않으면 이직하겠다고 밝혔습니다. 자신들이 원하는 방식으로 성장하고 보상받지 못하면 언제든 떠나려 하는 게 기술인재들의 성향이라는 점이 다시 확인된 것입니다.

기술자 트랙과 관리자 트랙

질문하신 분께서 지금의 상황을 극복하는 방법은 크게 두 가지입니다. 첫째는 상사에게 이 문제에 관해 솔직하게 이야기하는 것입니다.

"저는 기술에 관심이 있고 개발에 흥미를 느끼니 개발에 전념할 수 있도록 해주십시오. 관리가 아니라 개발로 회사에 기여하겠습니다. 저에게 주어지는 과제와 책임을 외면하는 게 아니라, 제 성향을 고려할 때 개발이 회사에 더 크게 기여하는 방법입니다. 관리자로 배치하면 주어진 업무는 하겠지만 흥미를 잃게 돼 회사에 대한 기여가 줄어들 가능성이 큽니다."

이런 이야기를 할 때 상사가 농담이나 겸양으로 받아들이거나 조직 충성도가 약한 사람으로 보지 않도록 진지하고 겸손한 태도로 요청해야 합니다.

둘째는 회사에 기술인재의 경력관리제도를 추가로 만들어달라고 건의해보는 겁니다. 다른 직원들처럼 관리자 직무로 가는 길과, 기술에 전념하면서도 그 성과에 걸맞게 승진하고 보상받는 길을 선택할 수 있도록 마련해달라고 이야기하는 것입니다.

일반관리직과 기술전문직의 이중경력 경로를 제도화한다면 기술인재를 확보하고 유지하는 데 큰 도움이 됩니다. 기술인재들에게 스스로 자신의 경력개발 경로를 선택할 수 있게 만들어 전문성을 갈고닦을 수 있게 해주는 것이므로 강한 동기를 부여할 뿐 아니라 더 큰 성과를 기대할 수 있게 됩니다. 실제로 요즈음 기업들은 IT 인력을 늘리면서 기술인력들을 위한 별도의 인사관리 제도를 운영하고 있습니다. 일반 관리자 트랙 외에 '명장'과 같은 고급 기술자 트랙을 별도로 두는 것입니다.

하지만 모든 기업이 두 가지 경로를 두고 있지는 않습니다. 어떤 경영자들은 굳이 두 가지 경로를 둘 필요가 없다고 판단할 수도 있습니다. 만약 제안이 받아들여지지 않는다면 이직을 포함해 다른 방법을 진지하게 고민해야 합니다. 옮긴 회사에서도 비슷한 상황에 처할 수 있으니 두 가지 경로를 운영하는 곳을 적극적으로 찾아야 하겠지요.

아울러 이번 기회에 자신이 정말 관리업무를 싫어하고 개발업무만 좋아하는지 한 번 더 점검해보세요. 지금은 개발업무만 하는 것이 좋아 보이지만, 나중에는 사정이 바뀔 수도 있습니다. 기술은 끊임없이 변하고 생각지도 못했던 새로운 기술이 계속 등장합니다. 기술자로 경력을 유지하려면 새로운 기술을 습득해야 하니 끊임없이 공부하고 새 기술에 자신을 최적화시켜야 합니다. 그렇지 않으면 뒤처지게 되니까요. 이런 어려움 때문에 어떤 이들은 기술에서 관리로 업무를 바꾸고 싶어 하고, 그것이 어렵다면 기술영업으로 직무를 변경하려 들기도 합니다. 또 지금은 개발업무가 좋지만, 더 나이가 들어서도 좋을지는 생각해볼 일입니다. 사람은 안 변하기도 하지만, 또 변하기도 합니다. 그러니 여러 가지 사항을 고려하여 부디 최선의 선택을 하시기를 바랍니다.

외국계 기업으로
이직을 제안받았습니다

국내 중견 화학회사에서 영업관리 업무를 하는 8년 차 직장인입니다. 최근 헤드헌터로부터 외국계 회사로 이직을 제안받았습니다. 헤드헌터의 설명을 들어보니 연봉은 지금과 비슷하지만 잘 짜인 업무 시스템과 상대적으로 공정한 업무평가, 그리고 일과 삶의 균형을 유지할 수 있다는 점이 큰 매력으로 다가왔습니다.

가장 큰 매력은 영어를 사용할 수 있다는 점입니다. 저는 대학교에서 영어를 전공했고 미국에 1년간 어학연수를 다녀오기도 했습니다. 그런데 지금 직장에선 영어를 쓸 일이 거의 없습니다. 그런데 이번에 제안받은 외국계 기업에서는 사내에서 영어로 소통할 뿐만 아니라 해외 근무 가능성도 있다고 합니다. 또 평소 관심이 있던 마케팅 영역으로 직무를 옮길 수도 있을 것 같아 제안을 받아들이는 쪽으로 마음이 기울었습니다.

그런데 외국계 기업이라면 다들 적극적으로 추천하고 응원해줄 것이라는 예상과 달리 "외국계 기업이라고 다 좋은 것이 아니니 환상을 버리고 좀 더 생각해보라"는 반응들이 제법 있었습니다. 제가 가지고 있던 이미지와 꽤 달라 얼른 이해가 되진 않더군요. 외국계 기업의 위상이 정말로 그렇게 달라진 것일까요?

외국계 기업은
더 꼼꼼히 살펴야 합니다

요즘은 국내에 많은 외국계 기업이 들어와 활동하고 있습니다. 외국계 기업의 문화는 국내 기업과 비교하여 사뭇 다른 점이 많습니다. 물론 크게 차이가 없는 기업들도 있지만, 입사하고 나서 적잖이 당황할 정도로 차이가 큰 경우도 있습니다.

외국계 기업에는 여러 유형이 있는데, 우선 외국 기업과 한국 기업이 공동 투자한 합작회사Joint Venture, JV 나 본래 국내 기업이지만 외국 기업이 인수한 경우가 있습니다. 이러한 경우는 업무 방식이나 기업문화가 국내 기업과 비슷한 편입니다. 그러나 대개는 본사가 100퍼센트 투자한 자회사이거나 본사 소속의 지사들이고, 이 경우는 국내 기업과 꽤 차이가 있습니다.

외국계 회사에 대한 직장인들의 환상은 바로 이러한 차이에서 비롯됩니다. 직장인들이 외국계 회사를 선호하는 이유는 수평적 조직 문화, 업무 능력과 성과에 따른 보상, 일과 삶의 균형, 국내보다 높은 보상 수준에 대한 기대 때문입니다. 질문하신 분처럼 외국어를 활용할 수 있고 해외에서의 근무 경력을 쌓을 수 있다는 점을 기대하기도 합니다. 하지만 이런 기대나 예상이 모두 들어맞는 것은 아닙니다.

외국계 기업의 문화는 분명 수평적입니다. 그러나 업무와 관련해 상사의 권한은 한국 기업보다 훨씬 막강합니다. 상사에게 잘못 보이면 직장생활이 힘들어질 정도로 상하관계가 엄격합니다. 오죽하면 제 주변에는 외국계 기업에서 미국인 보스가 툭하면 던지는 "You work for me"라는 말에 넌더리가 나서 회사를 떠났다는 사람도 있을 정도입니다.

또 외국계 기업은 보상에 있어 '개인'의 업무 능력과 성과를 중시합니다. 국내 기업에서 외국계 기업으로 옮긴 한 직장인은 업무평가에 대한 외국계 기업의 기준이 너무 편협하다며 이렇게 이야기했습니다.

"국내 기업은 직원 개인이 지나치게 능력을 과시하거나 성과를 챙기는 것을 부정적으로 바라봅니다. 만약 어떤 직원이 팀을 우선하는 과정에서 개인의 성과가 부진해질 경우 이를 용인하고, 때에 따라서는 이런 헌신을 칭찬하기도 합니다. 이에 반해 외국계 기업은 철저히 개인에 초점을 맞춥니다. 오직 업무 성과를 기준으로 삼고 이를 충족시키지 못하면 이유 여하를 막론하고 심하게 질책합니다. 이런 사정 때문에 직원들은 자기 성과에만 관심을 둘 뿐 다른 사람의 상황에 무관심합니다."

다시 말해 외국계 기업에서는 팀워크보다 먼저 자기 성과를 챙겨두지 않으면 살아남기 어렵다는 의미입니다.

외국계 기업의 환상과 현실

'외국계 기업은 일과 삶의 균형을 중시하므로 야근과 휴일 근무가 적다'는 말은 과연 사실일까요? 이는 겉으로 보이는 모습만으로 판단한 것일 수 있습니다. 외국계 기업에서는 직원이 야근하면 업무 능력이 부족해 일과 시간 내에 일을 마무리하지 못한 것으로 판단합니다. 이 때문에 정해진 업무를 마치지 못한 사람들은 남들이 보지 않는 곳에서 그 일을 처리하기도 합니다. 과중한 업무, 여가 시간의 부족, 남들의 시선까지 삼중고에 시달릴 수 있다는 의미입니다.

또 요즘은 외국계 기업의 보상 수준이 과거의 기대만큼 높지만도 않습니다. 국내 기업의 보상 수준이 많이 따라잡았기 때문입니다. 다만 외국계 기업은 경영자와 임원을 비롯해 조직과 사업을 책임지는 이들은 일반 직원과 비교해 급여나 보상의 차원이 다릅니다. 외국계 기업은 권한을 부여한 만큼 책임을 묻고, 그 책임에 걸맞게 보상합니다.

질문하신 분께서는 영어 소통과 해외 근무 가능성에 무게를 두고 계신 것으로 보입니다. 소개받으신 기업은 사내의 소통이 영어로 이루어지는 모양입니다만, 다른 외국계 기업의 경우 반드시 그런 것만은 아닙니다. 한국에 진출한 외국계 기업은 당연히 한국 시장을 겨냥하고 있으므로 본사와 소통하는 일부 사람을 제외하고는 대체로 한국어를 사용합니다. 게다가 질문하신 분의 희망과 달리 외국계 기업에 다니는 사람이 현지 자회사나 지사에서 본사로 근무지를 옮기는 경우는 매우 드뭅니다. 그러한 기업 대부분이 현지화 전략을 채택하고 있기 때문입니다. 임원이나 특수 직무를 담당하는 직원이 아니면 현지인이 본사나 다른 나라의 지사로 소속이 바뀌는 것은 지극히 이례적입니다.

무엇보다도 염두에 두셔야 할 것은 외국계 기업에 입사한 현지인의 경우 임원 승진 가능성이 그리 크지 않다는 점입니다. 외국계 기업의 최고책임자는 대부분 본사 출신이 임명된다는 점이 한 가지 이유이고, 다른 한 가지 이유는 현지 자회사나 지사가 대체로 영업조직만 있는 경우가 꽤 있다는 점입니다. 국내 기업은 사업을 발굴하고 조직을 꾸리는 직무부터 물건과 서비스를 생산하고 판매하고 관리하는 것까지 다양한 직무가 있어 외국계 기업에 비해 직무 전환이 상대적으로 쉬운 편입니다. 그러나 한국에 진출한 외국계 기업의 자회사나 지사는 보통 생산 라인을 비롯해 충분한 조직 단위를 갖고 있지 않습니다. 그래서 외국계 기업에서 현지인이 맡을 수 있는 직무는 대체로 마케팅, 영업, 소비자 민원, 경영지원 등으로 제한되어 있습니다.

또한 해당 단위 내에서는 인재 양성에 초점을 두고 있지 않아 다른 직무로 전환을 잘 허용하지 않고 임원 육성 시스템을 발견하기도 어렵습니다. 이 때문에 외국계 기업의 국내 지사로 옮길 때는 임원이 되는 꿈은 꾸지 않는 게 좋다고들 합니다. 그러니 만약 질문하신 분께서 임원을 노린다면 지사보다는 본사에 직접 입사하는 쪽을 선택하는 것이 좋을 것입니다.

한 가지 덧붙이자면 국내에 진출한 외국계 기업의 경우 해외로 진출할 만큼 제품과 서비스의 브랜드가 강력하고, 그러한 브랜드 파워에 기반해 마케팅과 영업을 합니다. 이 때문에 직원들은 제품과 서비스에 힘입어 성과를 올릴 뿐, 자신의 역량과 경쟁력을 계발하고 펼치는 데 한계가 있습니다. 외국계 기업은 본사의 글로벌 정책을 따라야 하기 때문에 재량권을 발휘하기 어렵다는 점도 염두에 두어야 합니다.

이렇듯 외국회사와 한국회사는 많은 점에서 차이가 있습니다. 질문하신 분이 외국계 기업으로 옮기는 것을 주변에서 적극적으로 응원하지 않는 것은, 귀하가 외국계 기업 문화에 맞지 않거나 속사정을 잘 모르고 있는 것으로 판단했기 때문일 수 있습니다. 무엇보다도 외국계 기업이 국내에 진출한 목적과 해외로 뻗어가려는 귀하의 지향점이 서로 어긋나있기 때문일 수도 있습니다. 그러니 외국계 기업으로 이직을 추진하기 전에 이런 점들을 꼼꼼히 살펴보시는 게 좋겠습니다.

40대에 이직을 하면
임원은 불가능한가요?

이직을 앞두고 고민 중인 40대 직장인입니다. 1년 전부터 여기서 이대로 '고인 물'이 되는 게 아닌가 하고 염려하던 차였는데요. 올해 초 회사가 경영난을 이유로 임직원들의 연봉을 동결하겠다고 선언한 것을 계기로 이직을 결심했습니다. 몇 달 동안 지인들을 수소문하고 잡 포털을 열심히 뒤져서 마음에 드는 회사를 몇 곳 찾을 수 있었습니다. 그리고 몇 차례 면접 끝에 한 회사로부터 입사 제안을 받았습니다.

서명만 남긴 단계에서 상사에게 제가 처한 상황을 알렸습니다. 오랫동안 믿고 따르던 분이어서 이직을 결심하게 된 이유와 옮기려는 회사까지 솔직하게 다 말씀드렸습니다. 그런데 뜻밖에 상사는 "너 이번이 다섯 번째 지? 임원 달겠다고 하지 않았어? 지금 네 연차에 이직하면 임원 못 달아. 연봉 때문이면 조금만 참아봐. 때 되면 제자리 찾아갈 거야"라며 퇴사를 강하게 만류했습니다.

다른 말보다 지금 연차에 이직하면 임원이 될 수 없다는 말이 귀에 꽂혔습니다. 이 말이 사실일까요? 시니어급은 이직하면 임원이 될 수 없는 건가요?

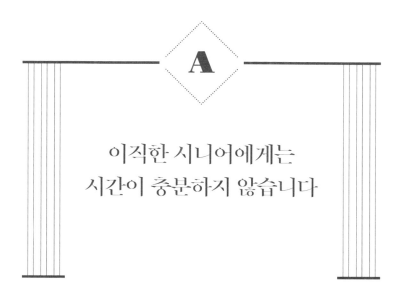

이직한 시니어에게는
시간이 충분하지 않습니다

직장생활에서 주니어와 시니어에게 주어지는 기회와 시간은 큰 차이가 있습니다. 주니어에게는 시행착오를 겪을 시간이 어느 정도 주어지는 편입니다. 그러나 시니어에게 주어지는 시간은 많지 않습니다. 시니어에게는 실패를 만회할 수 있는 기회가 많이 주어지지 않는다는 뜻입니다. 시니어가 이직하면 옮겨 간 회사에서 곧바로 주전으로 투입됩니다. 그러다가 업무에서 제 역할을 해내지 못하면 그 자리에서 물러나야 합니다. 시니어가 다시 기회를 달라고 요청하는 것은 염치가 없는 행동입니다.

기업이 외부에서 임원을 영입하는 이유는 크게 두 가지입니다. 하나는 내부 출신 후보자들의 역량이 부족하여 그들에게 조직과 사업을 맡길 경우 원하는 성과를 거두기 어렵다고 판단한 겁니다. 다른 하나는 새로 추진하는 사업이 이제까지 해오던 것과 전혀 달라 내부에 해당 경험을 가진 인물이 없는 겁니다. 내부 출신이 경험을 쌓을 때까지 기다릴 시간이 없기 때문에 외부에서 경험자를 영입하는 것이지요.

어느 경우든 기업이 임원을 발탁하며 기대하는 것은 해당 분야에서 곧바로 성과를 내는 것입니다. 영입하는 임원을 평가하는 핵심 기준이 성과 창출 능력인 것도 이런 사정 때문입니다. 최대한 빠른 시간 안에 원하는 결과를 만들어내는 임원을 찾고 있는 것이죠.

그런데 아무리 경력이 화려하고 성과 창출 능력이 뛰어나도 영입된 임원이 성과를 창출하려면 해당 사업에 대한 이해가 필요합니다. 업무를 모르면 조직을 제대로 가동하기 어렵고, 어떻게 조직을 가동한다 해도 원하는 성과를 만들어내기가 쉽지 않습니다.

그런 점에서 영입된 임원이 성과라는 기준을 통과해 조직에 안착하기란 어려운 일입니다. 기업의 내부사정을 파악하면서 조직을 가동해 성과를 만드는 것은 난공불락의 요새를 함락시키는 것만큼이나 어렵습니다. 외부에서 영입된 임원들 가운데 상당수가 임기도 채우지 못한 채 회사를 떠나는 이유도 여기에 있습니다. 기업들도 이런 사정을 잘 알고 있어서 내부 출신을 선호합니다. 외부에서 임원을 영입하는 것은 아무리 살펴도 내부에 적임자가 없거나, 영입할 사람의 탁월한 역량과 성과가 검증된 경우입니다.

시니어를 영입하여 임원으로 발탁하는 것도 마찬가지입니다. 영입한 시니어가 내부 임직원들의 신뢰를 얻기까지는 일정한 시간이 필요합니다. 시니어는 이전 직장에서 하나의 사업 단위를 성공적으로 이끌어본 경험도 없습니다. 그런데도 시니어를 영입하는 것은 이전 경력과 성과를 고려했을 때 가능성이 있다고 봤기 때문입니다.

그렇지만 입사한 시니어에게는 조직의 신뢰를 얻고 성과를 보여줄 시간이 충분히 주어지지 않습니다. 그렇게 한번 승진 시기를 놓치고 나면 다시 승진 열차를 타기가 쉽지 않습니다. 시니어를 찾는 기업들이 많지 않은 것은 그만큼 기업들이 시니어 영입에 신중하다는 뜻입니다. 조직에 적응하고 성과를 내기까지는 시간이 필요한데, 조직은 그런 시간을 충분히 주기가 어렵습니다. 따라서 시니어급 직장인들은 이직에 신중할 필요가 있습니다.

기업의 경영자들은 대체로 이직이 잦은 사람을 부정적 시선으로 바라봅니다. 특별한 경우가 아니면 채용하지 않으려고 합니다. 특히 시니어의 경우 직장을 많이 옮겼으면 영입을 상당히 꺼리게 됩니다. 조직 적응과 성과 창출에는 일정한 시간이 걸리기 때문에, 그동안 이직이 잦았다면 이전 회사에서 두 가지 모두 합격점을 받지 못했을 것이라고 해석하는 겁니다.

그런 점에서 질문하신 분은 상사의 조언을 진지하게 받아들일 필요가 있습니다. 만약 임원을 꿈꾸고 계시다면 지금 단계에서 직장을 옮기는 것은 그리 현명해 보이지 않습니다. 물론 시니어는 절대 이직하면 안 된다고 얘기하는 게 아닙니다. 시니어의 이직이 불가능한 것도 아닙니다. 필요하다면 해야 하고, 성공한 경우도 많습니다. 그러나 시니어의 이직은 성공 가능성이 낮기 때문에 신중해야 하고, 어쩔 수 없이 직장을 옮겨야 할 경우 이것저것 많이 살펴보고 꼼꼼히 따져봐야 한다는 겁니다.

이너 서클에 들어갈 수 있는지 살펴라

시니어가 이직할 때는 옮겨 가는 회사에서 이른 시일 안에 성과를 낼 수 있는지 점검할 필요가 있습니다. 옮겨 가는 회사에서 맡게 될 직급과 직책이 성과를 내기에 충분한지, 경영진의 신뢰를 확보하는 데 필요한 시간과 기회가 제대로 주어지는지 꼼꼼히 확인해야 합니다.

특히 옮겨 간 곳에서 임원 승진을 꿈꾸고 있다면 회사의 이너 서클Inner Circle, 핵심그룹에 들어갈 수 있는지를 살펴봐야 합니다. 이너 서클은 조직의 컨트롤 타워를 둘러싸고 있는 내부 조직으로, 어디서든 조직의 주요 결정에 영향을 미칩니다. 이너 서클의 멤버들은 자신들의 의견을 조직책임자에게 직·간접적으로 전달하고, 조직책임자는 이들의 의견을 진지하게 듣습니다.

물론 소수의 핵심인물들이 조직을 이끈다면 줄서기 문화나 폐쇄적 경영, 비민주적 의사결정 같은 폐해가 발생할 수 있습니다. 이너 서클의 전횡 때문에 조직체계가 무너지고 무질서가 횡행하는 기업들도 있습니다. 이런 기업은 성장하지 못하고 만년 중소기업을 전전하거나 사라지게 됩니다. 사적 관계가 공적 조직을 무력화하는 기업은 발전할 수 없는 법입니다. 그런 점에서 이너 서클이 공적 조직체계 위에 서는 기업이라면 입사에 신중을 기해야 합니다.

그러나 어느 조직이든 규모나 위상에서 차이가 있을 뿐 이너 서클은 있기 마련이고, 긍정적 역할을 하기도 합니다. 이너 서클 멤버들은 조직의 핵심그룹이기 때문에 조직 충성도가 높습니다.

최고경영자를 비롯한 주요 간부들과 긴밀하게 소통합니다. 조직이 가는 방향이나 작동되는 원리도 잘 알고 있습니다. 따라서 영입된 시니어들이 이너 서클 멤버들과 친해지고 그들로부터 인정을 받으면 조직 안착과 커리어 발전에 큰 도움이 됩니다.

질문하신 분은 40대의 시니어입니다. 더구나 임원을 목표로 하고 있습니다. 그런데 이미 네 차례 직장을 옮겼고 다섯 번째 이직을 추진하고 있습니다. 이는 긍정적인 조건이라고 보기 어렵습니다. 그러니 될 수 있으면 이직에 신중하는 게 좋아 보입니다.

그렇지만 이직을 하고 싶고 해야만 하는 상황에 놓여있다면, 옮겨 가는 조직에서 빠르게 적응해 성과를 낼 수 있는지 꼼꼼히 점검할 필요가 있습니다. 어쩌면 이번 이직이 임원 승진을 할 수 있는 마지막 기회일 수도 있기 때문입니다.

대기업 임원 출신이면
이직이 쉬울 줄 알았습니다

퇴직을 앞둔 대형 건설회사의 임원입니다. '높은 자리에 있을 때는 비위를 맞추더니 갓끈 떨어진 뒤에는 외면한다'는 말이 있지요. 실은 제가 요즘 딱 이 꼴을 겪고 있습니다.

재계약 연도가 되면서 혹시 임기 연장이 불발될 수 있다는 생각에 시험 삼아 거래업체들 쪽에 반응을 타진해봤습니다. 당연하게도 몇 군데에서 자리를 만들어줄 테니 걱정하지 말라고 하더군요. 그 말을 곧이곧대로 믿은 것은 아니었습니다만, 저쪽으로 옮기게 되면 현재 제가 일하고 있는 회사와 연결해서 사업을 하기가 여러모로 편할 것이라는 생각은 들었습니다.

그런데 최근 회사의 인수합병 논의가 진전되면서 저를 비롯해 몇몇 임원들의 재계약이 어려울 것이라는 이야기가 나왔습니다. 게다가 소문이 돌았는지 거래처 쪽에서도 예전과는 다른 태도가 느껴집니다. '염량세태炎涼世態'라는 말이 책에서나 나오는 줄 알았지 저에게 일어날 줄은 몰랐습니다.

어쨌거나 재계약 불발은 소문일 뿐이어서 먼저 행동을 취하기가 애매하게 느껴집니다. 게다가 대기업 임원 간판을 달고서 중소기업에 입사를 구걸하고 싶지는 않습니다. 지금 저는 무엇을 어떻게 하면 좋을까요?

이직은
시기의 예술입니다

헤드헌터는 기업의 요청을 받아 그 요청에 부합하는 후보자를 추천하는 일을 합니다. 헤드헌터가 판단하는 '적합한 사람'의 조건에는 여러 가지가 포함되는데, 후보자가 처해있는 여건도 그중 하나입니다.

여러 해 전에 저희 회사는 국내 최고 수준의 건설기업에서 전무로 있던 A씨와 직장을 옮기는 문제로 접촉했습니다. 당시 기업이 인재 추천을 의뢰하면서 제시한 조건은 나쁘지 않았습니다. 담당 헤드헌터는 여러 후보자들을 검토한 뒤, A씨를 선택하여 제안을 넣기로 결정했습니다. 가장 큰 이유는 A씨가 당시 재직하고 있는 회사에서 더 이상 커리어를 높여갈 가능성이 크지 않다고 보았기 때문이었습니다. 그간의 업무경력과 성과를 고려할 때 A씨가 이직하는 것이 본인과 의뢰 기업 모두에게 도움이 될 것이라고 판단했습니다.

그런데 이때 제안을 받은 A씨는 거절의 답을 보내왔습니다. 임원 임기가 아직 1년 남았으므로 그때 가서 고민해보겠다는 것이었습니다. 그는 재계약이 충분히 가능할 것이라 확신하고 있었습니다. A씨는 설령 연장이 안 되더라도 임기가 끝난 뒤 1~2년 동안 일정한 위로성 급여를 받을 수 있기 때문에 시간적 여유를 갖고 자리를 찾아보겠다고 이야기했습니다.

그런데 그로부터 반년이 채 지나기도 전에 A씨가 자리를 찾아달라며 연락해왔습니다. 난데없이 퇴직 통보를 받았다는 것이었습니다. 게다가 회사의 사정이 어려워지면서 퇴직 임원들에게 위로성 급여를 주는 기간도 6개월로 대폭 축소됐다고 설명했습니다. A씨는 지난번에 자신에게 했던 제안이 아직도 유효하냐고 물으며, 눈높이를 낮췄으니 어디라도 자리가 나면 소개해달라고 덧붙였습니다.

경력관리에서 이직은 그야말로 시기의 예술입니다. A씨가 다시 연락해왔을 때의 사정은 먼저 헤드헌터가 연락했던 시점과 많이 달라져있었습니다. 그 자리는 이미 다른 사람이 꿰찼을뿐더러, 무엇보다도 건설업 업황이 부진에 빠지면서 기업들의 인재 영입 시도가 많이 축소되었습니다. 또한 A씨의 재계약이 불발됨에 따라 지금껏 그를 강력하게 지탱하고 있었던 회사의 브랜드가 사라져 좋은 조건으로 이직하기가 어려워졌습니다. 현재에 취해서 미래를 보지 못한 것이 자신의 커리어에 치명적 타격을 입힌 셈이었습니다.

개인 브랜드는 회사 브랜드를 떼고 생각할 수 없다

많은 이들이 이직할 때 판단을 그르치는 부분이 있습니다. 바로 자기 브랜드의 가치를 매기는 것입니다. 제 경험에 비추어 보건대 정말 수많은 직장인이 자기 브랜드는 오로지 자신에 의해 이뤄졌다고 여기고 있습니다. 그러나 직장인 한 사람의 브랜드는 그 절반, 아니 그 이상을 회사의 브랜드가 차지하고 있습니다.

한번 자신의 경력기술서를 찬찬히 살펴보십시오. 어느 회사에서 언제부터 언제까지 어떤 일을 해 어떤 성과를 냈다는 기록은 자기 경력임이 틀림없습니다. 그런데 이 경력들에서 자신이 몸담았던 회사가 아니었다면 그 일을 시작할 수나 있었을까요?

그런데도 이 경력이 온전히 자신만의 능력과 노력으로 이뤄진 것이라고 할 수 있을까요?

저는 자기 브랜드가 탁월하다고 여기던 이들이 퇴사하고 나서 다시 직장을 찾다가 어려움을 겪는 경우를 많이 보아 왔습니다. 이전까지 아무리 좋은 직장에서 임원을 역임했다고 해도 퇴사하고 나면 브랜드가 손상되었다고 봐야 합니다. 이게 이직 시장의 논리입니다. 이직을 추진할 때 가능하면 재직 상태에서 하라는 조언이 나오는 이유는 바로 재직 중이어야 자기 브랜드 가치가 가장 높기 때문입니다.

한 개인이 내세우는 자기 성과의 대부분은 조직의 성과입니다. 성과를 만드는 과정에서 상사와 동료들의 뒷받침이 있었고, 회사의 시스템과 브랜드가 있었습니다. 따라서 조직을 떠나면 그와 같은 성과를 만들기가 쉽지 않습니다.

세계 최고의 OTT 기업인 넷플릭스는 '규칙 없음'을 기업의 문화로 삼고 있습니다. 그들이 이 문화를 유지할 수 있는 이유는 스스로 최선의 결과를 위해 일하고 또 성과를 내는 최고의 인재들을 모아두었기 때문입니다. 그래서 이런저런 이유로 넷플릭스를 떠난 직원들은 이직하면서 가장 아쉬웠던 요소로 '척하면 척'이었던 과거의 동료들과 기업의 의사결정 과정을 손꼽는다고 합니다. 이는 곧 개인의 성과가 단지 개인의 능력이 아니라 조직의 자산을 바탕으로 이루어지는 것임을 의미합니다. 자기 브랜드의 가치는 온전히 자기 것이 아닙니다. 내 가치는 나를 떠받치고 있는 회사의 브랜드를 떼고 계산해야 정확합니다.

제 주변에는 조직을 떠나 자기 사업을 할 때 자기 브랜드의 영향력이 예상보다 못한 현실을 보면서 속이 상했다는 사람들이 적지 않습니다. 그런 점에서 자기 브랜드를 관리한다는 것은 곧 자기가 속해있는 회사의 브랜드를 잘 선택한다는 뜻이기도 합니다. 이직할 때 받는 연봉은 능력이 아니라 경력의 결과라는 말이 있는 이유가 무엇이겠습니까? 지금껏 거쳐온 회사나 단체의 브랜드 가치의 총량이 자신의 브랜드 가치가 되는 것이고, 이렇게 계산된 자기 브랜드 가치를 기준으로 연봉이 책정되는 셈이기 때문입니다.

그러니 같은 대학교를 졸업한 뒤 같은 회사에서 직장생활을 시작했다고 해도 중간에 어떤 회사를 거쳐왔는지에 따라 연봉이 달라집니다. 심지어 어떤 회사는 후보자가 어떤 회사를 거쳐왔는지만 보고 채용을 결정하기도 합니다. 실제 업무 능력에서 큰 차이가 없는데도 내로라하는 다국적 기업이나 국내 대기업 출신의 연봉이 월등히 높은 것도 이 때문입니다.

질문하신 분께서는 대기업 간판을 달고 중소기업에 입사를 구걸하자니 자존심이 상한다고 말씀하셨습니다. 그러나 이미 현

재 직장에서의 입지가 불확실한 이상, 가장 좋은 선택은 아직 재
직 중이어서 회사 브랜드의 후광을 입을 수 있을 때 옮길 곳을
미리 물색해두는 것입니다.

한국 사회에서
프리랜서로 사는 것이 가능할까요?

같이 근무하던 선배가 얼마 전 난데없이 사표를 던졌습니다. 그 선배는 앞으로 지인의 보습학원에서 강사로 뛰면서 조경기능사 공부를 하겠다고 했습니다. "이제부터라도 꿈꾸던 삶을 살고 싶다"는 이유에서였습니다. 선배는 프리랜서 조경사가 큰돈을 벌기는 쉽지 않지만 생활을 영위할 수 있을 정도의 소득은 기대할 수 있을 것 같다고 말했습니다.

안정적으로 직장생활을 하던 40대 중반의 직장인이 뚜렷한 기반이 없는 곳으로 몸을 던진 것이 참 대단해 보이면서도, 무모한 도전인 것만 같아 걱정스럽기도 했습니다. 사실 업종을 불문하고 제 주변에 있는 프리랜서들은 대부분 생활고를 토로하고 있습니다. 이들 역시 프리랜서를 선언할 때 "경험과 인지도가 쌓이면 프리랜서로 살아도 생활비는 충분히 벌 수 있을 것"이라거나 "벌이가 부족하겠지만 쓰는 것도 줄어들 테니 문제가 없을 것"이라고 호기를 부렸습니다. 그러나 대부분 궤도에 오르지 못해 모아둔 돈을 까먹으며 궁핍하게 지내고 있습니다. 그중 일부는 결국 다시 직장으로 돌아가기 위해 애쓰고 있기도 합니다.

지금 한국 사회에서 프리랜서로 산다는 것은 가능한 일일까요? 프리랜서로 살기 위해서는 어떤 조건들이 필요하고 무엇을 준비해야 할까요?

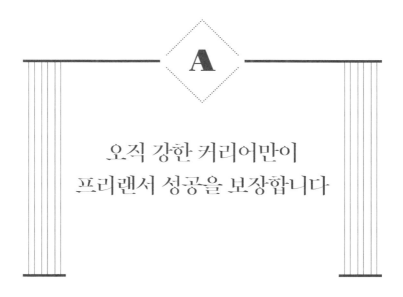

오직 강한 커리어만이
프리랜서 성공을 보장합니다

먼 옛날 인류가 수렵을 하던 시절, 사람들은 저마다 창 하나를 들고 먹잇감을 찾아다녔습니다. 온 가족이 먹을 만한 덩치를 잡으면 말 그대로 '운수 좋은 날'이 되었습니다.

프리랜서Freelancer를 단어 그대로 풀어 쓰면 '자유로운 창잡이'입니다. 흔히 이를 중세 시대에 창을 들고 말을 탄 소속 없는 용병에서 유래된 것이라고 설명합니다만, 저는 최초의 기원을 추적해본다면 수렵 시대에 사냥에 나선 인류의 첫 직업에 이를 것이라 봅니다.

현대를 사는 우리 역시 자신과 가족을 부양하기 위해 사냥감을 찾아 들판에 나선 창잡이라고 할 수 있습니다. 그때와 비교해 달라진 점이 있다면 모여서 사냥감을 찾을 것이냐, 아니면 혼자서 찾을 것이냐의 차이일 겁니다. 무리를 짓는다면 큰 녀석을 잡아 서로 나눌 것이고, 혼자라면 만만한 먹이를 잡아 온전히 차지할 것입니다.

　　여럿이 큰 먹이를 상대하는 일은 혼자에 비해 유리한 점이 많았을 것입니다. 우선 분업이 가능합니다. 사냥감을 추적하고 감시하는 일, 덫을 만들어 설치하는 일, 사냥감을 공격해 무찌르는 일 등을 각각 나누어 더 잘할 수 있는 일에 전념하면 더 풍부한 사냥감을 얻을 수 있었습니다. 혼자서는 꿩 한 마리를 잡기조차 어려울 사람도 무리에 속하여 나름의 역할을 해낸다면 사냥감을 나누어 받을 수 있었을 것입니다. 반면 혼자 하는 사냥은 다른 이의 도움을 구할 수 없습니다. 오직 혼자서 사냥에 필요한 모든 일을 해내야 합니다. 그러다 보면 먹을 것 없이 쫄쫄 굶기도 했겠지요. 프리Free라는 단어가 '자유롭다'는 뜻과 함께 '없다'는 의미를 동시에 가진 이유라고 생각합니다.

경쟁력 없는 프리랜서는 백수일 뿐이다

저는 질문하신 분의 선배가 얼마나 프리랜서가 되기를 원했고, 그것을 위해 얼마나 치밀하게 준비해왔는지 알지 못합니다. 그래서 일반론에 근거하여 답변드리겠습니다.

우선 프리랜서로 나서는 사람들은 대개 두 가지 부류로 나눠볼 수 있습니다.

첫째는 강한 전문성을 바탕으로 자기 브랜드를 확보하여 독립에 나선 사람들입니다. 이런 사람들은 대개 직원으로 일할 때보다 소득이 증가하고, 성취감도 높으며, 자유롭습니다. TV를 보면 방송사 직원으로 지내다가 프리랜서로 전환해 전성기를 맞이하는 아나운서들이 있습니다. 방송사가 싼값에 자사의 아나운서를 쓰는 대신 굳이 비싸게 계약해야 할 만큼 그들은 자기 브랜드의 힘으로 경쟁력을 갖추고 있습니다. 프리랜서의 삶을 바라는 이들에게 가장 이상적인 모습입니다.

둘째는 기업에서 직장생활을 지속하기가 어려워 어쩔 수 없이 프리랜서가 된 경우입니다. 경쟁에서 밀려났거나, 조직생활을 견디지 못하여 이탈한 사람들입니다. 이들은 일을 할 의지가 있으므로 프리랜서로 분류할 수 있지만, 일감을 얻지 못한다면 사실상 백수라 불러도 무방합니다.

프리랜서를 꿈꾸는 이들은 당연히 대부분 전자를 꿈꿉니다. 그러나 문제는 대부분 후자인 경우가 많다는 점입니다. 충분한 경쟁력을 확보하지 못한 상태에서 섣불리 프리랜서를 선택하는 것은 참혹한 결과로 이어질 수 있습니다. 아무리 프리랜서 시대가 열리고 있다고 해도 준비되지 않은 이들이 마주해야 할 현실은 냉혹합니다.

그러므로 성공적인 프리랜서가 되려면 먼저 자기를 제대로 파악해야 합니다. 자신이 무엇을 좋아하고, 무엇을 잘하고, 무엇을 하고 싶어 하는지를 아는 게 가장 먼저 할 일입니다. '어느 분야에서 전문가가 되고 싶은가, 여건이 허락된다면 어떤 직종을 택하고 싶은가, 원하는 분야에서 전문가가 되려면 어떤 과정을 거쳐야 하는가, 새로운 기술이 필요한가, 그 기술을 익혀야 한다면 어느 정도의 시간이 걸릴 것인가, 맡은 업무나 프로젝트에서 주변의 기대를 뛰어넘은 성과를 낸 적이 있는가'라는 질문들에 제대로 답할 수 있어야 합니다.

프리랜서를 계획한다면 저 질문에 대한 답을 만들어가기 위해 차근차근 경험과 지식을 쌓아야 합니다. 앞으로 10년 뒤 나의 모습을 미리 그려보고, 그러한 모습이 되기 위한 조각들을 하나씩 채워가는 것입니다. 프리랜서의 길을 포기하고 다시 안정적인 급여가 보장되는 직장으로 돌아가지 않으려면 현재 자신의 위치와 다음 단계로 나아가기 위해 필요한 것들을 묻고 또 묻고, 확인하고 또 확인해야 합니다.

우리가 서 있는 위치와 다음 단계로 진입하기 위해 필요한 것들을 가르쳐주는 곳이 있습니다. 바로 직장입니다. 한 개인의 전문성은 그가 거쳐온 조직을 통해 습득된 경험과 지식을 토대로 합니다. 그런 의미에서 프리랜서로 대성할 수 있는 사람은 조직에서도 충분히 대성할 수 있는 사람입니다. 지금 직장에서 일을 잘 해내지 못하는 사람이 나가서 프리랜서로 혼자 일을 해내겠다고 하면 아무런 설득력이 없을 것입니다.

도시의 수도사가 사는 법

프리랜서는 아무 곳에도 소속되지 않은 채 독립적으로 일하고, 임시로 고용되어 건별로 대가를 받는 사람입니다. 그래서 많은 이들이 프리랜서는 하고 싶은 일을 하고 싶을 때 자유롭게 할 수 있을 거라 생각합니다. 하지만 이는 큰 착각입니다. 프리랜서는 결국 자영업자이고, 한 사람의 사장으로서 자신을 직원으로 고용한 사람입니다. 프리랜서는 작업의 기한이 계약으로 정해져있으므로 오히려 여유를 부리기가 어렵습니다. 또한 도와줄 사람 없이 혼자 일하기 때문에 온종일 일에 매달려야 하는 경우가 흔합니다. 무엇보다도 직장과 집의 경계가 없고 정해진 근무 시간이 따로 없으므로 프리랜서의 워라밸은 균형을 잡기가 매우 어렵습니다.

따라서 프리랜서로서 지속가능한 삶을 유지하려면 직장에서만큼이나, 아니 직장보다 더 엄격한 규칙과 시간 관리가 필요합니다. 제가 아는 어떤 엑셀 강사가 바로 그렇게 일하고 있습니다. 그는 복잡한 함수를 능수능란하게 구사하는, 업계에서 손꼽히는 전문가입니다. 직장인을 대상으로 하는 강의도 진행하지만, 그가 올리는 수입의 상당 부분은 기업의 계산 최적화 의뢰에서 옵니다. 그는 초기에는 집에서 주문을 처리하다가 결국 따로 사무실을 차렸습니다. 컴퓨터 한 대와 그것을 놓을 공간만 있으면 일하기에 충분한 사람인데 왜 그런 지출을 감행했느냐고 물어보았습니다. 그러자 그는 일이 많아지고 나니 집에서는 시간과 업무 관리가 되지 않아서였다고 답했습니다. 실제로 그는 사무실을 꾸미고 나서 매일 일정한 시간에 출근해 저녁 늦게까지 일하고 있습니다. 전문성, 몰두, 자기 절제, 시간 배분…… 저는 그의 사무실을 방문했다가 경건하기까지 한 업무 태도와 삶의 모습을 보고 깜짝 놀랐습니다.

프리랜서가 활약할 수 있는 온디맨드 인재 시장

요즘 주변을 보면 이렇게 자기 전문성을 기반으로 프리랜서의 삶을 추구하는 이들이 많이 보입니다. 저는 이 현상을 단지 프리랜서가 되고자 하는 사람이 많아졌다기보다는 프리랜서로 지낼 수 있는 기반이 확대되었다고 판단합니다.

프리랜서가 늘어나는 것은 전문가와 기업의 필요성이 맞아떨어졌기 때문입니다. IMF 이후 평생직장 개념이 무너지면서 '믿을 것은 자신뿐'이라는 가치관에 따라 조직보다는 자신의 역량을 채우는 방향을 선택하는 이들이 늘어났습니다. 그런 사람들은 어느 한 곳에 매이기보다는 여러 기업과 조직을 통해 경험과 역량을 쌓기를 원합니다. 프리랜서는 코로나19 이후 재택근무 활성화로 직장이 아닌 곳에서 일할 수 있는 인프라가 마련되면서 더욱 폭발적으로 늘어날 조짐을 보이고 있습니다.

기업 입장에서도 프리랜서를 활용하는 것은 남는 장사입니다. 프리랜서에게 지급하는 시간당 비용은 정규직 직원과 비교하면 비싼 편이지만 업무가 완수되기까지 들어가는 총비용은 더 저렴합니다. 즉, 어떤 전문가를 상시 고용하기보다는 필요할 때마다 프로젝트별로 해당 시점에만 고용하는 방식이 유리하다는 것입니다.

해외에서는 이미 오래전부터 프리랜서 인재를 기업과 연결해주는 회사들이 등장해 '온디맨드' 시장을 키워나가고 있습니다. 온디맨드 전문인력 활용 분야는 매우 다양합니다. 고위 경영진의 리더십 개발을 돕는 임원 코칭, 경영 판단을 돕는 비즈니스 자문, 신규 사업 진출이나 인수합병M&A 과정에서 필요한 시장조사와 조직 운용, 리더십 승계에서도 전문가들이 크게 기여할 수 있습니다.

저희 회사도 기업의 전문가 수요에 부응하는 플랫폼으로 '디앤서The Answer'를 운영하고 있습니다. 이 플랫폼은 전문가와 기업을 연결해주는 온디맨드 전문가 컨설팅 플랫폼입니다. 저는 2022년 이 플랫폼을 만들 때 과연 한국 시장에서 프리랜서로 자문을 하겠다는 수준 높은 전문가, 그리고 그런 전문가를 찾는 기업들이 얼마나 될지 궁금했습니다. 외국에서는 수요가 충분하여 이러한 플랫폼이 출범하자마자 곧바로 주목을 받았지만, 한국에서는 겨우 2~3년 전에야 이러한 문화가 생겨나기 시작한 시점이었습니다. 그런데 막상 플랫폼을 오픈하자 제 걱정은 기우였음이 드러났습니다. 상당한 수준의 전문성을 가진 사람들이 기업의 자문으로 활동하기를 적극적으로 희망했습니다. 전문가들의 자문을 원하는 기업들도 예상보다 많았습니다.

디앤서에서는 전문 컨설턴트가 프리랜서 전문가를 기업과 연결하고 있습니다. 주로 시니어 전문인력이 이 플랫폼을 많이 활용하고 있습니다. 은퇴나 퇴직 뒤에 프리랜서를 꿈꾸는 이들에게는 이 플랫폼이 큰 도움이 될 것이라고 생각합니다.

CHAPTER
3

강한 커리어를 위한
경력 경로

L E V E L   U P

아직도 적성에
맞는 일을 못 찾은 것 같습니다

저는 서울에 있는 대학교의 어문계열 학과를 졸업했습니다. 지금까지 제 인생은 갈팡질팡 그 자체였습니다. 군에서 전역한 다음 교사가 되려는 생각에 한동안 교직이수를 하며 교원자격증을 준비했습니다. 그런데 교사는 적성에 안 맞는다는 생각이 들어 4학년부터는 회계사 시험을 준비했습니다. 그렇게 2년을 공부했지만 결과가 좋지 않아 결국 회계사도 포기했습니다. 더 늦어지면 안 되겠다 싶어 허겁지겁 지금의 회사에 들어왔고, 해외영업 부서에 배치되어 이제 일한 지 3년이 되어 갑니다. 그런데 이곳에서의 업무 역시 제 길이 아닌 것 같습니다. 생활비를 버는 것 외에는 직장생활에서 의미와 재미를 모르겠습니다.

제 대학 친구들은 이미 회사에서 자기 분야를 정하고 길을 밟아나가고 있습니다. 저도 막연하게나마 여태 회계사를 준비했으니 회계나 사업기획 부서에서 일했다면 마음을 붙여볼 수 있지 않았을까 생각해봤지만, 여전히 제가 무엇을 잘하고 무엇에 재미를 느끼는지조차 모르겠습니다. 어떻게 해야 제 적성에 맞는 길을 찾아갈 수 있을까요?

적성에 대한 환상을
버리십시오

질문하신 분의 이야기를 들어보니 "일이 참 안 풀린다"라는 말이 입버릇이 되지 않았을까 싶습니다. 아마도 본인이 드디어 적성을 찾았다고 선언하거나 찾기를 포기하기 전까지는 이 생각이 머리를 떠나지 않을 것입니다.

　그런데 이런 생각은 혹시 해보셨을까요? '내가 지금 일하고 있는 직장에서 일에 재미를 붙이지 못하고 마음이 뜨는 것은 여태 한 번도 일을 정면으로 마주하지 않았기 때문이 아닐까?' 하는 생각 말입니다.

적성에 맞는 일을 찾아야 한다는 환상

저는 질문하신 분께서 일이 제대로 풀리지 않는 원인을 오로지 '적성에 맞지 않는 일을 하기 때문에' 일어난 것으로 치부하지 않을까 걱정이 됩니다. 그런데 과연 직장 문제의 근원을 적성에서 찾는 것이 적절한 현실 인식일까요?

세상에 자기 적성을 제대로 알고 있는 사람은 얼마나 될 것이며, 자기가 찾은 적성에 맞는 일을 하고 있는 사람은 얼마나 될 것인지 한번 떠올려봅시다. 제 생각에는 자신의 적성이 무엇인지조차 모르는 사람이 태반일 것 같습니다. 그럼에도 세상이 망하지 않고 지금껏 잘 굴러가고 있는 것은 일을 해내는 데 있어 적성이란 생각보다 큰 비중을 차지하지 않는다는 사실의 반증인지도 모릅니다.

직장인들은 적성보다는 현실적인 필요에 따라 직업을 선택하고 직장을 결정하는 경우가 대부분입니다. 종종 직업과 직장은 처해있는 상황과 시점에 의해 결정됩니다. 이런 현상은 특히 질문하신 분처럼 문과 계열 전공자들에게서 두드러지게 나타납니다. 의학을 공부한 사람이 졸업 후 의사가 아닌 다른 일을 택할 가능성은 낮습니다. 반면, 문학이나 역사, 철학 같은 소위 '문사철'을 전공한 사람들은 사회 진출 분야의 선택지가 특별히 정해지지 않은 경우가 많습니다.

물론 졸업 전에 진로를 정하고 관련 지식과 경험을 쌓아두는 사람도 아주 많습니다. 그렇지만 그런 사람들조차 기업에 입사하고 나면 기업의 필요에 따라 전혀 다른 업무를 맡게 되는 경우도 부지기수입니다. 회사가 고려하는 것은 직원 개개인의 적성이 아니라 그 시점에 해당 사업 영역이 만들어내야 할 성과이기 때문입니다.

대학 졸업 전에 자기 적성을 정확히 파악하고, 진로를 정하고, 그에 맞는 전문 지식과 경험을 축적한다는 것은 이상론일 뿐 현실적이지 않습니다. 지금 이 이야기를 하고 있는 저조차 지금 제가 적성에 꼭 맞는 일을 하고 있다고 생각하지 않습니다.

저는 대학교를 졸업하고 언론사에 지원하는 친구를 따라 우연한 기회에 언론계에 발을 디뎠습니다. 한동안 기자가 천직이거니 생각하면서 취재하고 기사를 썼지요. 그러다 신문사에서 자회사를 설립하며 난데없이 저에게 사업 단위를 이끌라는 명령이 떨어졌습니다. 그렇게 맡아서 독립을 하고 25년간 키워온 인재 컨설팅 회사가 바로 지금 제가 이끌고 있는 커리어케어입니다.

저는 사업이 적성에 맞아서 이어오고 있는 것이 아닙니다. 친구조차 "네가 사업을 한다면 대한민국의 모든 사람들이 사업가로 성공할 수 있을 것"이라며 농담할 정도로 젊은 시절 저는 사업과 거리가 멀었습니다. 물론 제 안에 사업가 기질이 잠재해 있었을지도 모릅니다. 그러나 그 기질을 저는 깨닫지 못했고 적성으로 생각한 적도 없었습니다. 그저 당시에 상황이 흘러가는 순리를 따랐을 뿐입니다. 제가 중요하게 생각했던 것은 현재 상황에 충실하면서 조직이 제게 부여한 역할에 최선을 다하는 것이었습니다.

대체로 사람들이 적성에 맞다고 여기는 것은 단지 '익숙해진' 일일 가능성이 큽니다. 고향이 좋다는 말도 마찬가지입니다. 고향을 미리 정하고 태어나는 사람은 없습니다. 살고 보니 고향이고 지내고 보니 고향인 것입니다. '신발과 친구는 오래될수록 편하다'는 것은 오랜 시간 익숙해졌기 때문에 하는 말입니다.

TV에 종종 소개되는, 비교 불가의 경지에 오른 달인들을 생각해보세요. 이들 가운데 현재 일이 적성에 맞아 시작했다고 얘기하는 사람은 많지 않습니다. 자꾸 하다 보니 꾀가 났고, 더 빠르고 잘하기 위해 머리를 쓰다 보니 지금의 자신이 됐다고 이야기합니다. 하면 즐겁고 흥미롭고 설레고 시간 가는 줄 모르게 몰입하는 일과, 익숙하고 편하게 잘 처리할 수 있는 일은 서로 다를 수 있습니다.

적성은 겪어보지 않으면 찾을 수 없다

적성을 찾기란 쉽지 않은 일입니다. 짐작만으로 찾아낼 수도 없고 이론만으로 알아낼 수도 없는 것이 적성입니다.

어떤 사람들은 적성검사를 자신의 적성을 파악하는 수단으로 활용하기도 합니다. 실제로 인터넷을 검색해보면 다양한 곳에서 여러 종류의 검사가 진행되고 있습니다. 그러나 이들 검사 결과는 설계자가 유형화한 범주 안에서 개인의 성향을 파악하는 데 유효할 뿐입니다. 도움이 전혀 안 된다고 말할 수는 없지만 실질적 도움을 기대하는 것은 무리입니다. 도출 결과에서 제시되는 직업이나 직무를 자신의 진로로 선택하는 것은 점쟁이의 말을 따르는 것과 다름없습니다.

자신의 적성을 파악하려면 이것저것 많이 겪어보는 수밖에 없습니다. 적성을 발견하는 데는 우연적 요소가 존재합니다. 대학생들이 사회 진출을 준비하면서 여러 가지 아르바이트와 인턴을 하는 이유가 무엇이겠습니까? 학비와 용돈도 필요했겠지만, 그 과정에서 자신의 적성을 파악할 수 있을 가능성도 중요한 동기로 작용했을 것입니다.

물론 경험을 많이 쌓으려면 시간이 많이 걸리고 비용도 적지 않게 들어갑니다. 아무리 경험을 많이 하려고 애를 써도 한계가 있습니다. 그래서 필요한 것이 간접경험입니다. 책을 읽고, 여행을 하고, 다양한 사람을 만나서 이야기를 듣는 게 중요합니다. 요즘은 방송 매체와 유튜브를 통해 다양한 직업에 관한 이야기를 이전보다 쉽게 접할 수 있습니다. 개인적으로는 영상매체보다는 책을 추천합니다. 책은 방송과 유튜브보다 휘발성이 낮고, 긴 시계열로 누적된 지식과 정보가 들어있습니다. 또한 책 한 권에는 저자가 경험한 정수가 진득하게 녹아있으므로 건질 수 있고 기억에 남을 통찰이 훨씬 많습니다. 영상매체를 통해 관심이 가는 영역을 발견했다면, 그와 관련된 책을 꼭 함께 읽어보시기를 바랍니다.

질문하신 분이 혹여 적성을 찾아낼 때까지 적성이 아니라고 생각되는 일은 진심으로 하지 않겠다는 생각을 갖고 계시다면 이를 버리시길 바랍니다. 적성은 일을 해봐야 확인할 수 있고, 일을 하는 것이 곧 적성을 확인하는 과정입니다.

저는 질문하신 분께서 현재 맡은 업무가 견딜 수 없이 싫다거나 성과가 전혀 나지 않고 있는 것이 아니라면 일단 그 일에 최선을 다해 충실해보시라고 말씀드리고 싶습니다. 대략 3년 정도 진득하게 그 일이 익숙해질 때까지 해보고서 그 일이 적성에 맞는 것인지 아닌지를 판단해보십시오. 3년은 전체 커리어와 비교하면 그다지 긴 시간은 아닙니다.

더 이상 적성을 찾느라 시간을 보내지 마십시오. 지금 자기 자리를 돌아보며 현실을 직시해야 합니다. 긍정적 시선으로 업무를 대하고 맡은 일에 최선을 다하다 보면 적성에 맞는 일을 찾을 수 있을 겁니다. 부디 적성을 찾는다는 핑계로 현실에서 눈을 돌리는 우를 범하지는 마시기를 바랍니다.

경력 지원자의 연봉은
어떻게 책정되나요?

30대 후반의 직장인입니다. 현재 전자부품회사에서 관리 업무를 담당하고 있습니다. 첫 직장에서 5년을 근무하고 3년 전 지금의 회사로 이직했고, 최근에 지인의 소개로 조금 더 큰 규모의 회사로 이직을 시도하여 2차 면접까지 끝난 상태입니다. 그런데 최종 면접을 앞두고 그 회사의 인사팀으로부터 "지난번 면접 때 이야기한 희망연봉을 낮춰줄 수 있겠느냐"는 연락을 받았습니다.

첫 이직 당시 이전보다 10퍼센트 가량의 연봉 인상을 경험했던 터라 이번에도 그 정도 수준의 연봉상승을 기대하고 있었습니다. 지인에게 들은 바로도 저 회사는 그만한 연봉 인상 요구쯤은 충분히 수용할 의향이 있는 것으로 보였습니다. 이 회사가 저를 2차 면접까지 통과시킨 것도 저의 업무 능력과 성과를 인정했기 때문이 아니겠습니까? 직장인 대부분이 그러하겠지만 저에게도 연봉은 자존심입니다. 이제 와서 희망연봉을 낮추라고 하니 사람을 우롱하는 것인가 싶어 기분이 좋지 않습니다.

대체 저 회사는 무엇을 근거로 희망연봉을 낮추라고 요구한 것일까요? 그저 사람은 뽑고 싶은데 비용은 적게 들이고 싶어 무턱대고 낮춰달라고 한 것이 아닐까요? 경력자를 뽑을 때 회사가 연봉을 제시하는 근거가 무엇인지 궁금합니다.

연봉은 기여도와 시장가치가
만나는 지점입니다

몇 년 전 회사를 옮기려고 하는 40세 전후의 직장인과 이야기를 나눈 적이 있습니다. 그는 연봉에 대한 불만 때문에 이직을 추진하고 있었습니다. 최근 입사한 직원의 급여를 우연히 알게 됐는데, 자신과 비슷한 학력과 이력을 갖고 있는데도 그 사람의 급여가 자신보다 많았다는 것이었습니다. 그는 "이런 취급을 받는 건회사가 무슨 짓을 해도 제가 그만두지 않을 것이라 생각하기 때문인 것 같다"며 회사를 떠나고야 말겠다고 목에 핏대를 세웠습니다.

이 말을 들으며 저는 다소 의아한 생각이 들었습니다. 그의 말에 공감이 생기기보다는 피해의식이 아닌가 하는 생각이 든 것입니다. 그에 더해 회사가 직원의 연봉을 책정하는 기준과 과정을 그가 잘 알지 못하다는 판단을 내렸습니다.

기본적으로 연봉에는 이전 성과에 대한 보상과 이후 성과에 대한 기대가 동시에 담겨있습니다. 새로 합류하는 직원에게는 후자의 몫이 클 것이고, 재직하고 있는 기존 직원들에겐 전자의 비중이 더 큽니다. 따라서 특정 시점에서 비슷한 경력이나 역량을 가진 재직자와 신규 입사자의 급여에 격차가 발생하는 것은 매우 자연스러운 현상입니다. 이 격차는 시간을 두고 드러날 두 사람의 역량과 성과에 따라 적정선을 찾아가기 마련입니다.

경력 지원자의 연봉을 매기는 기준

기업이 경력 지원자의 연봉을 산정하는 1차적 기준은 그 사람이 현재 다니고 있는 직장에서 받는 연봉입니다. 우리가 흔히 말하는 연봉은 고정급여Fixed Salary를 뜻합니다. 기업이 법적 지급 의무를 지니는 이 고정연봉은 또 각종 수당이나 상여금, 퇴직금의 기준이 되므로 기본연봉이라고도 부릅니다. 성과연봉Incentive

Salary도 총보상을 구성하는 핵심요소입니다. 대체로 기업은 경영 성과나 개인의 인사고과에 따라 고정연봉의 최대 50퍼센트까지 지급합니다. 어떤 곳은 이보다 훨씬 더 많은 성과보상을 실시하기도 합니다. 이를테면 삼성그룹의 OPI^{Overall Performance Incentive}, SK그룹의 PS^{Profit Sharing} 같은 것이 성과연봉에 해당합니다. 이 밖에 현금성 복리후생비나 장기근무 보너스 같은 것도 총보상의 하나로 볼 수 있습니다.

지원자가 연봉 산정에 필요한 원천징수영수증, 연봉계약서 같은 자료를 제출하면 인사 담당자는 이 자료를 토대로 입사자의 경력을 평가한 뒤 직무 특성을 고려해 계약 연봉을 산출합니다. 여기에 고정 상여금, 직무급, 직책수당 같은 보상을 더해 후보자에게 통보하게 되는데, 후보자가 여기에 동의하면 연봉이 확정됩니다.

입사 지원자는 자신의 경력에 관해 인사 담당자에게 소상히 알려줄 필요가 있습니다. 인재 시장에서 경력으로 인정받을 수 있는 부분에 대해 명확한 근거를 제시해야 합니다. 물론 자신이 생각했던 경력을 100퍼센트 인정받지 못할 때도 있습니다. 회사에 적을 두고 있었지만 육아나 교육, 질병 치료 같은 이유로 휴직해 실제 근무하지 않은 시간이 포함되어 있을 경우가 있으니까요. 재직 중인 기업이 이직하려는 기업보다 규모가 작거나 직무에 일관성이 부족한 경우에도 경력을 인정받지 못하곤 합니다. 반면 경력을 추가로 인정받을 때도 있습니다. 석사학위나 박사학위, 혹은 변호사나 회계사 자격증을 가진 경우입니다.

직장은 회사와 직원이 계약을 맺고 일하는 곳입니다. 이것도 일종의 거래이기 때문에 양자의 조건과 수요의 균형에 따라 가격이 오르기도 하고 내리기도 합니다.

연봉은 기여도와 시장가치 판단이 만나는 지점

기업 측 담당자의 입장에서도 경력자를 채용할 때 보상을 어떻게 정할 것인지는 상당한 고민거리입니다. 이에 대해 고민을 털어놓는 담당자들에게 저는 '역량과 성과에 걸맞게 대우하라'라는 대전제 아래, 후보자가 회사에 기여할 부분에 대한 예측과 인재시장에서 후보자의 경력이 가진 가치를 고려해 결정하라고 권합니다.

인사 담당자는 후보자의 경력기술서에 적힌 화려한 성과에 취하지 말고 후보자가 회사에 입사한 다음 보여줄 기여를 냉정하게 평가해야 합니다. 입사 뒤 기여보다 많은 연봉을 준다면 회사는 손해를 보는 것이니까요. 후보자의 경력이 가진 시장가치도 연봉을 책정할 때 고려해야 할 핵심요소입니다. 회사가 후보자의 시장가치에 비해 연봉을 적게 준다면 후보자는 입사를 포기할 겁니다. 설령 어찌어찌해서 입사한다고 해도 업무 의욕이 약해지거나, 다른 곳이 더 좋은 보상을 제안하면 떠나버릴지 모릅니다. 이렇게 후보자의 연봉을 책정할 때 두 가지 기준을 두고 따져보면 적절한 보상을 책정할 수 있습니다.

저는 저희 회사의 인사 담당자들에게 후보자의 시장가치보다 10퍼센트 정도 높은 수준에서 연봉을 책정하라고 말해두었습니다. 이렇게 하면 회사가 손해를 보는 것이 아닌가 싶을 것입니다. 그렇지만 당장은 유능한 인재를 조금 더 쉽게 영입할 수 있고, 입사한 후보자의 업무 의욕을 높일 수 있으며, 나아가 인재를 후하게 대접한다는 평판이 생길 것이므로 장기적으로는 회사에 이득입니다.

자신의 시장가치를 객관적으로 따져보라

질문하신 분께 연봉 조정 제안이 들어온 것은 옮겨 가려는 회사가 무작정 비용을 절감하려는 것이 아니라, 귀하의 예상 기여도와 경력의 가치에 비해 희망 연봉이 높다고 판단했을 가능성이 커 보입니다. 당장은 자존심이 상할 수도 있겠지만 질문하신 분이 생각하는 자신의 시장가치와 입사 뒤 이루어낼 수 있는 조직 기여를 한번 냉정하게 따져보십시오. 이를 잘못 판단하면 좋은 이직 기회를 놓칠 수도 있습니다. 반대로 기업이 잘못 판단했을 가능성도 있습니다. 회사의 평가가 잘못되었는데, 이를 그대로 받아들이면 제대로 대접받지 못한 채 입사하는 실수를 저지를 수도 있습니다.

객관적인 판단을 내리기가 어렵다면 헤드헌터의 도움을 받을 수도 있습니다. 헤드헌터는 인재시장을 잘 알고 있고 질문자와 이직하려는 회사 양쪽 상황을 잘 파악하고 있습니다. 즉 기업이 어떤 인재를 왜 채용하려고 하는지 잘 알고 있으므로 합리적 조언을 줄 수 있습니다.

헤드헌터는 후보자에게는 연봉뿐만 아니라 입사 뒤 후보자의 성장 가능성까지 종합적으로 판단하라고 조언할 겁니다. 인사 담당자에게는 인재시장의 상황, 즉 동종업계 동일직무의 처우 수준을 데이터로 제시하면서 후보자의 시장가치와 기여에 관한 의견을 이야기하겠지요. 만약 회사의 내부 사정이나 후보자에 대한 의구심 때문이라면 사이닝보너스Signing bonus(고용 계약을 체결할 때 회사가 연봉 외에 일시에 또는 분할로 지급하는 현금 보너스나 그에 상응하는 보상)나 스톡옵션Stock option을 활용하라고 조언할 수도 있습니다.

　기업은 경력자의 연봉을 산정할 때 입사 뒤 회사에 대한 기여와 경력의 시장가치 외에도 여러 가지를 따집니다. 따라서 연봉 책정 과정과 방법을 잘 파악한다면 연봉 협상에서 당황하지 않고 자신의 역량과 성과에 걸맞은 대우를 받을 수 있을 것입니다.

어떻게 하면 연봉 협상을
유리하게 진행할 수 있을까요?

연봉제를 채택하고 있는 중소기업에서 7년째 근무하고 있습니다. 두 번째 직장으로 이곳을 선택한 이래 성실히 일했고, 고과 평가에서 나쁜 등급을 받은 적도 없습니다. 그렇지만 이 회사는 말로만 직무역량과 성과 중심의 연봉제를 채택하고 있습니다. 매년 초 연봉 협상이라는 이름으로 인사팀과 마주하고 앉기는 하지만, 협상은 말뿐이고 늘 인사팀이 제시한 연봉을 제가 확인하고 서명하는 것으로 마무리되었습니다.

하도 답답하여 올해 초에는 "제가 그동안 열심히 했고 조직을 위해 헌신했으니 그 노고를 감안해달라"며 추가 인상을 요구해봤습니다. 그러자 인사팀장은 제시된 연봉에 제 직무역량과 성과에 대한 평가가 충분히 반영돼있다고 설명하더군요.

이럴 것이라면 이 뻔한 절차를 왜 진행하는 것인지 이유를 모르겠습니다. 지금껏 회사를 위해 헌신해왔지만 이제는 그게 다 무슨 소용이었나 싶은 생각마저 듭니다.

앞으로 회사와 연봉 협상을 협상답게, 그리고 유리하게 진행하려면 무엇을 어떻게 하면 좋을까요? 또 만약에 이직을 한다면 새로운 회사와의 연봉 협상은 어떻게 진행해야 더 많은 연봉을 얻어낼 수 있을까요?

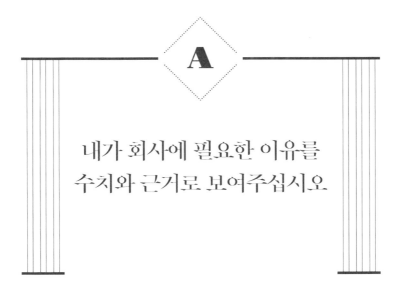

내가 회사에 필요한 이유를 수치와 근거로 보여주십시오

우리나라에서 직장인의 연봉 협상은 주로 입사할 때 이뤄집니다. 재직자들도 회사와 연봉 협상을 하긴 하지만, 입사할 때만큼 치열하게 진행되는 경우는 드뭅니다. 물론 계약 기간이 끝나 재계약을 해야 하거나 특수한 역할을 담당하는 일부 임직원들의 경우 입사 때 못지않은 협상을 벌이기도 합니다. 그러나 대체로 이러한 모습은 자주 목격하기가 어렵습니다.

이렇게 재직자들이 회사와 연봉 협상을 하는 경우가 많지 않은 것은 우리나라 기업이 가진 관리 시스템과 기업문화 때문입니다. 한국의 기업들은 특별한 상황이 아니라면 협상보다는 직전 연도 회사의 경영성과와 올해 실적 전망, 그리고 직원의 업무 성과와 태도를 기준으로 연봉을 결정합니다. 직원이 요구한다고 많이 주는 것도 아니고 요구하지 않는다고 적게 주는 것도 아닙니다. 직장생활을 몇 년 한 사람이라면 대체로 자신의 연봉 인상 수준을 가늠할 수 있게 됩니다.

연봉 협상에 나설 때 취해야 할 전략

질문하신 분께서 '뻔한 절차'라고 푸념하고 있는 회사의 연봉 협상 과정은 호봉제를 채택하고 있는 기업에서 흔히 볼 수 있는 모습입니다. 우리나라 기업 대부분이 호봉제를 선택하고 있으므로 연봉 협상 절차 자체가 없는 곳이 대부분입니다. 이 때문에 협상 절차가 규정에 있어도 이미 평가가 나와있는 상황이라 평가를 수정하지 않는 한 책정된 연봉을 바꾸기가 어렵습니다.

'답정너'와 다름없는 연봉 협상의 현실과, 기대에 못 미치는 연봉 상승 폭에 질문하신 분처럼 실망감을 느끼고 답답함을 호소하는 분들이 적잖이 있습니다. 아무리 살펴봐도 회사가 제시한 연봉이 자신의 기대를 한참 밑돈다고 생각하면 좀 더 효과적인 접근방식을 고민해봐야 합니다.

회사가 직원의 연봉을 책정할 때 살피는 핵심기준은 회사에 대한 기여와 시장에서 통용되는 몸값입니다. 따라서 이 기준을 토대로 자신에 대해 냉정한 평가를 해보면 자신이 왜 현재의 연봉을 받고 있는지 이해할 수 있을 뿐만 아니라 나중에 이직을 고려할 때도 도움이 됩니다.

회사에 대한 기여는 말 그대로 어떤 사람이 조직에서 창출한 성과입니다. 기업이 직원들에게 원하는 단 하나가 있다면 바로 성과입니다. 따라서 자신의 학력이 좋고 태도가 성실하다는 점을 들어 연봉인상을 요구하는 것은 좋은 방법이 아닙니다. 그보다는 자신이 조직과 사업에 어떻게 기여했고, 앞으로 어떻게 기여할지를 최대한 객관적이고도 정량적으로 설명하는 게 필요합니다. 즉 이제까지 자신이 회사의 성과를 얼마나 끌어올렸으며, 앞으로도 성과를 이렇게 만들 터이니 그에 맞게 보상수준을 높여달라고 요청하는 겁니다.

만약 회사가 직원이 달성해온 성과의 크기와 앞으로의 성과목표를 인정하고, 직원이 목표를 달성할 방법과 역량을 갖고 있다고 판단하면 연봉을 조정할 근거가 충분해집니다. 연봉 협상이 낯설지 않은 외국계 기업에서는 이러한 경우 연봉 인상 요청이 받아들여질 가능성이 큽니다.

연봉 협상에 나서는 직장인의 무기

기본적으로 연봉은 직장인의 역량과 성과에 수렴하지만, 다른 요소들이 작용하지 않는 것은 아닙니다.

재직 중인 직장인들은 이듬해의 연봉이 올해 거둔 성과를 바탕으로 결정될 것이라고 기대합니다. 그러나 기업들 대부분은 성과급 제도를 운영하고 있고, 올해의 성과는 성과급을 지급하는 것으로 보상이 마무리됩니다. 연봉은 작년 성과뿐만 아니라 올해를 포함해 앞으로 이어질 성과를 고려해 결정됩니다. 성과의 기반이 되는 직무 역량이 중요한 이유가 바로 이것입니다. 따라서 연봉 인상을 요청할 때는 회사에 대한 자신의 기여가 일시적인 것이 아니라 장기적으로 지속되는 것이고 역량에 기반하고 있음을 잘 설명해야 합니다.

만약 자신의 기여를 명확히 보여주기가 어렵다면 앞으로 예상되는 자신의 성과를 설명하고, 이를 다음 연봉을 결정할 때 고려해달라고 이야기하는 것이 좋습니다. 이렇게 이야기하는 것은 당장 연봉 인상으로 이어지지 않더라도 미래를 위한 포석으로서 의미가 있습니다.

그렇다면 이직을 하려는 직장인은 연봉 협상에서 무엇을 내세울 수 있을까요? 기업이 입사자의 연봉을 책정할 때 가장 중요하게 생각하는 것은 경력입니다. 이직 시 나의 몸값은 전 직장에서 이룬 성과보다는 커리어 그 자체로 평가받습니다. 지금 이름값이 높은 기업에서 높은 연봉을 받고 있다면 그 사람은 다음에도 높은 연봉을 받으며 좋은 회사로 이직할 가능성이 큽니다. 반대로 현재 몸담고 있는 회사의 이름값이 낮고 받고 있는 연봉도 적다면 다음 회사에서도 연봉을 높여 받기가 어렵습니다.

그런 점에서 이직할 때는 연봉만 살피지 말고 회사의 브랜드를 살필 필요가 있습니다. 만약 새 회사에서 지금 있는 곳보다 연봉을 훨씬 많이 받을 수 있다고 해도 그 회사의 브랜드 가치가 낮다면 다음 이직 시 연봉 협상에서 부정적인 영향을 미칠 수 있습니다. 반대로 브랜드 가치가 높은 회사는 연봉 상승 폭이 작더라도 좋은 이직처가 될 수 있습니다. 그곳에서 역량을 인정받고 성과를 높이면 연봉이 오르는 것은 시간문제입니다.

따라서 더 많은 연봉을 원하는 직장인은 경력관리 방식을 바꿔야 합니다. 안정성이 아니라 성장과 발전 가능성이 큰 기회를 선택해야 합니다. 업무량이 많아지고 업무 강도가 세지더라도 회사의 브랜드 가치가 높은 회사로 옮겨야 합니다. 그렇게 10년 앞을 내다보고 도전적으로 직무와 직책, 그리고 회사를 선택해야 합니다. 변화에 따른 위험을 감수하면서 적극적으로 커리어를 관리한다면 높은 연봉을 노려볼 수 있습니다.

연봉 협상 시 주의해야 할 것들

직장인은 연봉 협상에 나서며 자신의 학력과 경력, 그리고 자신이 창출한 성과의 크기라면 다른 기업에서 어느 수준의 연봉을 받는지를 조사해서 회사의 처우가 적절하지 않음을 어필할 수도 있습니다. 그런데 이러한 방법을 구사할 때는 매우 신중해야 합니다. 다른 시장과 달리 노동시장에서는 사는 쪽과 파는 쪽의 이해가 일치하지 않으면 자칫 상황이 파국으로 치달을 위험이 있습니다. 즉 연봉 협상이 합의점을 찾지 못할 경우 회사는 인재를 놓치게 될 수 있고, 직원은 준비되지 않은 이직을 추진해야 할 수도 있습니다. 연봉 협상 역시 거래의 일종이고, 모든 거래에는 참여자들이 짐작하거나 명시적으로 드러난 적정 가격이 있습니다. 따라서 너무 욕심을 부려 회사와 무리하게 협상을 시도하다가 일이 틀어지지 않도록 신중을 기해야 합니다. 연봉 협상을 할 때는 될 수 있으면 회사에 대한 기여를 중심으로 이야기를 풀어가는 편이 좋습니다.

이직할 때 역시 주의해야 할 것들이 있습니다. 이직 시에 연봉을 높여보고자 자신의 역량과 성과를 부풀리는 것은 스스로를 절벽 끝으로 모는 행동이나 다름없습니다. 이직은 곧 경력자의 입사이고, 입사한 경력자는 이제까지의 경력에 걸맞은 역량과 성과를 즉시 보여줄 것을 요구받게 됩니다. 그런데 회사가 기대했던 수준의 역량과 성과를 보여주지 못하면 신뢰를 잃게 됩니다. 그리고 나면 직장생활을 지속하기 어려울 뿐만 아니라 다음 번 이직 때도 평판조회를 통과하기가 쉽지 않게 됩니다. 운이 좋다면 한두 번 더 원하는 조건으로 회사를 옮길 수도 있겠지만, 그런 운이 계속될 리는 없습니다.

질문하신 분께서는 앞으로 회사와 연봉 협상을 협상답게, 그리고 유리하기 진행하기 위한 방법을 물어보셨습니다. 이제까지 말씀드린 전략과 무기를 잘 활용하셔서, 다음번에는 꼭 원하는 결과를 얻어내시길 바랍니다.

그런데 만약 이런 노력에도 불구하고 연봉 협상이 계속 형식적으로 이뤄지고 본인의 기대치에 비해 연봉이 현저하게 낮은 상태가 지속된다면 다른 판단을 해야 합니다. 같은 차선을 고수하면서 앞 차를 추월할 수는 없는 노릇이니까요. 질문하신 분의 회사가 자신을 제대로 대접해주지 않고 자신의 역량과 성과에 걸맞은 보상을 해주지 않는다면 이직을 검토할 수밖에 없습니다. 절이 싫으면 중이 떠나야 합니다. 자신을 인정하고 대접해주는 곳으로 가는 것이 옳습니다.

번번이 승진에 실패하는
이유를 모르겠습니다

15년째 홍보 외길만 파고 있는 '홍보맨'입니다. 대학을 졸업하고 공채로 중견기업에 입사한 뒤 현재 회사까지 줄곧 홍보 업무를 해오고 있습니다. 1년 남짓 사업부서로 파견된 적이 있지만, 그곳에서도 홍보와 인접한 사회공헌 업무를 담당했습니다. 직장생활을 하면서 담당 업무의 일관성을 유지해왔기 때문에 전문성을 갖췄다고 자부하고 있습니다.

그동안 근속기간에 걸맞게 승진을 이어왔는데, 2년 전부터 길이 막혀버리고 말았습니다. 그사이 제 하급자였던 사람이 팀장을 맡으면서 저보다 앞서 부장으로 승진했습니다. 그는 저처럼 공채 출신도 아니고 4년 전에야 경력자로 입사했습니다. 게다가 저처럼 홍보만 전문으로 파지도 않고 여러 주변 업무에 투입되며 한눈을 파는 일도 많았습니다.

어째서 제가 아니라 그 사람이 먼저 승진을 한 것인지 잘 이해가 되지 않고, 어디 말할 곳도 없어 속만 타들어가고 있습니다. 업무의 전문성이나 회사에 대한 헌신으로 볼 때도 저에게 결격 사유가 없는 것 같은데, 왜 승진에서 누락됐는지 이유를 모르겠습니다. 제가 뭘 잘못했거나 잘못 알고 있는 걸까요?

자리는
그것을 감당할 수 있는
사람에게 돌아갑니다

기업에서 승진은 지금까지 자신이 보여준 업무 능력과 성과가 조직으로부터 인정받았다는 증거입니다. 경쟁자를 제치고 이전보다 더 중요한 직책과 업무를 맡게 되었기 때문에 조직에서 위상이 더 탄탄해집니다.

반면 승진 누락자는 자존심의 상처를 넘어 현실적인 문제에 직면합니다. 한번 승진 버스를 놓치면 다음 버스에 오르기가 어려운 것이 직장이니까요. 자기 경력에 걸맞은 자리에 오르지 못하는 일이 반복적으로 일어났다면 당사자는 그 조직에 적을 계속 두어야 할지 진퇴를 고민해야 합니다. 직·간접적으로 퇴출 압력을 받게 되는 경우도 있습니다. 명예퇴직이나 희망퇴직이 일상적으로 벌어지고 있는 요즘 상황을 고려하면 승진 누락자의 입지는 훨씬 더 빠르게 좁아집니다.

승진의 조건

승진을 두고 직원을 평가하는 첫 번째 기준은 '업무 능력'입니다. 물론 어떤 직원들은 '과연 업무 능력으로 승진을 결정하는 것이 맞냐'며 의구심을 표하기도 합니다. 이는 업무 능력을 평가하는 기준이 회사나 부서마다 다르기 때문입니다. 가끔 같은 회사에서도 경영자와 직원들이 생각하는 기준이 다른 경우도 있습니다. 물론 '저 사람이 어떻게 저 자리에 올라갔을까' 싶은 특수한 경우가 있을 수 있지만, 업무 능력은 대체로 직장인들의 승진을 결정하는 핵심요소임엔 틀림없습니다.

두 번째 기준은 성과창출 능력입니다. 어떤 직원이 아무리 업무 능력이 뛰어나다는 이미지가 있어도 그 능력이 성과로 검증되지 않으면 업무 능력을 신뢰할 수 없습니다. 그래서 업무 능력, 즉 역량에는 성과라는 단어가 계속 따라붙는 겁니다. 역량만 갖고 평가하는 게 아니라 역량과 성과를 함께 놓고 판단하는 것입니다.

세 번째 기준은 지속가능성입니다. 올해에 성과를 많이 냈다고 내년에 반드시 승진할 수 있는 것은 아닙니다. 성과가 의미있으려면 사전에 계획한 것이어야 하고 반복적인 것이어야 합니다. 우연히 발생한 성과나 지속적이지 않은 성과는 승진의 조건이 될 수 없습니다. 아무리 큰 성과이더라도 다음을 또 기대하기 어렵다면, 복권에 당첨된 것을 보고 재테크 능력이 있다고 평가할 수 없는 것과 마찬가지입니다.

이처럼 기업이 승진시키는 직원은 지속적인 성과로 뒷받침되는 업무 역량을 갖춘 사람들입니다. 기업은 일시적 성과에 대해서는 성과급으로 보상을 마치지만, 반복적으로 성과를 내는 직원은 역량을 갖추고 있는 것으로 간주하고 기회가 오면 보다 중요한 직무를 맡깁니다.

그런데 앞서 말한 세 가지 조건은 승진을 위한 최소한의 조건입니다. 저것만 가지고는 그저 '일 잘하는 직원'이라는 평을 들을 수 있을 뿐입니다. 한 가지 더, 승진에 필요한 결정적인 조건이 있습니다. 바로 조직 관리 능력입니다.

회사에서 하는 업무의 대부분은 조직 안팎의 다른 사람들과 함께 하는 것입니다. 중요한 업무일수록 여러 사람이 참여하여 조직적으로 수행하게 됩니다. 주니어 직원들은 업무에서 좋은 성과를 거두려면 자신만 잘 해내면 되지만, 시니어 직원은 조직 전체가 잘 가동되도록 굴려야 합니다. 직급이 높아질수록 요구되는 능력은 실무처리보다는 조직 가동에 필요한 통합 능력입니다. 직원 개인들의 능력을 조직화하고 이들의 업무 프로세스를 통합 관리해서 프로젝트가 원만하게 진행되게끔 할 수 있어야 승진할 수 있습니다.

승진하려면 미래를 준비하라

이런 점에서 보면 기업에서 승진하려는 사람은 한 가지 업무만 알아서는 안 됩니다. 회사는 현재 그 사람이 맡은 업무를 잘한다고 승진시키지 않습니다. 승진해서 맡아야 할 업무에 적합한 사람이라고 확신할 수 있을 때 승진시킵니다. 만약 어떤 시니어 직원이 승진을 못하고 있다면 회사가 그 사람에 대해 '현재 맡은 일을 잘 못하는 것이 아니라 앞으로 맡을 업무를 잘 해내지 못할 것 같다'고 판단하는 것으로 보면 적절합니다.

기업은 승진 대상자를 놓고 평가할 때 '이 직원이 승진해서 범위가 넓어진 업무를 감당할 수 있는가'를 중점적으로 살핍니다. 조직의 장으로 승진하면 단위조직의 관리책임자가 돼서 자신이 맡았던 업무 외에 다른 직원들의 업무까지 관장하게 됩니다. 조직의 장이 아니더라도 승진 시에는 이전보다 업무 범위가 확장되는 것은 마찬가지입니다. 같은 자리에서 같은 업무만 하면서 승진하는 경우는 찾아보기 어렵습니다.

그러므로 승진을 노리는 사람은 자신의 업무 범위가 넓어지는 것을 대비해야 합니다. 예를 들어 해외 근무를 희망한다면 현재의 자리에서 성과를 잘 거두는 것은 기본이고, 해외근무에 필요한 외국어 능력을 키우고 현지 사정에 대한 이해를 높여야 합니다. 해외 관련 부서로 옮겨 해당 업무를 맡거나, 외국 비즈니스맨과 상대하면서 주변 사람들 눈에 준비된 사람이라는 인식을 심어줘야 합니다. 주변 업무에 꾸준히 관심을 가지면서, 다른 부서에 파견을 나가거나 TF에 참여할 기회가 있으면 적극적으로 나설 필요가 있습니다.

과거 연공서열제 기업문화에서는 성과가 좋고 직급 연차가 차면 일단 승진시킨 뒤 배치할 자리를 알아봤습니다. 그러나 지금은 사정이 달라졌습니다. 직급 연한이 찼다고 무조건 승진시키지 않습니다. 자리가 비면 그 상황에서 최적의 인물을 찾아 배치합니다. 내부에 적임자가 없으면 외부에서 영입합니다. 회사 안팎을 통틀어서 가장 적임자라고 생각하는 사람을 찾아서 배치하는 것입니다.

질문하신 분이 승진에서 계속 누락되는 데는 여러 이유가 있을 겁니다. 질문자의 이야기만 가지고 판단한다면 자신의 업무에만 전념하면서 업무 범위를 넓히는 데 소홀했던 것 아닌가 하는 생각이 듭니다. 그러니 이제부터라도 본인이 승진해서 갈 수 있는 자리를 파악한 뒤 그 자리에 필요한 역량을 미리 준비하십시오. 직무 수행에 필요한 지식과 정보를 축적하고 관련된 사람들과 교류도 하세요. 자리는 그것을 감당할 준비가 된 사람에게 돌아가기 마련입니다.

연봉과 직급 중
무엇을 우선해야 할까요?

저의 경력 경로는 순탄치 않은 편이었습니다. 첫 직장인 중소기업에서 6년가량 근무하다 직장을 옮겼고, 적응에 실패해 1년 만에 퇴사했습니다. 지금 다니는 곳은 세 번째 직장으로 입사한 지 이제 막 3년이 됐습니다.

첫 번째 직장은 급여가 많이 낮았습니다. 그래서 이직할 때 연봉을 최우선 조건으로 삼았고, 중견기업으로 이직하며 연봉을 제법 많이 올려 받았습니다. 그런데 중소기업에서 근무했다는 이유로 경력 인정을 제대로 받지 못해 제 나이 또래의 동료에 비해 직급이 낮았습니다. 나이도 실력도 비슷한 사람들에게 매번 하급자 취급을 받는 것이 아무래도 불편해서 오래 근무할 수 없었습니다.

세 번째 직장인 이곳에서는 연차에 맞게 직급이 높아졌습니다. 그런데 입사한 지 3년이 지났는데도 연봉이 거의 제자리걸음을 하고 있습니다. 저만 그런 것인가 하여 넌지시 알아보니 다른 동료들도 대부분 마찬가지였습니다. 그래서 지금은 세 번째 이직을 고민하고 있습니다.

두 번의 이직 과정을 돌아보면 첫 번째는 연봉에 휘둘렸고, 두 번째는 직급에 유혹당했습니다. 10년 넘게 직장생활을 해오고 있지만 이직할 때 무엇을 가장 중요한 기준으로 삼아야 만족스러울지 모르겠습니다.

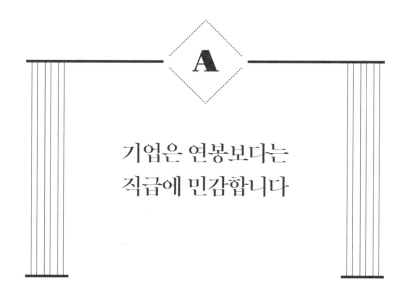

기업은 연봉보다는
직급에 민감합니다

직장인이 이직을 앞두고 "연봉과 직급 중 무엇을 선택해야 합니까?"라고 물어보면 참 답하기가 어렵습니다. "엄마가 좋으냐, 아빠가 좋으냐?"라는 질문을 받은 것과 마찬가지입니다. 정답은 "엄마도 좋고 아빠도 좋다"이듯, 연봉과 직급 모두 직장인에게는 중요합니다.

그러나 이직을 하며 연봉과 직급 두 가지를 모두 챙길 수 있는 경우는 손에 꼽을 만큼 적습니다. 결국 어느 하나를 선택해야 하는 경우가 많고, 이에 따라 커리어가 크게 달라질 수 있습니다.

직급 vs 연봉

조선시대, 정묘호란(1627) 이후 청은 조선에 군신 관계를 맺을 것을 요구했습니다. 이때 조정은 척화파와 주화파로 나뉘어 치열한 논쟁을 벌였습니다. 예조 판서 김상헌이 중심이 된 척화파는 명에 대한 의리와 조선의 자존심이라는 명분을 내세워 전쟁을 주장했고, 이조 판서 최명길이 중심이 된 주화파는 지금 조선에는 싸울 힘이 없으니 백성을 돌보고 나라를 보전해야 한다는 실리를 내세워 화친을 주장했습니다. 이후 병자호란(1636)이 벌어지고 난 뒤 인조와 조정이 남한산성으로 피신한 이후에도 두 파의 대립은 계속되었습니다.

'직급 대 연봉' 역시 명분과 실리가 대립하는 연장선상에 있고, 반드시 어느 쪽이 옳다고 하기 어려울 정도로 그 중요성이 엇비슷하여 가늠하기 어렵습니다.

직급이 중요하다고 주장하는 이들은 '명함 값'의 중요성을 강조합니다. 사회적 동물로서 인간에겐 지위가 훨씬 본원적이고 현실적 문제라는 것입니다. 이들은 "입사 동기 중 자기만 진급하지 못했을 때도 연봉이 더 중요하다고 얘기할 것인가?"라며 직급이 중요함을 주장합니다. 또한 연봉이란 기본적으로 직급에 수렴될 수밖에 없다는 점도 강조합니다.

연봉을 중시하는 이들의 논리는 단순 명쾌합니다. 회사는 기본적으로 노동을 제공하고 경제적 보상을 대가로 받는 곳이기 때문에 모든 것은 보상을 기준으로 판단해야 한다는 겁니다. 이들은 "연봉 상승 없이 직급만 바뀌는 것은 사기당하는 것과 마찬가지"라고 주장합니다. 직급이 높아지면 그만큼 책임이 커지고 업무 강도도 세지기 마련이므로, 이에 걸맞은 연봉을 받아내 실리를 취해야 한다고 말합니다.

직급을 우선으로 삼는 세 가지 이유

저는 두 주장 가운데 어느 것이 옳다고 말하기 어렵다고 생각합니다. '직급이냐, 연봉이냐'는 옳고 그름의 문제가 아니라 선택의 문제라고 보기 때문입니다. 자신이 처한 상황과 장래 계획, 그리고 직장생활을 보는 시각에 따라 선택은 달라질 수 있습니다.

그렇지만 만약 둘 가운데 무조건 한 가지를 선택해야 하는 상황이라면, 저는 직급을 우선으로 삼을 것 같습니다. 그 이유는 세 가지가 있습니다.

첫째, 일반적으로 연봉은 역량과 성과에 비례합니다. 그런데 직급에 따라 자신의 역량과 성과를 보여줄 수 있는 기회가 크게 달라집니다. 낮은 직급은 한정된 영역에서 제한된 역할을 하기 때문에 역량이 아무리 뛰어나고 열심히 노력해도 성과가 크게 달라지지 않습니다. 반대로 직급이 높으면 부가가치가 높은 업무에 더 가까이 위치하게 됩니다. 또한 어느 정도 재량권이 주어지기 때문에 역량과 노력에 따라 성과의 크기가 많이 달라지고 연봉도 빠르게 상승할 잠재력이 큽니다.

둘째, 앞서 언급했던 것처럼 기업에서 연봉은 일반적으로 직급에 수렴합니다. 물론 특수한 상황에서 불가피한 이유로 연봉과 직급이 불일치할 수는 있습니다. 그러나 이러한 상황이 지속되기는 어렵습니다. 왜냐하면 직급에 따라 맡을 수 있는 직책이 정해지는데, 이 직책들은 대부분 중요도가 비슷하고 직책을 맡은 사람들에게도 비슷한 수준의 권한과 책임이 부여되므로 연봉 역시 그 평균적인 수치를 따라가게 되어 있습니다. 그리고 보상은 책임에 비례하므로 책임은 많이 묻고 보상은 적게 줄 수는 없습니다. 그랬다간 아무도 그 직책을 맡으려 하지 않을 테니까요.

셋째, 기업에서 승진 자리를 따내기란 쉽지 않습니다. 승진에는 물론 역량과 성과가 필요하지만, 역량이 뛰어나고 성과가 좋다고 해서 반드시 승진하는 것은 아닙니다. 일반적으로 기업에서 높은 직급은 조직을 통솔하는 리더십과 조직 충성도 또한 중요한 평가 기준이 됩니다. 게다가 기업 대부분이 직급별로 최소 근무기간을 두고 있기 때문에 일을 잘하는 것만으로는 곧바로 승진하기가 어렵습니다. 즉 연봉보다는 승진이 더 희소성 있는 조건이라는 의미입니다.

기업은 연봉보다 직급에 민감하다

이러한 세 가지 이유로부터 추론할 수 있는 사실은, 기업은 연봉보다는 직급에 훨씬 더 민감하다는 사실입니다. 실제로 많은 기업이 인재를 영입하며 조건협상을 할 때 연봉은 더 줄 수 있다고 말하지만 직책과 직급은 쉽사리 양보하지 않습니다. 헤드헌터들이 후보자의 입사 조건을 놓고 기업의 인사 담당자와 협의할 때도 가장 난이도가 높은 부분이 직급 문제입니다.

연봉은 개별 계약이어서 외부로 드러나지 않습니다. 기본 급여는 직급에 따라 책정되더라도 스톡옵션이나 사이닝보너스 같은 다양한 방법을 통해 후보자의 요구를 맞춰줄 수 있습니다. 그러나 직급은 외부로 훤히 드러나는 요소여서 유연성을 발휘하기가 어렵습니다.

이러한 점을 고려하면 직장을 옮기는 사람들은 당연히 연봉보다 직급에 더 큰 관심을 두어야 합니다. 특히 자신의 기본 역량과 입사 뒤 성과 창출에 확신을 갖고 있다면 연봉을 양보하고 직급을 챙길 것을 권합니다. 만약 회사의 인사 규정과 기업문화 때문에 당장 원하는 직급을 받기 어렵다고 하면, 미리 승진 조건과 약속을 문서로 받아두는 것도 방법입니다.

'직급 대 연봉'의 문제는 궁극적으로 '미래냐, 현재냐'의 문제입니다. 당장 손에 쥘 것이 중요하다고 생각한다면 연봉을 챙기고, 미래의 가능성에 더 관심을 두고 있다면 직급을 선택하는 것이 좋습니다.

질문하신 분의 경우 이미 직장생활이 10년을 넘기고 있습니다. 이제는 한 조직에 정착해 간부로 성장하는 것을 염두에 둬야 할 시기입니다. 그러므로 연봉이 아니라 직급을 중심에 놓고 판단하면서, 중장기적 관점에서 경력관리에 관심을 가지시기를 권합니다.

워라밸을 지키면서
일할 수 있는 방법은 없을까요?

저는 유통회사로 직장을 옮긴 지 2년 된 30대 IT 개발자입니다. 이전 직장인 게임회사에서 '뼈를 갈아내는' 듯한 느낌을 받을 정도로 힘들게 일하다 탈출하듯 직장을 옮겼습니다. 게임회사 퇴사 후 아내와 함께 6개월가량 한적한 소도시에서 지내면서 한동안 세상을 잊고 살았습니다. 그러다 문득 '이러다 직장생활을 아예 못 하게 되는 것은 아닌가' 하는 불안감이 생겼고, 서둘러 지금의 회사로 입사했습니다. 다행히 코로나19로 비대면 작업 환경이 구축되던 시기인데다 디지털 전환 추세가 맞물려 다시 일을 시작하는 것은 어렵지 않았습니다.

새로 일을 시작하면서 '나는 일하기 위해 태어난 게 아니고 나를 위해 일을 할 뿐이다, 다시는 일 때문에 내 삶의 근본을 잃지 않겠다'라고 스스로와 약속을 했습니다. 그런데 이 약속을 지키기가 점점 더 어려워지고 있습니다. 팬데믹이 종식되면서 비대면 근무가 사무실 근무로 전환되고 나니 먼저 퇴근하면서 상사와 동료들의 눈치를 보게 됩니다. 이러다 직장에서 밀려나지 않을까 하는 걱정도 조금씩 들고 있습니다.

그렇지만 저는 저와 약속한 대로 일과 삶의 균형을 지켜보려고 합니다. 한국에서 워라밸을 지키면서 일을 계속해나갈 수 있는 방법이 무엇인지 궁금합니다.

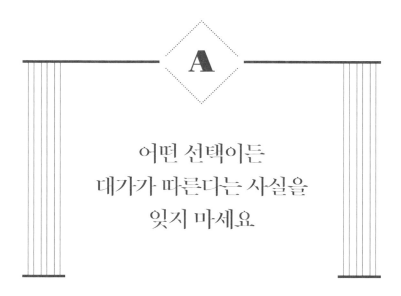

어떤 선택이든 대가가 따른다는 사실을 잊지 마세요

1970년대 후반 영국의 여성운동에서 기원한 '워라밸Work-and-Life Balance'이란 용어는 이제는 세대를 불문하고 누구에게나 익숙한 말이 됐습니다. 특히 MZ 세대 사이에서 이 단어는 직장 선택의 중요한 기준으로 작동할 만큼 위세를 떨치고 있습니다.

실은 국내에서 워라밸이라는 용어가 널리 퍼지기 전에도 이와 맥을 같이하는 말이 있었습니다. 바로 '저녁이 있는 삶'이란 문구입니다. 이는 2012년에 대선 경선에 나선 한 후보가 내세운 슬로건이었습니다. 밤낮 구분 없이 '돌격 앞으로'를 외치며 산업화의 끝자락을 헤쳐 가던 당시 직장인들의 고단한 심정을 기가 막히게 잡아낸 문구였습니다. 그 무렵 직장인들은 '부디 저녁만이라도 가족과 함께 할 수 있으면 좋겠다'는 소박한 바람을 품고 직장에 다녔습니다.

워라밸과 의미는 다소 다르지만 흐름을 같이 하는 최신 용어도 있습니다. 코로나19가 한창 기승을 부리던 무렵에 등장한 '조용한 사직Quiet Quitting'이 바로 그것입니다. 조용한 사직은 '직장인으로서 주어진 일 이상을 해야 한다는 생각을 그만두는 것'을 뜻합니다. 자신의 업무 범위 이상으로 일해도 승진이나 더 많은 급여, 더 많은 혜택이 주어지지 않는 현실에 실망한 미국 젊은이들의 인식이 반영된 용어입니다.

저녁이 있는 삶과 워라밸, 그리고 조용한 사직. 직장과 자신의 거리를 멀리 떨어뜨려놓고자 하는 이 용어들은 참 아이러니하게도 우리 삶 속에서 직장이란 곳이 피하고 싶어도 피할 수 없는 숙명적 존재임을 알려줍니다. 어느 시대이건 한 사람의 인생에서 직장은 삶을 영위하는 수단이고, 양자의 관계는 언제나 일정한 긴장 상태에 놓여있습니다. 그래서 워라밸은 모두가 원하지만 닿을 수 없는 피안의 세계인지도 모르겠습니다.

워라밸이 말해주지 않는 것

워라밸은 모든 직장인의 꿈입니다. 어떤 사람들은 직장이나 직무를 선택할 때 연봉보다 워라밸을 더 중요하게 살핍니다. 이제 출퇴근 시간을 유동적으로 관리할 수 있는 유연근무제를 채택하지 않는 기업들은 유능한 인재를 뽑기가 쉽지 않은 시절이 되었습니다.

유연근무제 외에도 기업들은 직원 만족을 위해 근무 조건과 관련된 다양한 정책을 만들고 시행합니다. 그러나 어떤 정책도 모든 직원을 만족시키는 어렵습니다. 가끔 외부에서 보기에 근무 조건이 좋은 회사인데도 그곳의 직원들 몇몇이 자신의 워라밸이 잘 지켜지지 않는다고 불만을 토로하는 것을 목격합니다. 왜 이런 모습이 보이는 것일까요?

답은 기업의 보상 기준 때문입니다. 일반적으로 권한이 많으면 책임이 커지고, 책임이 크면 보상도 당연히 많아집니다. 그런데 권한이 많고 책임이 큰 사람이 워라밸을 추구하는 것은 쉽지 않습니다. 누군가의 권한과 책임이 크다는 것은 그 사람이 담당하고 책임져야 할 업무의 영역과 구성원의 수가 많음을 의미합니다. 직장에서 젊은 직원들은 전부 퇴근하고, 임원과 간부들만 늦게까지 남아서 일하는 장면이 왜 나타나겠습니까. 이러한 현실에도 불구하고 임원과 간부가 해당 직무를 벗어던지지 않는 것은 이를 감수할 만큼 충분한 권한과 보상이 주어지기 때문이고, 어떤 이유에서든 간에 그것을 포기할 수 없기 때문입니다.

만약 권한과 보상을 포기할 수 있다면 직무의 책임을 내려놓고 편해질 수 있습니다. 대신 보상에 대한 기대를 작게 하는 게 합리적입니다. 많은 권한과 보상에 적은 책임까지 다 누리겠다는 것은 현실적으로 불가능합니다.

얼마 전 지인과 대화하며 요즘도 야근을 자주 한다고 말했다가 꾸중을 들었습니다.

"사람이 소도 아니고 어떻게 평생 일만 합니까? 더구나 회사 대표가 야근이라니…… 사는 철학을 좀 바꿔봐요."

맞습니다. 삶의 모습은 철학의 문제입니다. 워라밸은 자신의 인생관과 맞물려있습니다. 저는 워라밸 역시 뚜렷한 하나의 관점에서 자기경영을 추구하는 사람들의 선택이라고 봅니다. 성과를 통해 자기를 실현하겠다는 목표를 갖는다면 그에 따른 보상과 권한을 택하는 것이고, 가족 또는 여가와 취미활동 등을 통해 삶을 채우겠다고 마음먹으면 보상과 권한 대신 시간과 여유를 선택하는 것입니다. 이는 옳고 그름 차원의 문제가 아닙니다. 정답이 있을 수 없는, 그저 선택의 문제니까요. 각양각색, 다종다양한 인생관이 있으니 자신이 선택한 인생관에 맞게 살면 됩니다.

그렇지만 논제로서 워라밸은 '직장인이라면 누구나 일과 삶의 균형을 차별 없이 누릴 수 있는가?'라는 현실적인 질문과 늘 함께 붙어 다닙니다. 일과 삶의 균형을 논하는 것은 이미 그것을 고려할 만큼 '먹고사니즘'으로부터 일정 부분 자유로운 강자들에게나 해당하는 이야기입니다. 고학력자이거나 고급기술이 있거나 특수한 자격을 갖고 있어서 적당히 일해도 충분히 경제적 보상을 받을 수 있는 사람들 말입니다.

평범한 사람들이 워라밸을 추구한다면 저임금 단순노동에 종사하며 궁핍에 시달려야 할 것입니다. '뱁새가 황새 따라가다 가랑이 찢어진다'는 속담처럼 강자의 논리인 워라밸을 약자가 펼치다가는 호된 경험을 하게 됩니다. 그래서 많은 보상과 높은 자리, 인정받는 전문성을 원하는 직장인이라면 워라밸을 선택하기가 어렵습니다. 경영자들도 이것을 잘 알고 있습니다. 그들은 중요한 자리에는 워라밸을 선택한 직원 대신 성장과 성취를 선택한 직원을 앉힙니다. 워라밸을 선택하면 권한과 보상이 함께 갈 수 없다는 것, 그것이 워라밸을 선택하는 대가입니다.

워라밸 추구의 4대 조건

질문하신 분께서는 이미 워라밸을 지키는 삶을 선택하셨고 이를 지켜나갈 각오를 다진 것으로 보입니다. 그 선택을 존중하며, 일과 삶을 조금 더 효율적으로 양립시킬 수 있는 방법에 관해 나름대로 조언을 드리겠습니다.

첫째, 남들보다 업무 시간을 효율적으로 써야 합니다. 일과 시간에는 집중도를 높여 생산성과 효율성을 최대로 끌어올려야 합니다. 남들보다 더 짧은 시간에 더 많은 일을 효과적으로 해낸다면, 그 사람을 인재로 대우하지 않을 회사는 없을 것입니다.

둘째, 쉽사리 대체될 수 없는 역량을 보유하는 것입니다. 앞서 말한 것처럼 워라밸은 경쟁력이 강한 사람들의 이야기입니다. 새로운 정보와 기술, 지식과 경험, 자격과 능력에서 결코 남들에게 뒤지지 않는 경쟁력을 보유하십시오.

셋째, 조직에서 권한과 보상에 대한 기대 수준을 낮추는 것입니다. 이는 워라밸을 선택한 대가이므로 겸허히 수용하는 것이 좋습니다.

넷째, 업무의 완결성을 추구하십시오. 워라밸은 흔히 '6시 땡하면 칼퇴근하는 모습'으로 비추어집니다만, 이는 육체노동자에게나 해당하는 이야기입니다. 질문하신 분과 같은 IT 기술자를 비롯해 지식노동자, 정신노동자에게 워라밸은 단순히 '시간'의 문제가 아니라 주어진 시간 내에 해당 업무의 '완결성'을 얼마나 추구하느냐에 달려 있습니다.

　마지막으로 당부의 말씀을 드리고자 합니다. 만약 워라밸을 고수하는 바람에 문제가 생겨 이직해야 하는 경우가 생긴다면, 이직할 회사에 관해서 사전에 몇 가지를 꼭 점검해보시기를 바랍니다. 이직할 회사가 성과와 결과에 초점을 맞추고 있는 회사인지, 책임과 권한이 분명한 회사인지, 성과 목표와 성과 관리가 객관적이고 합리적인지를 꼼꼼히 살펴보십시오. 이런 회사라면 질문하신 분이 원하는 워라밸 근무환경에 조금 더 가까이 있을 것입니다.

선배 따라 회사 옮겼다가
경력이 꼬였습니다

미국에서 컴퓨터공학을 전공하고 다국적 기업에서 근무한 경험을 갖고 있는 8년 차 모바일 어플리케이션 개발자입니다. 제가 일하는 곳은 실버 사업 분야의 스타트업입니다. 직원들 대부분이 저처럼 초기 멤버들의 소개나 권유를 받고 입사했습니다. 그러다 보니 직원들의 관계가 이렇게 저렇게 얽혀있어서 사내 분위기가 편안하고 따뜻합니다.

그런데 새로운 투자를 받지 못한 채 그동안 받아놓은 투자금이 빠르게 소진되면서 이 같은 사내 분위기가 단점으로 작용하고 있습니다. 성과가 아니라 관계 중심으로 기업문화가 형성된 탓인지 업무 강도가 느슨하여 개발 속도가 느리고, 개발 기간이 길어지면서 비용이 계속 늘고 있습니다. 사업화까지는 갈 길이 먼데 자금 문제로 압박을 받다 보니 최근 들어 직원들의 탈출 움직임이 본격화하고 있고 저 역시 고민이 깊습니다.

그런데 제가 회사를 떠나면 선배가 상당히 난처한 상황에 처할 것 같아 걱정입니다. 저는 이 분야에서 나름 경력을 쌓은 터라 최근에도 제안이 오고 있어서 결심만 하면 언제든지 더 좋은 곳으로 옮겨 갈 수 있습니다. 현재 회사의 상황을 생각하면 당장이라도 회사를 옮기는 게 좋을 것 같은데, 인간관계를 쉽사리 저버릴 수 없어 고민입니다. 저는 어떻게 해야 할까요?

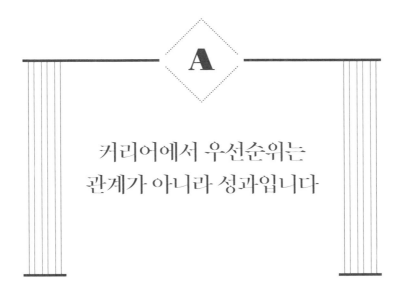

커리어에서 우선순위는
관계가 아니라 성과입니다

세상을 살다보면 특별한 재주를 가진 이들을 만나는 경우가 있습니다. 사람들은 이 특별한 재주를 이야기할 때 흔히 '머리가 있다'는 표현을 씁니다. '일머리' '공부머리' '돈머리' 같은 말이 대표적입니다. 저는 종종 관계를 맺고 유지하는 능력을 두고 '관계머리'라는 표현을 사용합니다. 관계머리가 좋은 사람들은 대개 현재 직장의 동료뿐만 아니라 회사를 떠난 사람과도 두루 원만한 관계를 맺고 있습니다. 그런데 직장에서 쓰는 관계머리라는 표현에는 일머리나 공부머리와 달리 부정적 의미가 조금 내포돼

있습니다. 관계 관리에 주력하면서 성과 관리는 뒷전에 두는 사람들에게 자주 사용되는 말이기 때문입니다.

저는 회사의 직원은 물론이고 고객기업에 추천할 후보자를 평가할 때도 그 사람이 무엇을 지향하는지를 살핍니다. 그 사람이 관계를 지향하는 사람이라면 평판조회를 조금 더 꼼꼼하게 합니다. 과거 직장에서 업무를 처리할 때 무엇을 중심으로 판단했는지, 그리고 그 결과는 어땠는지를 파악하려는 겁니다.

관계머리가 뛰어난 사람은 상대가 부당한 요구를 해도 그것을 받아들이는 경우가 많습니다. 다른 사람과의 관계를 최우선하다 보니 성과는 우선 관심사가 아닙니다. 이런 사람은 퇴근 이후는 물론이고 근무시간에도 시간의 상당부분을 관계를 맺고 유지하는 데 씁니다. 자신이 다른 사람으로부터 어떤 평가를 받는지에 민감하고 다른 사람들의 이야기에 지나치게 관심을 많이 두는 '팔랑귀' 성향도 보입니다.

일반적으로 비즈니스를 하는 사람들은 어떤 사안을 결정하거나 사업을 시작할 때 돈이 되는지, 법적으로 문제가 있는지를 따져봅니다. 이때 성과를 최우선 순위에 두는 사람은 어떻게 하면 유의미한 결과를 만들어낼 것인지에 초점을 맞춥니다. 반면 관계 중심적 사고를 하는 사람들은 먼저 다른 사람과 관계에서 문제가 없는지를 판단하고 그다음에 성과를 고민합니다. 어느 것을 우선순위에 두느냐에 따라 결과는 판이하게 달라집니다.

직장생활의 우선순위는 관계가 아니라 성과

질문하신 분의 회사 분위기는 꽤 인간적이고 돈독한 것으로 보입니다. 직장생활은 관계의 연속이기 때문에 직원들 사이에 신뢰는 물론 매우 중요합니다. 신의는 삶을 영위하는 데 없어서는 안될 핵심요소이며, 직장생활에서도 보이지 않는 재산입니다. 그러나 직장생활을 하다 보면 관계와 성과를 놓고 둘 중 하나를 선택해야 하는 경우가 종종 발생합니다. 성과를 좇아가면 관계가 어그러질 수 있고 관계를 챙기려다 보면 성과를 잃게 되는 경우가 있습니다.

양자택일의 상황에서 관계를 선택하는 사람은 좋은 사람, 인간미 있는 사람, 착한 사람이라는 얘기를 들을 수는 있어도 좋은 성과를 기대하기 어렵습니다. 그 사람이 아무리 역량과 기술이 뛰어나고 또 관계에 신경쓰는 것만큼 성과에 신경을 쓴다 해도, 모든 것을 성과에 집중하는 사람이 만들어내는 양과 질을 이기기란 쉽지 않은 법입니다.

직장인들에게 지나친 관계 중심적 성향을 경계하라고 권하는 것은 지금 우리 모두가 평생직장이 보장된 시절을 살고 있지 않기 때문입니다. 과거에는 사람들과 관계를 잘 맺으면 서로 밀고 당겨주며 언젠가는 보상을 받을 수 있는 여지가 있었습니다. 그러나 지금은 모두가 '내 코가 석 자'인 시절입니다. 언제든지 필요에 따라 직장을 옮길 수 있고 옮겨야 하는 시기입니다. 개인적인 정리가 끼어들 여지가 없습니다.

최근 우리의 기업문화는 성과와 역량 중심으로 빠르게 재편되고 있습니다. 그러므로 직장생활의 중심은 단언컨대 관계가 아니라 성과여야 합니다. 기업은 성과를 원하는 조직이므로 어느 기업이든 조직에서 중심에 서는 사람은 대개 성과를 추구하는 사람입니다.

이직 시에도 전 직장에서 어떤 관계를 맺어왔는지가 아니라 어떤 성과를 만들어냈는지를 보고 평가합니다. 만약 관계 능력을 본다 해도 이를 성과 창출에 도움이 되는 요소 중 하나로 판단할 뿐이지 그 자체에 의미를 두고 있는 경우는 많지 않습니다.

물론 성과 중심적인 사람은 "얌체여서 얄밉다"거나 "일만 생각하고 인간미가 없어서 같이 어울리고 싶지 않다"는 비판을 받기도 합니다. 그러나 성과를 위해서는 때로 미움 받을 용기도 필요합니다. 일반적으로 조직의 수장이 되는 사람들을 보면 냉철하고 이성적입니다. 직원들이 보기에 비인간적인 의사결정을 하는 것으로 비춰질 수도 있지만, 그의 머릿속은 오로지 성과로 채워져있습니다. 그런 생각과 자세가 그를 그런 자리까지 오르게 만든 것입니다.

과거에 '덕장德將'이라는 말은 아랫사람을 잘 보살펴주고 품어주는 리더십을 칭송하는 말로 쓰였습니다. 스포츠계에서도 선수들을 부드럽게 지휘하는 코치와 감독에게 자주 쓰인 말입니다. 그렇지만 요즘 기업에서는 이런 별칭을 붙인 소개는 거의 사라졌습니다. 지금의 성과 중심 사회에서 덕장이란 시대에 뒤처진 한가로운 사람이라는 의미 정도로밖엔 쓰이지 않습니다. 누군가가 당신을 '덕장'이라 부르며 칭찬한다면, 그 속뜻을 한번 가만히 생각해볼 필요가 있습니다.

의리로 일하는 사람의 커리어에 미래는 없다

관계를 중시하는 사람들은 관계가 손상될 것을 우려해 성과에 부정적 영향을 미치는 선택을 하는 경우가 종종 있습니다. 반드시 확보해야 할 것을 양보하기도 하고 무리한 요청을 받아주기도 합니다. 엄하게 다뤄야 할 규정 위반에 눈을 감기도 하고, 의사결정을 미루거나 우선순위를 뒤바꿔놓기도 합니다. 이 때문에 관계를 지나치게 중시하는 사람을 리더로 삼으면 효율적인 성과 창출이나 합리적인 조직 운영에 문제가 생깁니다. 업무 처리나 조직 운영에서 인간적 정리를 앞세우는 리더는 직원들로부터 존경을 받기가 어렵습니다.

우리 주변에서도 관계를 지나치게 좇다가 커리어가 망가진 사람들을 어렵지 않게 찾아볼 수 있습니다. 친구가 도와달라고 요청하는 바람에 멀쩡한 자리를 팽개치고 이직하는 사람도 있고, 문제가 될 것이 뻔한데도 거래처에 대한 검토 과정을 생략하는 사람도 있습니다. "우리 관계가 어떤 관계인데"라고 말하며 결과를 호언장담하는 사람도 있지만 나중에 들려오는 이들의 직장생활 소식은 그리 긍정적이지 않습니다. 도대체 얼마나 특별한 관계를 맺고 있길래 자신의 커리어를 심각하게 훼손할 수 있는 결정을 하는 걸까요? 한번 망가진 커리어는 복구하기가 얼마나 어려운지 잘 모르는 걸까요?

질문하신 분께서는 선배와 한번 진지한 대화를 가져보십시오. 지금 자신이 처한 상황을 솔직하게 전달하고 고민을 털어놓으세요. 후배를 진심으로 아끼는 선배라면 후배를 사지로 내몰지는 않을 겁니다.

혹시 그럼에도 선배가 귀하를 붙잡는다면 냉정히 생각하시길 바랍니다. 차분하게 현실적 여건을 따져보십시오. 선배가 귀하를 좋아하고 아낄 수는 있어도 인생을 대신 책임져줄 수는 없습니다. 자기 인생은 자기가 책임져야 하고, 자신의 커리어는 자신만이 관리할 수 있습니다.

CHAPTER
4

경력 관리의 핵심,
자기 브랜딩

L E V E L   U P

경력자만 뽑으면 경력 없는 신입은
어떻게 하라는 걸까요?

대학교를 졸업하고 3년간의 취업 시도 끝에 가까스로 지금의 직장에 들어온 사회초년생입니다. 처음에는 저도 대기업에서 직장생활을 시작하고 싶었는데, 더 이상 취업을 늦출 수 없다 보니 중견기업 취직을 선택하게 되었습니다. 그렇지만 여전히 '내가 이런 수준의 회사에 다니려고 그 고생을 하며 취업준비를 했나'라는 생각이 사라지지 않습니다.

저는 대기업에 들어가려고 무진장 노력해왔습니다. 토익 점수도 최상급이고, 직무와 관련된 자격증도 여러 개 따두었습니다. 스터디를 하면서 산업과 기술의 최신 동향도 꼼꼼히 파악했습니다. 그런데 아무리 기다려도 목표로 한 회사의 공채 공고가 나오지 않더군요. 비슷한 수준의 다른 회사도 살폈지만 요즘 대기업 공채는 씨가 말라있습니다. 그렇게 준비만하다 더 이상 부모님을 뵐 면목이 없어 선택한 것이 지금의 회사입니다.

제가 입학하던 무렵부터 슬슬 대기업 공채가 사라지는 기미는 있었습니다. 하지만 좋은 학교를 나왔고 스펙도 자신이 있었기 때문에 채용 규모가 작아지더라도 자리가 있을 것이라고 여겼습니다. 그런데 응시 기회자체가 없어질 거라고는 꿈에도 생각을 못해봤습니다. 도대체 왜 대기업들은 대졸 신입사원을 뽑지 않을까요? 저처럼 준비된 신입들이 많이 있는데 말입니다. 경력자만 원하는 풍토가 원망스럽습니다.

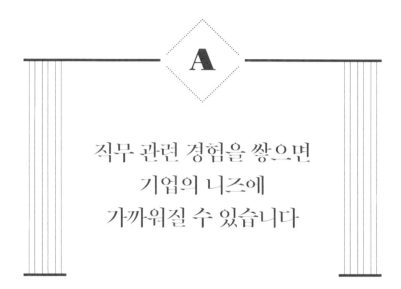

직무 관련 경험을 쌓으면
기업의 니즈에
가까워질 수 있습니다

몇 년 전 취업 준비 중인 대학생 몇 명과 대화를 나눌 기회가 있었습니다. 이 자리에서 처음으로 '취업 남방한계선'이란 표현을 들었습니다. 대화가 끝나고 검색해보니 관련된 기사들이 적지 않더군요. 제가 임원과 경력자 중심의 인재컨설팅 사업을 하다 보니 듣지 못했을 뿐 취업준비생이나 젊은 직장인들 사이에선 근무지 선호도를 나타내는 말로 오래 전부터 통용되고 있었습니다. 대략 사무직은 경기도 판교 신도시, 기술직은 삼성전자 용인 기흥캠퍼스를 취업 남방한계선이라고 부른다더군요.

경력 상시 채용 시대의 취업 전략

취업준비생들이 일하고 싶은 직장의 조건으로 '서울에 있는 대기업'을 꼽는 것은 당연한 일입니다. 저희 회사의 어떤 컨설턴트는 내로라하는 대학교의 화학공업과를 졸업한 뒤 국내에서 손꼽히는 화학회사에 입사했습니다. 이 회사는 연봉도 높고 근무 조건도 나쁘지 않았습니다. 그런데 2년도 안 돼 회사를 그만뒀습니다. 그에게 퇴사 이유를 묻자 이렇게 대답하더군요.

"처음 배치된 곳이 전남 여수의 산업단지였습니다. 거기 계속 있다간 결혼도 못하겠다 싶었습니다."

취업준비생이 첫 직장으로 더 좋은 곳을 찾는 것은 잘못이 아닙니다. 문제는 한국경제의 급성장 시기가 끝나면서 취업자가 고를 양질의 일자리가 많지 않다는 현실에 있습니다. 한국경제의 잠재성장률이 2퍼센트 전후라는 연구보고서가 계속 나오는 것을 고려하면 앞으로도 상황이 딱히 달라질 것 같지 않습니다. 기업 공채 제도가 사라지고 있는 근본적 이유도 여기에 있습니다.

요즘은 공무원이나 공기업, 금융회사, 그리고 일부 대기업 정도만 계열사별로 공채를 진행하고 있습니다. 이마저도 점점 공채 비중을 줄이는 추세입니다. 공채가 사라진 이유는 자명합니다. 기업이 이를 원하지 않기 때문입니다. 저는 2023년 출간한 책 『사장의 별의 순간』에서 이런 현상을 다음과 같이 설명했습니다.

'과거에 기업들은 공채로 신입사원을 뽑아 1~2년씩 교육훈련을 통해 기업에 필요한 인재로 양성했습니다. 비교적 시장 환경이 빠르게 변하지 않는 시대였기 때문에 인재 확보와 양성에도 시간적 여유가 있었습니다. 그런데 지금은 직원을 뽑아 가르치는 사이에 회사의 사업이 어떻게 될지 알 수 없는 시대가 됐습니다. 인재를 훈련해서 쓸 수 있는 상황이 아니게 된 것입니다.'

우리는 지금 상시 경력 채용 시대에 살고 있습니다. 상황이 이렇기 때문에 사회초년생들은 신입사원 공채를 거쳐 직장생활을 시작하겠다는 계획은 얼른 수정해야 합니다. 그리고 좋은 직장에 들어가기 위해서는 이전과 다른 전략을 사용해야 합니다.

첫째, 인턴사원제도를 활용하십시오. 원하는 회사에 인턴으로 들어가 정규직으로 전환하는 겁니다. 이름이 있는 회사에서 인턴을 하면 그 회사는 물론이고, 다른 회사에 정규직으로 입사하는 것에도 큰 도움이 됩니다. 인턴이나 산학협력 프로그램을 마치면 이것을 경력으로 인정해주는 곳도 있습니다. 이른바 준비된 신입사원으로 간주하는 것이지요.

둘째, 각종 자격증을 확보하거나 교육 과정을 이수하는 겁니다. 즉 신입사원에 준하는, 어쩌면 신입사원보다 훨씬 앞선 수준의 지식과 경험을 쌓는 것이죠. 자격증이나 대학원 과정, 탁월한 어학능력 같은 자신만의 특별한 장점과 가치를 지원서에 쓸 수 있으면 기업 채용 담당자들의 눈에 들 수 있습니다.

셋째, 중소기업에 들어갔다가 경력직으로 대기업으로 옮겨가는 방법입니다. 미국에 유학할 때 칼리지로 들어가서 유명대학으로 편입하는 것과 같은 원리지요. 요즈음 중소기업이나 벤처기업도 수준이 꽤 높은 곳이 있습니다. 이런 곳에서 경험을 쌓고 자격증이나 교육과정을 이수한다면 대기업에 경력직으로 옮겨 갈 수 있습니다. 이는 형태로만 보면 대기업이 중견 및 중소기업에 신입의 직업 훈련을 아웃소싱한 셈입니다.

직무 관련성과 경험이 가장 중요하다

2023년 상반기에 현대차는 기술직 공채로 10년 만에 400여 명을 채용했는데, 경쟁률이 450대 1을 넘어섰습니다. 당시 18만 명이 넘는 지원자가 몰려 채용 홈페이지가 마비되기도 했습니다.

이렇듯 공채에 대한 관심은 여전하지만 기업들의 입장은 변하지 않습니다. 신입을 뽑아 교육하는 방식으로는 빠른 산업 변화를 따라갈 수 없기 때문입니다. 기업들이 신입사원 공채에서 직무 관련 전문성을 가진 지원자를 상시 채용하는 것으로 바꾼 것도 이런 사정 때문입니다.

2021년 10월 고용노동부와 한국고용정보원이 발표한 「500대 기업의 청년 채용 인식조사」에 따르면, 기업이 신입사원을 채용할 때 가장 중요하게 고려하는 요소는 입사지원서에 기재된 전공의 직무 관련성(47.3퍼센트)이었습니다. 면접에서도 직무 관련 경험(37.9퍼센트)을 가장 중요하게 보고 있었습니다. 경력직의 경우도 다르지 않습니다. 입사지원서에서는 직무 관련 프로젝트와 업무 경험 여부(48.9퍼센트)가, 면접에서는 직무 관련 전문성(76.5퍼센트)이 가장 중요한 평가 요소였습니다. 즉 직무 경험이 없거나 기업이 선호하는 분야를 전공하지 않았을 경우 채용문은 더 높아진다는 이야기입니다.

직무 경험을 쌓을 수 있는 곳들에 대한 정보는 조금만 찾아보면 쉽게 확보할 수 있습니다. 기업이나 정부, 지자체가 관련 프로그램을 많이 운영하고 있으니까요. 예컨대 고용노동부는 2024년 청년일자리 사업인 '미래내일 일경험 사업'을 통해 4만 8,000명이 직무를 경험하도록 하겠다고 밝혔습니다. 여기에는 △인턴형

△프로젝트형 △기업탐방형 △기업ESG지원형이 있고, 특히 타 지역 인턴십에 참여하는 지역 청년에게 월 20만 원의 체류비도 지원합니다. 6개의 권역별 지원센터가 있으니 직접 문의하면 구체적 정보를 얻을 수 있을 겁니다.

또 해외 취업을 위한 외국어 학습과 직무 연수과정 이수 및 취업알선, 현지 사후관리까지 지원하는 'K-Move 스쿨'이 있습니다. 사업 대상은 3,100명이고 연수과정에 참여하는 지역 청년들에게는 연수장려금도 지원합니다. AI, 클라우드, 웹개발 같은 디지털이나 신기술 분야의 인재를 양성하는 직업훈련 과정인 'K-디지털 트레이닝'의 지원 규모도 4만 4,000명으로 확대됐습니다. 바이오헬스와 반도체 같은 첨단산업, 그리고 산업과 신기술을 융합한 분야에서 직무역량을 키울 수 있습니다.

대졸 취업 예정자들이 좋은 기업에 입사하려면 어디에서든 직무 관련 경험을 쌓는 것이 중요합니다. 그렇게 준비된 사람은 중소기업에서 중견기업으로, 또 대기업으로 이동할 수 있습니다. 평생직장 개념이 무너진 지금 더 나은 곳으로 옮겨가는 이직은 새로운 트렌드입니다. 더 나은 삶과 성취를 위해선 이런 변화를 받아들일 필요가 있습니다. 그것이 '나를 몰라주는' 야속한 대기업을 탓하기 전에 먼저 해야 할 일입니다.

영어를 쓸 일도 없는데
토익 점수는 왜 요구하나요?

저는 유통회사의 영업부서에서 일하고 있습니다. 8년 차쯤 되니 이직 제안이 부쩍 늘어났습니다. 여태 성에 차는 자리가 없었는데, 눈여겨보던 기업에서 구미가 당기는 제안이 들어와 면접을 봤습니다.

그런데 문제가 좀 있었습니다. 경력이나 성과에 관한 이야기는 무난하게 진행됐습니다만 면접관들은 제가 지원서에 영어 구사 능력을 상중하 가운데 '하'로 표시한 것을 두고 질문을 퍼붓더군요. 저는 구차하게 변명하기 싫어 솔직하게 대답했습니다. 여태 제가 평생 접한 외국어라야 영어 한 가지뿐이고, 손을 놓은 지도 오래돼서 지금의 영어 실력은 그야말로 바닥 수준이다, 외국인과 영어로 말하기는 아예 불가능하고 이메일도 쓸 수 없는 실력이다, 라고요.

대학 졸업 직전에 취업을 준비할 때야 다들 따두는 토익 점수이니 으레 그러려니 하고 저도 점수를 따두었습니다. 하지만 입사 후 8년간 영업 일을 하며 영어를 쓸 일이라고는 거의 없다시피 했습니다. 영어를 쓸 일도 없고, 게다가 경력직인데 면접관들은 영어 점수에 왜 그렇게 민감한 반응을 보였던 걸까요? 이번 면접은 아무래도 틀린 걸까요?

A

외국어 능력은
역량의 척도가
되기 때문입니다

국어, 영어, 수학, 국사, 물리, 화학 등 우리가 학교에서 배운 과목 중 살면서 꼭 그대로 써먹을 만한 지식이 몇 가지나 있을까요? 혹시 그대로 써먹을 수 있다 해도 시간이 흐르면 공부했던 그 많은 내용을 잊기 마련입니다. 제 지인 중에는 '국어는 한글 읽으면 되고, 수학은 잔돈 거슬러줄 수 있는 정도, 영어는 중학교 1학년 수준 정도면 족하다'고 말하는 교육 무용론자도 있습니다.

어떤 면에서는 지인의 얘기가 맞을 수도 있습니다. 예를 들어 임진왜란이 왜, 그리고 언제 일어났고 어떻게 끝났는지를 안다고 해서 IT 개발자의 프로그래밍 과정이나 결과가 바뀔 가능성은 없습니다. 거래처의 계약을 따내기 위해 화학의 원소 주기율표나 수학의 3차 방정식이 동원되었다면 해외토픽감일 것입니다. 그러나 앞서 이야기한 모든 예시에서 '반드시 필요하고 반드시 유용하다'라고 말할 과목이 있습니다. 바로 '언어'입니다.

외국어 능력은 역량의 척도가 된다

한동안 서점에서 '문해력'에 관련된 책이 쏟아져 나온 적이 있습니다. 얼핏 '대한민국에 사는 성인 가운데 우리말과 한글을 모르는 사람이 거의 없는데 웬 문해력 타령일까'라고 생각할 수 있습니다. 그러나 말을 할 수 있고 글을 읽고 쓴다고 해서 모두 제대로 말하고 이해하고 쓰는 것은 아닙니다. 직장생활로만 한정시켜 보아도 여태 한두 번쯤은 말이 안 통하는 사람, 내가 작성한 문서의 내용을 제대로 해독하지 못하는 사람 때문에 힘들었던 기억을 갖고 있을 것입니다. 기업이 요구하는 문해력은 '사업적으로 말이 통하는 사람'입니다.

기업은 역량을 평가하는 잣대로 외국어 구사 능력을 보기도 합니다. 단지 외국어를 써서 말과 글로 소통할 수 있다는 차원이 아니라, 하나의 다른 언어를 이해하고 구사할 수 있을 만큼의 지적 능력과 상식을 보는 것입니다. 외국어 구사 능력은 단순한 기술이 아닙니다. 외국 문화를 이해하고 수용해야 잘 구사할 수 있습니다. 저는 어떤 나라를 알지 못한 채 그 나라의 언어를 잘 구사하는 사람은 별로 본 적이 없습니다. 따라서 외국어를 잘 구사한다는 것은 그만큼 개방성이 있고 글로벌한 시야를 갖고 있다고 볼 수 있습니다.

저희 회사는 헤드헌팅을 중심으로 인재 컨설팅 사업을 하고 있습니다. 고객 가운데 외국계 기업도 많고, 또 웬만한 규모의 한국 기업들은 대부분 외국에 진출해있거나 해외 비즈니스를 하고 있기 때문에 영어 구사 능력을 갖춘 직원을 자주 찾습니다. 이 때문에 저희 회사의 컨설턴트들도 영문으로 경력기술서, 자기소개서, 추천서를 쓸 때가 적지 않습니다. 영어로 이메일을 쓰고 영문 서류를 읽고 영어로 외국인과 전화 통화를 해야 할 때도 많습니다. 그래서 저도 직원을 뽑을 때 외국어 능력을 알아보기 위하여 다음과 같은 질문을 던지고는 합니다.

"영어로 이메일을 쓰거나 의사소통을 할 수 있습니까?"
"지금 CNN 뉴스를 들으면 얼마나 이해할 수 있을까요?"
"영자신문을 볼 때 사전 없이 얼마나 이해할 수 있나요?"

직원을 뽑을 때 외국어 구사 능력이 부족하다는 점이 결격 사유는 되지 않겠지만, 같은 값이면 다홍치마라고 비슷한 경쟁자들 가운데서는 외국어를 구사할 수 있는 사람을 뽑는 것이 당연합니다. 즉 기업에서 외국어 능력을 보는 것은 역량 평가의 보조지표나 간접지표로서 지원자의 총체력 역량을 평가하겠다는 의미입니다.

외국어 능력은 더 많은 기회로 이어진다

기업은 늘 성장을 원하고 자사의 제품과 서비스를 더 큰 시장에 더 많이 공급할 수 있는 방법을 찾습니다. 어떤 계기로 해외에 제품과 서비스를 제공할 수 있게 되었다면 그 기회를 마다할 기업은 없을 것입니다.

국내 비즈니스만 하던 회사에 갑자기 해외에서 거래 제안이 온 상황을 떠올려봅시다. 모든 거래의 시작은 커뮤니케이션인데, 매력적인 비즈니스 기회가 고작 영어 몇 마디를 못해 날아가면 어떻게 될까요? 그런 상황을 지켜봐야 하는 경영자나 사업 책임자의 심정은 어떨까요?

모든 비즈니스는 외국과 연결될 수 있습니다. 기업의 성장을 추구하는 경영자라면 내수시장의 한계 때문에 언젠가는 글로벌 시장에 도전할 수밖에 없다는 것을 잘 알고 있습니다. 당장은 해외사업에 주력하지 않아도 언젠가 외국어가 전혀 필요하지 않다고 단언할 수는 없습니다. 그래서 기업은 사업상 외국어를 필요로 하는 상황이 되었을 때 즉시 투입이 가능한, 그래서 기회를 성과로 연결할 수 있는 사람을 보유하고 있기를 원합니다. 여러 기업과 단체가 외국어 능력을 입사와 이직의 자격조건으로 내거는 이유 중 하나가 바로 이것입니다.

직장인의 입장에서도 별도의 외국어 능력이 있으면 직무나 영역을 선택할 수 있는 폭이 굉장히 넓어집니다. 예를 들어 같은 변호사라도 외국어를 잘하는 변호사는 직장에서 맡을 수 있는 역할이 달라지고 회사에서 중요한 멤버로 부상할 기회를 얻을 수 있습니다. 요즈음 로펌에서도 변호사의 전문 영역을 강조하고 있습니다. 변호사가 분쟁 사건만 맡는 시대는 지난 지 오래입니다. 조세, ESG, 투자, 공정거래, 특허, 무역 분쟁 같은 다양한 분야로 업무 영역이 계속 넓어지고 있는데, 확장되는 업무를 처리하려면 외국어, 특히 영어를 잘 구사할 수 있어야 합니다.

국내 영업을 담당하더라도 외국어 구사 능력을 갖추고 있으면 큰 도움이 됩니다. 지금은 국내 영업이라고 해도 해외의 트렌드나 문화가 실시간으로 들어오는 시대여서 그 영향을 받지 않을 수 없습니다. 사람들의 인식이나 지적 지평도 매우 넓어져서 외국 문물에 매우 익숙해있습니다. 사업을 추진하거나 영업을 담당하는 사람들은 이런 상황을 인식하고 있어야 경쟁력을 유지할 수 있는 시대입니다.

물론 외국어 능력만 보고 채용하는 기업은 많지 않습니다. 하지만 외국어 능력을 보지 않고 채용하는 기업도 많지 않습니다. 기업이 외국어 구사 능력을 일종의 '자격 제한 조건'으로 보고 있는 것은 예나 지금이나 변함이 없고, 앞으로도 크게 달라지지 않을 것입니다. 우리 인생에서 '아주 늦은 때'란 없습니다. 질문하신 분도 커리어 발전을 꿈꾸고 있다면 지금부터라도 외국어 능력을 갖추기 위해 노력하기를 권합니다.

계속 탈락하다 보니
면접이 두렵습니다

직장생활 4년 차인 직장인입니다. 중소기업에 입사한 이후 적당한 업무, 적당한 급여에 만족해왔는데요. 최근에 좋은 기업에 입사한 동기들 가운데 하나가 결혼을 한 데다 대출을 받아서 집까지 마련했다는 얘기를 듣고 마음이 복잡해졌습니다. 지금 직장에 머물러있다간 10년이 지나도 달라질 게 없겠다는 생각에 이직을 마음먹었습니다.

그런데 이게 참 쉽지가 않습니다. 구인구직 사이트에 이력서를 올린 뒤로 면접을 본 회사만 다섯 군데입니다. 번번이 퇴짜를 맞다 보니 이제는 면접이 잡히는 게 두렵기까지 합니다.

서류는 통과했던 것이니 서류상의 문제는 아닐 것이고, 아마도 면접 과정에 문제가 있었던것이 아닌가 짐작만 하고 있습니다. 다섯 군데 모두 면접 초반에는 이력서에 써놓은 것을 확인하는 다소 뻔한 질문이 있었고, 후반에는 입사해 어떤 것을 해낼 수 있느냐는 질문에 솔직하게 제가할 수 있을 일들을 설명했습니다. 전체적으로 면접 분위기는 나쁘지 않았기에 별 탈 없이 채용될 것으로 여겼는데, 번번이 물을 먹으니 점점 불안감이 커지고 있습니다. 제 면접에 무슨 문제가 있었던 걸까요?

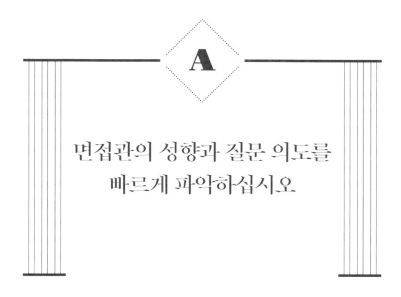

면접관의 성향과 질문 의도를
빠르게 파악하십시오

여러 차례 면접에서 고배를 마셨군요. 상심이 크실 테니 먼저 위로를 전합니다. 면접 탈락은 서류 탈락보다 아픈 법이고, 2차나 3차까지 갔다면 더더욱 상처가 컸을 것 같습니다.

직장을 옮기는 사람들이 기업의 채용 절차와 관련해 자주 간과하는 사실이 있습니다. 서류 심사의 기준은 다소 문턱이 낮지만 면접으로 넘어가면서는 단계가 진행될수록 난이도가 높아진다는 점입니다. 경력직 채용이 일반화된 요즘은 채용 사이트에 수많은 이력서가 쉴 없이 들어옵니다. 질문하신 분과 비슷한 학력과 경력을 갖고 있는 사람들이 차고 넘친다는 얘기입니다. 기업 입장에서 서류 심사는 채용의 최소요건을 갖춘 사람 모두를 잠재 합격 대상자로 분류하는 작업입니다. 면접은 이 기준 통과자를 계속 줄여가는 과정이지요.

제가 이끄는 회사는 서류 심사 외에 '실무자 면접 → 임원 면접 → 최종 면접'의 3단계를 거칩니다. 서류심사와 실무자 면접 사이에 채용 담당자의 사전 미팅이 있고, 임원 면접과 최종 면접 사이에 평판조회가 있기 때문에 전형 과정은 사실상 5단계입니다. 1명을 뽑는데 10명의 서류 통과자가 있다면 각 과정을 거치면서 5 → 3 → 2 → 1 식으로 줄어듭니다. 실제로 출근을 하기까지는 흔히 하는 말로 '끝날 때까진 끝난 게 아닌' 것입니다.

면접관을 사로잡는 법

면접은 기업의 상황과 면접자의 경험에 따라 얼마든지 다른 답이 나오는, 정답이 없는 영역입니다. 하지만 질문하신 분의 경우 다섯 군데 회사의 면접 담당자들은 공통적으로 알아챘으나 당사자는 모르는 부분이 있는 것 같습니다. 제 눈에는 '다소 뻔한 질문'이라고 표현한 부분에 놓친 무엇인가가 있는 것 같습니다.

면접은 후보자가 제출한 이력서를 놓고 벌이는 문답 게임입니다. 무대에 오른 마술사에게 의미 없는 몸짓이 없듯, 회사를 대표하여 후보자에게 던지는 면접관의 질문은 어느 하나 허투루 여길 것이 없습니다. 동일한 질문을 받았다는 건 그만큼 해당 부분이 중요한 질문이란 얘기지요.

면접에서 좋은 결과를 얻으려면 기본적으로 면접관의 마음을 사야 합니다. 즉 내가 가지고 있는 여러 가지 모습과 능력 가운데 면접관이 듣기를 바라는 답을 주어야 하고, 면접관이 보고 싶어 하는 모습을 보여줘야 하고, 면접관이 원하는 인재상에 부합해야 합니다.

어쩌면 면접은 면접관을 관객으로 둔 연극이라고도 할 수 있습니다. 배우들은 관객으로부터 공감을 얻어내기 위해 혼신의 힘을 다합니다. 만약 배우가 자신이 하고 싶은 이야기를 오직 자기가 하고 싶은 방식으로 전달하겠다고 생각한다면 그의 머릿속에는 관객이 없을 겁니다. 관객이 오든 안 오든 나는 내 연기를 하겠다고 생각하는 배우의 연기에 관객이 공감하고 이입할 수 있을까요? 과연 그 공연이 성공할 수 있을까요?

면접도 마찬가지입니다. 면접을 통과해 회사에 들어가고 싶다면 면접관으로부터 좋은 평가를 받아야 합니다. 입사하기 위해 지원서도 쓰고 어렵게 시간을 내서 면접관 앞에 서있는 것 아닌가요? 그렇다면 면접관의 마음을 사기 위해 모든 노력을 다 해야 하지 않을까요?

면접관의 마음을 사려면 눈앞에 있는 면접관이 무엇을 원하는지 알아내야 합니다. 면접 과정에서 오고가는 질문과 반응을 살펴서 이 질문이 왜 주어졌고 이 대답에 대한 반응이 왜 그러한지를 생각해보아야 합니다. 그로부터 면접관이 무엇을 파악하고 싶어 하고, 무엇을 확인하고 싶어 하며, 무엇을 느끼고 싶어 하는지를 알아야 합니다.

스포츠 경기에서 순풍을 달고 움직이려면 심판의 성향을 잘 파악해야 합니다. 심판이 거친 행동에 관대한지, 여차하면 벌칙 카드를 꺼내 드는 사람인지, 경기를 물 흐르듯 끌고 가는 사람인지, 특정 국가나 선수에 대한 편향성을 갖고 있는지 등 심판의 성향과 특성을 파악해 대처해야만 경기의 흐름을 유리하게 몰고 갈 수 있습니다. 마찬가지로 면접에서도 면접관의 성향을 빨리 파악해야만 면접을 통과할 수 있음은 물론이거니와, 연봉 또는 직급과 직책 협상에서도 좋은 결과를 이끌어낼 수 있습니다.

면접관들은 대개 자기 나름의 판단 기준을 갖고 있습니다. 어떤 사람은 사고가 얼마나 논리적인지를 살피고, 어떤 사람은 출신 지역이나 학력을 따지고, 어떤 사람은 이직 과정을 집중적으로 파헤치고, 어떤 사람은 가족 관계와 집안 환경을 알아내는 데 시간의 대부분을 할애합니다. 제가 회사에서 면접할 때 세 명 이상의 면접관을 투입하고 세 차례 이상 면접을 실시하는 두 가지 이유가 바로 여기서 비롯됩니다. 한 가지 이유는 여러 면접관을 통해 후보자를 다면적으로 파악하려는 것이고, 다른 한 가지 이유는 면접관의 자기 확신이 가져오는 오류, 이른바 확증편향의 오류를 최대한 줄이려는 것입니다.

후보자가 가져야 할 덕목

면접관은 어떤 사람에게 호감을 갖게 될까요? 거꾸로 생각해보면 알 수 있습니다. 귀하가 면접관이라면 어떤 성정을 가진 사람에게 좋은 점수를 주겠습니까?

겸손함과 솔직함은 일반적으로 직장인이 가져야 할 가장 중요한 덕목입니다. 겸손함은 개방성과 수용성으로 이어집니다. 겸손함을 갖춘 사람은 성향이 긍정적이고 열려있으며, 지식이나 정보를 빨리 습득할 준비가 돼있습니다. 즉 회사에 들어가서 빨리 배우고 빨리 동료와 사귀고 빨리 조직에 적응해 빨리 성과를 낼 수 있다는 뜻입니다.

직장을 옮기면 기존에 하던 것과 일정 부분 차이가 있는 일을 할 가능성이 많습니다. 그런데 겸손하지 않은 사람들은 배우려 하지 않고 수용할 생각도 하지 않습니다. 이런 사람은 조직에 쉽게 적응할 수 없는 법입니다. 솔직함도 같은 맥락에 있습니다. 자신을 포장하지 않고 자기 자신을 그대로 드러내는 솔직한 사람은 신뢰가 가고 다른 사람과 쉽게 친해질 수 있습니다.

자신감 또한 중요합니다. 후보자가 보여주는 자신감은 그 사람의 역량에 대한 신뢰로 이어집니다. 면접은 후보자를 떨어뜨리기 위한 과정이 아니라 적절한 사람을 붙이기 위한 과정입니다. 면접관들은 확신을 주는 사람을 찾고 있으므로, 후보자는 면접관들에게 자신이 입사해서 회사가 원하는 성과를 내고 회사의 성장, 발전에 기여할 수 있다는 점을 분명하게 전달해야 합니다. 그럴 만한 역량을 갖고 있고, 지식과 경험도 갖고 있음을 보여줘야 합니다.

이때 조심해야 할 것은 전달하는 방식입니다. 후보자들이 자기 역량을 내세우는 과정에서 도가 지나치면 허세나 자만심으로 받아들여질 가능성이 있습니다. 앞서 말한 겸손함은 여기서도 필요합니다. 충분한 지식과 경험을 갖추고 얼마든지 성과를 낼 수 있는 역량이 있는 동시에 성정이 솔직하고 겸손하다는 인상을 주면 면접관의 마음을 살 수 있습니다.

면접관은 후보자가 입사해서 잘 적응하고 회사가 원하는 성과를 창출해 회사의 성장, 발전에 기여하기를 원합니다. 면접은 후보자가 그럴 만한 자격을 갖추고 있고 그런 의지가 있는지를 확인하는 시간입니다. 그래서 면접관의 마음을 사려면 사전준비를 철저히 해야 합니다. 그 회사가 어떤 인재를 원하고, 기업문화는 어떠하며, 성과는 어떻게 얼마나 내길 원하는지, 이를 위해서 어떤 자격조건을 갖추길 희망하는지에 대해 최대한 자세히 알아내야 합니다. 면접 준비를 열심히 해야 한다는 이유도 바로 여기에 있습니다.

면접은 면접관과 후보자가 서로를 파악하고 평가하는 시간입니다. 면접장에서 후보자는 회사를 파악하고, 면접관은 미래의 직원을 살핍니다. 결코 일방적이지 않습니다. 물론 기본적으로는 후보자가 회사에 관심이 있고 입사하고 싶어서 시험대에 서는 것입니다. 그 시험대를 통과하는 게 목표라면 면접관을 자기 사람으로 만들겠다고 생각해야 합니다. 어느 회사나 최우수 임직원이자 핵심 멤버를 면접관으로 내보냅니다. 따라서 면접장에서 만난 면접관은 입사한 이후에도 자신의 직장생활에 영향을 미칠 가능성이 매우 큽니다. 면접관이 지원자에 대해 좋은 이미지를 갖게 만든다면 입사 후에도 좋은 관계를 기대해볼 수 있습니다.

저는 질문하신 분께서 직무 경험과 능력 때문에 탈락한 것이 아니라고 믿는다면, 한 번 더 지난 몇 차례의 면접 과정을 복기해보시길 권합니다. 면접 자리에 앉은 자신의 모습을 카메라가 비추고 있다고 상상하고, 모든 과정을 최대한 상세하게 떠올려보는 겁니다.

1) 내 자세와 제스처는 면접관에게 신뢰를 줄 만했을까?

2) 내 목소리의 톤과 크기는 상대에게 정확하게 전달되는 수준이었을까?

3) 질문에 대한 내 답변이 상대가 주의를 기울일 만큼 명료했을까?

자신에게 이런 질문을 던질 때 머릿속에서 떠오르는 것들이 있다면, 그만큼 다음 면접에서 성공할 가능성이 높아질 것입니다.

면접에서 솔직하게 대답하면
불이익을 받지 않을까요?

중견 식품회사에서 근무하고 있는 10년 차 직장인입니다. 직장을 옮기기 위해 면접을 앞두고 있습니다. 이번에 입사하면 네 번째 직장이 됩니다. 그동안 직장생활을 열심히 해왔고 나름대로 성과도 만들었다고 자부합니다. 그러나 불미스러운 일이 전혀 없는 것은 아닙니다. 이전 회사에서 근무할 때 벌어진 일인데, 그때 처신이 결코 저 자신에게는 부끄럽지 않습니다. 그렇지만 제가 서있는 위치 때문에 책임을 나눠 질 수밖에 없었습니다. 옮겨 가려는 회사에 입사지원서를 쓸 때 이와 관련한 내용을 언급하지 않았는데, 혹시 면접과 평판조회 때 이 일이 거론되지 않을까 걱정이 됩니다.

앞으로 면접 과정에서 저에게 일어났던 일을 솔직하게 이야기하는 편이 좋을까요, 아니면 괜한 오해를 사지 않도록 입도 뻥긋하지 않지 않는 편이 좋을까요? 어느 정도까지 제 이야기를 해도 되는 것인지 판단이 서질 않아 고민입니다.

좋은 기업은
솔직함의 가치를
알아볼 것입니다

채용을 진행하는 어떤 기업에서도 빠지지 않는 과정이 있으니, 바로 서류 심사와 면접입니다. 서류전형을 통과했다는 건 뽑을 의사가 절반은 넘는다는 뜻입니다. 만약 면접이 두세 차례로 나뉘어 진행된다고 하면, 마지막 면접까지 통과했을 때는 평판조회와 연봉 협상만 남아 있는 셈이니 합격권에 들어선 것이라고 판단해도 무리가 없습니다.

그런데 한번 생각해봅시다. 면접을 왜 한 번이 아니라 몇 차례씩 진행할까요? 그 이유를 생각해보면 질문자의 고민에 대한 답을 찾을 수 있을 겁니다.

경력자일수록 면접에 신경써야 한다

면접은 일차적으로 서류 내용을 확인하는 과정입니다. 서류의 진위를 확인하면서 짧은 시간 내에 이 사람이 최적의 후보인지, 우리 회사와 맞는 사람인지를 확인하는 시간입니다. 따라서 후보자는 면접에서 '내가 바로 그동안 찾아왔던 사람'이라는 확신을 주어야 합니다. 회사들 대부분이 면접을 적어도 두세 차례씩 진행하는 것은 단계를 달리하면서 후보자에 대한 확신을 강화하기 위해서입니다.

그런데 이직자들 가운데 '면접관이 물어보면 평소 생각하던 대로 대답하겠다'고 마음먹고 면접장에 들어갔다가 낭패를 당하는 경우가 허다합니다. 특히 경력자들은 업무 경험이 많고 일에 대해 자신감을 갖고 있어서 그런지 면접을 가볍게 생각하는 경향이 있습니다. 하지만 경력자는 오히려 신입보다 더 신경을 써야 합니다.

면접장에서 경력자 앞에 앉은 면접관은 구체적이고도 날카로운 질문을 할 겁니다.

"당신은 그동안 어떤 일을 했고, 어떤 결과를 만들어냈습니까?"

"당신이 만든 결과는 어떤 평가를 받았고, 그렇게 평가받은 이유는 무엇입니까? 그런 평가에 대해 당신의 입장은 무엇입니까?"

"왜 현재의 회사를 떠나려 하고, 왜 우리 회사에 들어오려 합니까? 우리 회사에 입사해서 어떤 성과를 만들 수 있으며, 그 성과를 만들기 위해 어떻게 일하겠습니까? 그런 성과를 못 내면 어떻게 하겠습니까?"

준비가 되지 않은 상태로 면접장에 갔다가 이런 질문을 받게 되면 당황할 수 있습니다. 본인이 보여주고 싶은 모습의 절반도 못 보여주고 고문의 시간을 보내야 할지도 모릅니다. 따라서 내가 갖고 있는 업무 능력과 성과에서 어떤 부분을 부각할 것인지, 상대방이 내 약점이라고 생각하는 것에 대해 날카롭게 질문할 때 어떻게 답변할 것인지 철저하게 준비해야 합니다.

인터뷰를 많이 안 해본 사람들은 자신의 경력을 잘 포장할 수 있다고 착각합니다. 평소에 생각한 대로 답변하면 면접관에게 나쁘지 않은 점수를 받을 수 있다고 기대합니다. 그러나 막상 면접 자리에 앉아서 허를 찌르는 질문을 한두 번 받게 되면 진땀을 흘리기 십상입니다.

정직은 금이다

면접관은 후보자 중 최적의 인재를 찾으려고 합니다. 이를 위해 일차적으로 제출된 이력서와 경력기술서로 후보자를 파악하게 되는데, 서류에 적힌 내용이 부실하면 학력과 경력, 업무 경험을 파악하는 질문만 던지다 면접을 끝내게 됩니다. 다양하고 깊이 있는 질문을 할 시간이 없다 보니 후보자 역시 자신의 장점을 드러낼 기회를 얻지 못하게 됩니다.

따라서 후보자는 이력서와 자기소개서, 경력기술서 같은 입사지원서 작성에 공을 들여야 합니다. 입사지원서에서 자신이 어떤 인재인지를 명확하게 보여주면 면접에 초대받을 가능성이 커지고, 면접에서도 다양하고 깊이 있는 이야기를 나누게 됩니다.

질문하신 분처럼 면접을 앞둔 후보자들은 자신을 어느 정도 포장하고, 얼마나 솔직하게 드러내는 게 좋을지를 놓고 고민하게 됩니다. 제 답변은 '정직이 최선의 방책'이라는 금언입니다. 대부분의 경우 면접관을 속이지 않고 솔직하게 자신의 이야기를 하는 것이 가장 좋습니다.

저는 기업에 추천할 인재를 선별하거나 저희 회사 직원을 뽑기 위해 인터뷰를 자주 합니다. 이 경우 제가 호감을 느끼는 사람은 바로 정직한 사람입니다. 세상에 털어서 먼지 하나 나오지 않을 사람은 없습니다. 자신의 허물이나 실수를 인정하는 사람은 상당한 용기와 배짱을 가진, 매우 드문 사람입니다. 게다가 정직한 모습은 그 사람이 면접에 진지하게 임하고 있으며 상대방과 관계를 일회적으로 보지 않고 있다는 증거입니다. 또 과오를 드러내고 인정하는 만큼 개선과 보완의 의지를 갖고 있기 때문에 미래를 기대하게 만듭니다.

꾸밈은 그것을 덮을 또 다른 꾸밈을 필요로 합니다. 그러나 면접에서는 즉문즉답이 계속되기 때문에 답변을 꾸미기가 쉽지 않습니다. 게다가 면접관으로 나서는 사람들은 면접에 관한 베테랑이어서 후보자의 거짓과 허점을 날카롭게 포착해 파고들 수 있습니다. 실제로 사실과 다른 말을 했다가 말이 꼬여서 면접을 망치는 경우가 적지 않습니다.

결국 질문자가 고민해야 할 것은 '숨길까, 말까'가 아니라, '나를 솔직히 드러내면서도 당당할 방법은 무엇인가'여야 합니다. 정직하게 답변하겠다고 생각하면 자신이 없어지고, 상대방이 나를 저평가하지 않을까 걱정도 되고, 면접에서 탈락하지 않을까 불안할 수 있습니다. 하지만 그럴수록 당당해져야 합니다. 잘못이나 단점을 겸허하게 인정하되 개선의 의지를 표명하고, 나의 장점과 성과를 충분히 보여주십시오. 그런 뒤 선택은 회사의 몫으로 남겨두십시오.

압박 질문에 대처하는 법

이왕 면접 얘기를 하는 김에 압박 면접에 어떻게 대처해야 하는 지 같이 고민해봅시다. 흔히 압박 질문은 후보자가 자기 모습을 보여주지 않을 때 나오게 됩니다. 후보자가 단답형으로 답변하거나 거짓 답변을 한다고 생각하면 면접관들은 후보자를 당황하게 만들고 궁지로 몰아붙여 후보자의 본모습을 확인하고 싶어집니다. 면접자를 평가하는 데 필요한 정보를 얻기 위해서 비정상적인 질문을 쏟아내는 것입니다.

일부 기업에서 무리한 질문에 인신공격성 발언까지 더해져 문제가 된 적도 있습니다만, 이제 그런 모습은 거의 사라졌습니다. 저도 면접 담당자들에게 압박 질문을 하지 말라고 이야기합니다. 압박 면접은 왜곡된 답변을 쏟아내게 만들어 후보자에 대한 정확한 평가를 어렵게 합니다. 특히 후보자가 면접관과 기업에 대해 좋지 않은 이미지를 갖게 만듭니다.

압박 질문에 대비하려면 먼저 면접관이 왜 압박 질문을 하는지 그 이유를 살필 필요가 있습니다. 면접관의 질문에 압박을 느끼셨다면, 앞선 답변이 충분한 정보를 제공하지 않았기 때문일 가능성이 큽니다. 면접관이 질문을 하는 것은 판단에 필요한 정보를 얻기 위한 것이기 때문에 최대한 많은 정보를 제공하는 것이 좋습니다. 정보가 충분했는데도 압박 질문이 날아든다면 후보자의 위기 대처 능력을 보려는 의도일 수 있습니다. 이 경우에는 감정을 내세우지 말고 평정심을 유지하면서 곰곰이 생각하신 후 답변하시기 바랍니다.

　면접에서 좋은 점수를 받으려면 면접관의 마음을 사야 하고, 면접관의 마음을 사려면 면접관이 얻고 싶어 하는 정보를 제공해야 합니다. 이를 위해서는 면접관의 의도를 읽는 노력이 필요합니다. 늘 역지사지의 자세를 잊지 마십시오.

비즈니스 마인드가 부족하다는
지적을 받았습니다

저는 꽤 규모가 있는 전시 전문 기업에서 영업부장을 맡고 있습니다. 관련 분야의 기업들을 설득해 저희가 주최하거나 주관하는 전시회에 참가하게 만드는 업무를 하고 있습니다. 저는 회사의 발전은 영업에 달려있다고 생각합니다. 그래서 입사 이후 지금까지 늘 영업 현장의 가장 일선에 있었고, 저와 저희 부서가 회사의 핵심 업무를 담당하고 있다는 자부심도 갖고 있습니다.

그런데 얼마 전 여러 부서가 모여 내년 전시회 라인업에 관한 회의를 하던 중 참가비 책정을 놓고 기획부장과 언쟁이 있었습니다. 기획부장은 저에게 "장사꾼 노릇만 하지 말고 비즈니스 마인드를 좀 가져보라"고 비아냥댔습니다. 감정이 격해지는 바람에 저 역시 "책상에 앉아 서류만 들여다보면서. 누가 당신 월급 벌어다주는지 아느냐"고 소리치고 말았습니다.

주변에서 말리는 바람에 소란이 멈추긴 했습니다만, 분이 풀리지 않습니다. 영업부장에게 비즈니스 마인드를 논하는 기획부장이라니, 가당키나한 소리인가요? 회사에 이익을 남겨주는 게 비즈니스 마인드가 아니면 무엇이란 말입니까? 대체 비즈니스 마인드가 무엇이기에 저더러 그것을 가지라 마라 하는 걸까요?

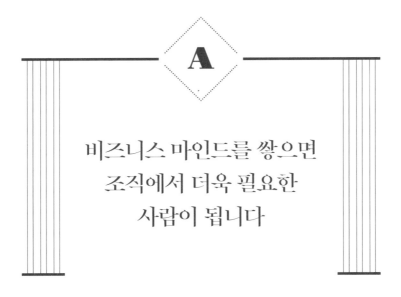

비즈니스 마인드를 쌓으면 조직에서 더욱 필요한 사람이 됩니다

얼마 전 뉴스를 보다 저도 모르게 혀를 찬 사건이 있습니다. 부산의 한 식당에서 일하던 20대 종업원이 사장에게 고소당해 재판에서 집행유예를 받았습니다. 이 종업원은 사장 몰래 어플을 조작해 배달 주문을 230여 차례나 취소했습니다. 또 60여 차례나 식당 운영 여부를 '영업 임시 중지'로 바꾼 혐의도 받았습니다. 종업원이 몸이 안 좋아 쉬고 싶다고 했다가 사장이 출근하라고 하자 '영업 임시 중지' 설정을 해놓고 쉬었던 것입니다. 또 배달이 몰리거나 날씨가 안 좋으면 배달 주문을 취소했습니다.

기사가 짧아서 이 사건의 내막을 자세히 알 수는 없었습니다. 더구나 법정에서 오간 사장과 종업원의 주장이 조금 다르다고 하더군요. 그럼에도 불구하고 제가 이 사건에 관심을 가졌던 것은 사장과 직원의 마인드는 다를 수밖에 없음을 이 사건을 통해 다시금 확인할 수 있었기 때문입니다.

사장은 대부분 자신의 사업에 필사적입니다. '목숨 걸고 사업한다'는 이야기가 빈말이 아닙니다. 규모가 크건 작건, 자신의 모든 재산과 시간을 쏟아 부어 사업을 하기 때문에 피 말리는 심정으로 일합니다. 자신이 내린 결정이 어떤 결과를 불러올지 걱정하고 고민하다 불면의 밤을 지새우기 일쑤입니다. 자신과 가족뿐만 아니라 직원들과 그들의 가족까지 자신이 모는 배에 올라있기 때문에 절대로 사업을 가볍게 대할 수 없습니다.

질문하신 분께서 궁금해하는 '비즈니스 마인드'란 다른 말로 하면 '사장 마인드'입니다. 경영자 마인드, 기업가 마인드, 사업가 마인드, 오너 마인드라는 이름으로 불리기도 하죠. 이것은 사업을 월급을 받는 직원이 아니라 사장의 입장에서 생각해보는 태도를 의미합니다.

비즈니스 마인드는 과정이 아니라 결과를 보고, 겉이 아니라 속을 보고, 형식이 아니라 내용을 보고, 외형이 아니라 수익을 보고, 명분이 아니라 실리를 보고, 현재가 아니라 미래를 보려는 태도입니다. 자신이 왜 이 일을 하는지 끊임없이 질문하면서 목적과 목표를 염두에 두는 것이죠.

사장처럼 생각하고 행동하라

기업에서 간부로 성장한 사람들은 대체로 비즈니스 마인드를 갖추고 있습니다. 끊임없이 경영자와 눈높이를 맞추는 과정을 거치면서 비즈니스 마인드를 체화한 겁니다. 비즈니스 마인드로 무장된 간부들은 항상 어떻게 하면 회사가 발전할 수 있는지, 어떻게 하면 사업에서 이익을 극대화할 수 있을지를 고민합니다. 만약 간부들이 비즈니스 마인드를 갖추지 못했다면 경영자는 자신의 역할과 권한을 그들에게 나누어주지 않았을 것입니다.

직원들이 일하는 모습을 보면 비즈니스 마인드가 있는지 없는지를 금방 알 수 있습니다. 모든 회사는 성장을 추구하고 이익을 최상위 목표에 둡니다. 당연히 회사에 성장과 이익을 가져다주는 직원을 높게 평가합니다. 유능한 직원들의 공통점은 바로 비즈니스 마인드가 있다는 것입니다.

유능한 직원은 업무를 처리할 때 회사 전체 차원에서 생각합니다. 똑같은 일을 하더라도 자기가 하는 일이 회사의 이익이나 발전에 어떻게 도움이 될지를 염두에 둡니다. 자기 일만 하는 게 아니라 전체적인 연결성을 생각하고, 회사의 관점에서 바라보는 것이죠.

이렇게 회사 전체 관점에서 접근하면 같은 일을 해도 가급적 비용을 줄이고 수익을 늘리는 쪽으로, 회사의 브랜드를 키우고 사업 기반을 확대하고 회사에 대한 고객의 신뢰도를 높이는 방향으로 처리하게 됩니다. 같은 시간에 같은 일을 해도 유능한 직원의 성과가 탁월해지는 것도 이 때문입니다.

비즈니스 마인드가 있어야 임원이 될 수 있다

저는 기업의 직원들에게 종종 역할극Role play을 한다고 생각하고 직장생활을 해보라고 권합니다. 내가 임원이라면, 본부장이라면, 사장이라면 지금 상황에서 어떻게 업무를 처리하고 어떻게 결정할 것인가를 고민해보라는 것이지요. 회사를 이끄는 리더의 시각에서 바라보면 현재 자신이 하고 있는 업무 방식이나 결과를 다르게 평가하게 됩니다.

예를 들어 IT 개발자가 한 사람 있다고 해봅시다. 이 사람은 직원으로서는 프로그래밍을 핵심 업무라 생각하고 회사가 부여한 과제를 잘 수행해내기 위해 애를 쓸 것입니다. 그러나 비즈니스 마인드를 가졌다면 자신이 만든 프로그램이 작동을 하느냐 하지 않느냐만이 아니라 이것이 고객에게 어떤 경험을 주고 어떤 인상을 갖게 될 것인지까지 염두에 두게 됩니다. 조직의 책임자가 되려면 제품이나 서비스를 잘 만드는 것을 넘어서야 합니다. 잘 팔리는 것도 생각해야 하고, 만들거나 파는 차원을 넘어서 사는 사람의 입장에서 볼 수 있어야 합니다.

기본적으로 임원은 제너럴리스트입니다. 조직의 장은 전문성뿐만 아니라 사업적 관점에서 전체 조직과 역할을 바라보고 움직일 수 있어야 합니다. 때문에 특정 분야의 기능이나 기술, 전문성만 가진 스페셜리스트는 통상적 의미의 임원이 될 수 없습니다. 스페셜리스트와 제너럴리스트의 차이는 바로 비즈니스 마인드에 있습니다.

비즈니스 마인드는 결국 오너 마인드입니다. 회사나 사업, 본부나 팀의 최종 책임자처럼 생각하고 말하고 행동하는 것입니다. 최종 책임자의 시각과 생각을 체화하면 부분만 살피는 것이 아니라 전체를 보게 되고, 시점만 보는 것이 아니라 흐름을 살피게 됩니다. 이 과정에서 비즈니스 기회를 발견하기도 하고, 사업을 성공시키는 데 필요한 직관과 판단력도 생겨나며, 조직과 사업을 이끄는 간부에게 필요한 문제해결 능력과 전략 수립 능력도 갖추게 됩니다.

　질문하신 분과 기획부장 사이에 정확히 어떤 논쟁이 벌어졌는지 자세히 알지는 못합니다만, 기획부장이 조금 과한 표현을 쓴 것 같습니다. 저라도 마음이 상했을 것입니다. 그렇지만 비즈니스 마인드에 대한 지적은 한번 곰곰이 생각해보시길 바랍니다. 그 사람은 아마도 귀하가 회사를 영업 차원에서만 바라볼 뿐 회사 전체 차원에서 보고 있지 않다는 점을 지적한 것으로 보입니다. 기획부장이 왜 그런 느낌을 받았는지 한번 파악해볼 필요가 있습니다. 혹시 귀하가 미처 알지 못하는 회사의 어떤 사정이 있을지도 모릅니다.

'다양한 경험'과 '깊이 있는 경험' 중
무엇이 유리한가요?

저는 코스메틱 회사에서 디지털 사업팀 과장으로 근무하고 있습니다. 8년째 직장생활을 하고 있는데, 첫 직장은 게임회사의 경영전략 부서였습니다. 당시 하던 일은 사업 단위별로 실적을 분석해 임원들에게 보고하는 것이라 지루하고 답답했습니다. 그래서 사업이 직접 전개되는 일선에서 근무해보고 싶어 이직을 결심했습니다. 현재 근무하고 있는 회사는 이전 경력과 무관하게 흔쾌히 저를 받아준 곳입니다. 지인들에게 물어보니 사업부서에 경영기획실 출신 직원을 뽑은 것은 이례적이라고 하더군요.

실은 이직 전에 '잘하던 업무를 두고 왜 전혀 다른 업무에서 일하려고 하냐, 지금까지의 경력을 버릴 셈이냐' 등등 주변에서 만류가 있었습니다. 하지만 저는 직장생활에서 한 우물을 파는 것도 중요하지만 젊었을 때 다양한 업무를 경험해보는 게 필요하다고 생각했습니다.

제 경력과 직위를 생각했을 때, 한 우물을 파는 것과 여러 분야를 경험해보는 것 가운데 어느 쪽이 더 현명한 선택이었을까요?

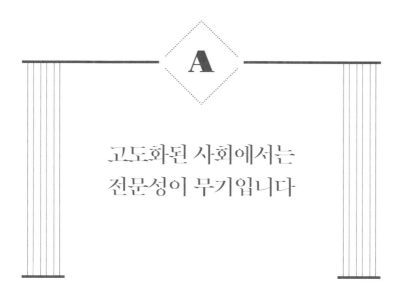

고도화된 사회에서는
전문성이 무기입니다

변호사나 회계사, 의사 등은 이른바 전문직으로 일찍부터 자신의 길을 정하고 상당한 시간과 노력을 투자한 사람들입니다. 그러나 이들 전문직 종사자들도 직업을 갖게 된 이후에 평범한 직장인들처럼 다시 진로에 관해 고민합니다. 흔히 평판도 좋고 소득도 높은 직장을 가졌을 것이라는 인식이 있지만, 운 좋게 이름이 알려진 일부 그룹을 빼면 자신들의 미래는 거기서 거기라고 푸념하기도 합니다.

얼마 전 한 회계법인에 근무하는 6년 차 회계사와 이야기를 나눈 적이 있습니다. 그는 자존감을 지키며 안정된 삶을 살고 싶어 회계사 시험에 도전했습니다. 그런데 일하다 보니 인생의 목표를 도전적으로 잡아야겠다는 욕심이 생겼답니다. 회계법인에서 하는 일이 너무 단조로운 데다, 선배들을 보니 위로 갈수록 치열하게 영업하지 않으면 살아남기 어렵겠다고 판단했다더군요. 고소득 전문직이라지만 평생 갑이 되기는 어렵고, 그저 더 전문성 있는 을이 될 수밖에 없을 것 같더라는 것이었습니다.

그는 기회가 주어진다면 기업에서 사업기획 업무를 경험한 뒤 이를 바탕으로 전문 경영인의 길을 걷고 싶다고 했습니다. 그러면서 스페셜리스트인 자신이 제너럴리스트로서 면모를 갖추려면 무엇을 어떻게 준비해야 하는지 알고 싶어 했습니다. 질문하신 분과 사정은 다르지만 그 역시 자신의 미래에 대해 불안감을 안고 있기는 매한가지였습니다.

폭넓은 경험의 함정

평생직장 시대에는 업무에서 한 우물을 파는 것은 좋은 선택이 아니라고 여겨졌습니다. 한국경제의 급성장에 따라 기업도 빠르게 팽창하던 시절이라 한 사람이 여러 가지 업무를 담당해야 했습니다. 이 같은 현상은 조직의 상층으로 올라갈수록 더 두드러졌습니다. 이 때문에 관리자는 업무를 두루 넓게 파악해야 할 필요가 있었습니다. 또 그래야만 승진하는 데에도 이점이 있었습니다.

예를 들어 당시에 경리업무를 하면서 임원까지 승진하는 것은 상당히 큰 조직이 아니면 어려운 일이었습니다. 다음 직급으로 승진하려면 경리업무에서 출발했더라도 관련 분야로 조금씩 업무 범위를 확장해나가야 했습니다. 위로 올라갈수록 업무 범위가 삼각형처럼 넓어지는 게 정상이고 안정적이었습니다. 그래서 이 시기를 거친 사람들은 대개 제너럴리스트의 면모를 갖추게 됐습니다. 최고경영자는 자신이 신뢰하는 사람일수록 이것저것 일을 많이 맡겼는데, 그 과제를 잘 완수해야 승진의 고속도로를 달릴 수 있었습니다.

그러나 이제는 이렇게 '폭넓은 업무 경험'을 한 사람들을 바라보는 시각이 변했습니다. 여러 업무를 두루 거친 덕분에 어떤 일에도 막힘없이 대처하는 '해결사'의 이미지는 퇴색했습니다. 대신 한 우물을 파지 못해 전문성이 떨어지는 사람이란 시각이 강해졌습니다.

지금은 다수의 인원을 한꺼번에 채용한 뒤 교육훈련을 거쳐 필요한 곳에 배치하는 시대가 아닙니다. 필요한 인재를 그때그때 수시로 채워 즉시 전력으로 사용하는 경력자 채용이 대세를 이루고 있습니다. 신입사원도 재무, 인사, 마케팅, 영업, 연구개발, 생산관리처럼 부문별로 뽑습니다. 이 같은 기업의 변화에 부응하려면 당연히 한 우물을 파서 전문성을 확보해야 합니다.

요즈음 면접관들은 경력이 짧은데도 다양한 부서를 거친 후보를 만나면 반드시 그 이유를 묻습니다. 이때 "다양한 분야를 섭렵하려고 이곳저곳으로 옮겨 다녔다"라고 답한다면 면접관들은 곧이곧대로 듣지 않을 겁니다. 그보다는 후보자가 업무 역량이 부족하고 성과가 부진해 이리저리 밀려다녔다고 판단할 가능성이 큽니다.

시대가 원하는 T자형 인재

질문하신 분처럼 직장생활이 10년 가까이 됐다면 초급 관리자 자리에 오를 때입니다. 이 무렵이면 직무 전문성을 강화해야 할지, 아니면 업무 범위를 넓혀서 경험의 폭을 확대해야 할지를 두고 고민하게 됩니다.

이에 대해 저는 "스페셜리스트의 길을 추구해야 커리어의 발전을 기대할 수 있다"는 답변을 드립니다. 전문성은 지식사회를 살아가는 지식근로자에게 가장 중요한 덕목입니다. 미국의 경제

학자 로버트 프랭크Robert H. Frank와 필립 쿡Philip J. Cook은 『승자독식 사회』(2008)라는 책에서 "지식사회에서 뚜렷한 가치가 있는 능력과 기술을 가지지 못하면 경쟁에서 승리하기 어렵다"라고 강조했습니다.

직장인에겐 전문성이 가장 중요합니다. 자신의 전문 영역 없이 업무 영역을 확장하는 것은 큰 의미를 갖기 어렵습니다. 필요할 때마다 전문성을 갖춘 직원을 뽑아 투입하는 경력자 채용 시대에서 전문성이 부족하면 생존하기 어렵습니다. 한 직장에서 평생을 보내기가 쉽지 않은 시대에서는 전문성이 있어야 다른 곳으로 옮겨 갈 수 있습니다. 또 전문성을 갖춘 사람이 새로운 직장에서도 빨리 자리를 잡습니다. 그래서 다시 강조하건대, 한 우물을 파야 합니다.

염두에 둬야 할 것은 전문성에 대한 기준이 달라지고 있다는 점입니다. 과거에는 전문성이라면 고학력이나 자격증을 뜻했습니다. 그래서 한번 전문가가 되면 평생 전문가 대접을 받았습니다. 그러나 지금은 '사자 돌림'의 전문직도 자격증만으로는 미래를 보장받을 수 없습니다. 시장이 너무 빨리 변하고 경쟁이 격화되면서, 오늘의 첨단 지식이 내일이면 구닥다리가 되고 있습니다. 기업들도 예전에 전문 자격증을 가진 사람을 뽑을 때 최소 과장 이상의 직급을 부여했습니다. 그러나 요즘엔 사원으로 대하면서 자격증 수당만 지급하고 있습니다. 전문성은 그대로 두면 조만간 가치가 없어질 수도 있습니다. 따라서 전문성은 지속하여 갈고 닦아야 합니다.

또 질문하신 분의 생각처럼 같은 직무만 계속하면 그 직무의 전문성은 강해질지 모르지만, 업무 경험이 지나치게 제한돼 활용도가 떨어질 수 있습니다. 그러니 전혀 다른 생뚱맞은 분야로 가기보다는 관련 분야로 가는 것이 좋습니다. 그러면 시너지를 낼 수 있고 융합 효과도 거둘 수 있습니다. 즉 지금 시대의 직장인들은 탄탄하게 자신의 전문 분야를 강화하면서 동시에 연관 분야로 직무를 확장해야 합니다. 이렇게 해야 전문성도 강해지고 한정된 직무에서 오는 한계를 극복할 수 있습니다.

한때 'T자형 인재'라는 말이 유행했습니다. 특정 영역의 전문가이면서도 보편적 지식과 종합적 사고 능력을 가진, 넓이와 깊이를 모두 아우른 사람을 일컫는 말입니다. 일본의 도요타에서 처음 사용한 것으로 알려진 이 말은 국내에서 이건희 전 삼성 회장의 인재론으로 소개되면서 주목을 받았습니다. T는 수직과 수평의 두 축을 갖고 있습니다. 수직축은 전문성이고 수평축은 확장성입니다. T자형 인재는 전문성의 효용성을 높이기 위해 인접 분야의 지식과 경험을 추가하는 것이 중요하다고 여기는 시대의 인재상입니다.

이제는 자격증을 가진 전문가들도 T자형 커리어를 추구해야 합니다. 자신의 핵심 전문성에 관련 지식과 경험을 계속 덧붙여 나가야 합니다. 그래야 확장성이 있고 다른 분야와 협력도 가능합니다. 특히 간부가 되고 임원이 되려면 스페셜리스트의 한계를 벗어나야 합니다. 스페셜리스트를 토대로 제너럴리스트로 변신해야 합니다. 하나의 전문 분야가 있고 이를 기반으로 해서 연관 분야로 업무 영역이 확장돼야 합니다.

일반적으로 아주 큰 회사가 아니라면 한 부서에서 임원이 하나씩 배출되기 어렵습니다. 하나의 팀은 특정 직무를 맡는 직원들로 구성되는데, 임원은 몇 개의 팀을 관장할 수 있어야 합니다. 전문 직무 하나로 임원 역할을 하기에는 그 지식과 경험의 폭이 너무 좁습니다. 임원이 되면 업무 범위가 넓어지기 때문에 연관 분야를 관장할 수 있는 지식과 경험이 필요합니다. 기업에서 한 직무만 계속 맡고 있으면 간부로 발탁되기 어렵습니다.

질문하신 분께서는 기존에 하던 경영전략 업무보다는 일선에서 사업을 직접 전개하는 역할을 해보고 싶었다고 말씀하셨습니다. 그렇다면 이제부터라도 현재의 영역에서 전문성을 기르는 것을 목표로 직장생활을 설계해보시기를 바랍니다. 이후에 인접 영역 또는 기존에 담당하셨던 업무와 연계성을 찾아내보시길 바랍니다. 그러면 시대가 원하는 T자형 인재에 다가설 수 있을 겁니다.

학력이 좋지 않으면
임원 승진이 불가능한가요?

지방 사립대를 나와 서울에 있는 보험사 본사에서 상품 개발 업무를 하고 있는 5년 차 직장인입니다. 대학교 동기 가운데 서울에서 직장을 다니는 이들이 많지 않아 나름대로 자부심을 가지고 있습니다만, 서울의 이름 있는 대학을 나온 동료들을 마주하면 왠지 모르게 움츠러드는 저 자신을 발견하곤 합니다.

지금까지 직장생활을 하며 업무 능력과 업무 성과는 인정받고 있다고 생각합니다. 인사고과도 잘 받고 있고, 사내외 교육 프로그램을 계속 찾아서 들어왔으며, 이런저런 자격증도 취득했습니다. '직장생활의 성공은 학력이 아니라 일머리와 지구력이 가른다'라고 생각하고 있습니다.

그렇지만 제가 이 직장에서 장기근속하여 마침내 임원으로 승진할 수 있을지, 그것도 서울 소재 대학을 나온 동료들을 제치고 해낼 수 있을지 불안감을 떨치기가 어렵습니다. 가정 형편상 재수를 선택하기 어려워 진학을 선택했는데, 그때 무리해서라도 재수를 선택했으면 어땠을까 하고 후회한 적이 한두 번이 아닙니다. 지금 와서 시간을 되돌릴 수는 없지만 임원 승진만큼은 꼭 성공하고 싶습니다. 제가 무엇을 어떻게 하면 좋을까요?

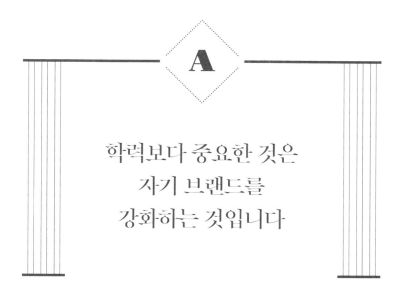

학력보다 중요한 것은
자기 브랜드를
강화하는 것입니다

사람은 누구나 약점을 갖고 있습니다. 남들에게는 충분히 덕목이나 자산으로 보이는 것도 그 자신에게는 부족한 부분으로 느낄 수 있는 법입니다. 질문하신 분께서는 학력을 자신의 약점으로 여기고 있군요. 다시 말해 학력 콤플렉스를 갖고 계신 것으로 보입니다. 그런데 사람의 콤플렉스에는 에너지가 있습니다. 콤플렉스를 극복하는 사람은 이 에너지를 동력으로 활용할 줄 압니다. 약점을 강점으로 바꿔버린다는 뜻입니다.

우리가 위인으로 여기는 인물들 가운데는 치명적인 콤플렉스를 가진 경우가 있었습니다. 그들이 진정으로 위대한 이유는 단지 그들이 세운 업적 때문만이 아니라 자신의 역경이나 고난을 극복하고자 강인한 의지와 열정을 보여주었으며, 실제로 극복에 성공했기 때문입니다.

역사서 『사기史記』를 쓴 사마천司馬遷이 대표적입니다. 사마천이 46세가 되던 기원전 99년, 당시 중국 한나라의 이름난 장수 이릉李陵이 흉노에 투항하는 사건이 일어났습니다. 이릉은 여섯 배에 달하는 흉노군에 맞서 분전하다가 힘이 다하여 투항한 것이었습니다. 이때 사마천은 조정의 대신 가운데 유일하게 이릉을 변호한 사람이었고, 결국 한무제의 노여움을 사 궁형宮刑을 받게 되었습니다. 궁형이란 사람의 생식기에 가하는 형벌로, 당시로서는 자결을 택하는 것이 오히려 명예로운 일로 여겨졌습니다. 그렇지만 사마천에게는 살아남아야 할 이유가 있었습니다. 마찬가지로 사관이었던 그의 아버지 사마담司馬談이 유언으로 "『춘추春秋』 이후의 역사서를 집필하라"는 당부를 남겼던 것입니다.

사마천은 자신에게 씌워진 불명예를 끌어안아 살아남아야 할 유일한 목적으로 정렬시켰습니다. 그리고 그는 역사서 저술에 전념한 결과 130편, 52만 6,500자로 이루어졌으며, 전 세계 역사에서 가장 중요한 사서로 손꼽히는 역사책 『사기』를 완성할 수 있었습니다. 당시 사마천은 지인에게 보낸 편지에서 자신이 사서를 완성하게 된 상황을 이렇게 설명했습니다.

'초고를 다 쓰기도 전에 이런 화를 당했습니다. 그러나 내 작업을 끝내지 못할 것을 걱정하다 보니 치욕스러운 형벌을 받고 부끄러운 줄 몰랐습니다. 이 책을 써서 명산에 보관했다가 내 뜻을 알아줄 사람을 통해 세상에 소개할 수 있다면 제가 받은 치욕을 보상받을 수 있을 것이니 만 번 주륙을 당해도 후회가 없을 겁니다.'

서양에서도 역경을 극복한 위인을 찾아볼 수 있습니다. 바로 악성樂聖 루트비히 반 베토벤Ludwig van Beethoven입니다. 그는 1770년 현재 독일의 본 지역에서 태어났습니다. 베토벤이 어려서부터 음악에 뛰어난 재능을 보이자, 궁정 가수였던 아버지는 아들을 뛰어난 음악가로 키우기 위해 매우 엄하게 교육했습니다. 그런데 베토벤이 20대 후반이 되었을 때 갑자기 귀가 들리지 않기 시작했습니다. 왼쪽 귀부터 높은음이 들리지 않더니, 끝내는 양쪽 귀 모두 청력을 상실하고 말았습니다.

작곡가가 음악을 듣지 못한다는 것은 사형선고나 다름없었습니다. 베토벤은 매우 깊은 절망에 빠져들었습니다. 급기야 32세가 되던 해에는 모든 희망을 버리고 유서를 작성했습니다. 그런데 유서를 쓰면서 베토벤은 오히려 음악과 삶에 대한 열정을 깨달았습니다.

유서를 찢어버린 이후 그는 이전보다 더 작곡에의 의지를 불태웠습니다. 듣지 못하는 것은 큰 장애였지만 그래서 베토벤은 더욱 엄청난 집중력을 발휘했습니다. 베토벤이 청력을 상실한 이후에 나온 작품들이야말로 그의 창의성이 진정으로 꽃을 피운 결과물입니다. 그는 조화성을 중시하던 당시 음악계의 흐름에서 과감하게 벗어나 예측불허의 리듬과 불협화음, 그리고 유연성을 기반으로 자유와 일탈의 변주곡을 썼습니다. 그 결과 바이올린 소나타 〈크로이처〉, 교향곡 3번 〈운명〉 같은 역사적 걸작을 줄지어 내놓을 수 있었습니다.

지금 내 경쟁력은 무엇인가

학력 콤플렉스를 극복하려는 직장인은 대개 두 가지 방법 가운데 하나를 선택하고는 합니다. 하나는 대학원에 입학해 이른바 '가방끈 늘이기'를 함으로써 최종학력을 끌어올리는 것입니다. 야간이나 주말에 수업을 듣는 대학원을 다니거나, 온라인으로 수업하는 대학원에 등록하기도 합니다. 아예 다니던 직장을 그만두고 일반대학원에 입학하는 사람들도 있습니다. 그렇게 학력을 끌어울림으로써 학력 콤플렉스를 지우려고 합니다.

그런데 이런 노력은 예상보다 큰 효과를 거두지는 못하는 것으로 보입니다. 우리 사회의 통념에는 학력 판단의 기준이 학부, 즉 대학교에 맞춰져 있습니다. 또 대학원 과정을 수료했다고 해도 박사학위가 아니라면 그다지 인정해주지 않는 경향이 있습니다. 학부의 경쟁력이 약하다면 어지간한 석사학위를 받아서는 그 약점을 보완하기가 어렵다는 뜻입니다.

직장인이 학력 콤플렉스를 극복하기 위해 선택하는 또 다른 방법은 경력을 잘 관리해 커리어 경쟁력을 강화하는 겁니다. 저는 이것이 학력 콤플렉스를 해소하고 직장 안팎에서 자신의 위상을 확보하는 현실적이면서도 건강한 방법이라고 생각합니다.

세상에는 학력과 관계없이 오랜 기간 경험과 지식을 쌓으면 전문성을 인정받는 직업과 직무가 있습니다. 그중 하나가 도선사導船士입니다. 항구에서 선박의 출입과 입항을 인도하는 직업인데, 연봉이 매우 높을 뿐만 아니라 매년 자격증 시험에서 통과하는 사람이 많지 않습니다. 도선사가 되려면 우선 20년 이상 항해경력을 갖고 있어야 하고, 선박의 구조와 운행에 정통해야 합니다. 또한 항구의 조류나 수면 밑의 암초 등 지형과 물길에 밝아야 합니다. 도선사와 같은 전문 직업은 결코 학력이 좋다고 되는 직업이 아닙니다.

직장인을 평가하는 가장 직접적인 기준은 결국 학력보다는 직무역량과 성과일 것입니다. 경력관리를 하고자 하는 직장인이라면 먼저 현재 자신이 맡은 직무에서 본인이 어떤 위치까지 오를 수 있는지, 지금 가지고 있는 경쟁력이 무엇인지를 따져보십시오. 부족한 부분이 있다면 위치에 걸맞은 업무 능력, 경험, 성과를 만들어나가는 방법을 찾아야 합니다.

질문하신 분께서 '이런저런 자격증'을 취득했다고 말씀하셨는데, 그것이 현재 직무 또는 목표로 하는 직무와 얼마나 밀접하게 관련되어 있는지 궁금합니다. 보험 분야에서 일하고 있다고 하시니 보험계리사나 손해사정사, 보험중개사 등을 준비하셨을 것으로 짐작합니다. 만약 그렇지 않다면 한번 목표로 삼아보시기를 추천합니다. 현재 직장에서 경쟁력을 강화하는 데도 유용할 뿐만 아니라 나중에 직장을 떠나 독립하게 되었을 때도 큰 도움이 될 것입니다.

정보 수집에도 공을 들이셨으면 좋겠습니다. 자사와 경쟁사의 최신 동향, 정부의 정책과 관리감독 방침, 국회와 시민단체의 동향 등에 촉각을 곤두세우는 것입니다. 또 국내 소식에만 머무르지 말고, 외국 보험 업계의 움직임도 함께 파악하는 것이 좋겠습니다.

기업은 성과로 자신을 증명해야 하는 조직입니다. 아무리 학력이 좋아도 그것이 성과로 연결되지 않는다면 졸업장은 그저 종이 한 장에 지나지 않습니다. 에두르는 길을 가지 마시고 지름 길을 선택하십시오. 학력이 아니라 전문성과 성과로 평가하는 분 야와 직무를 찾아 자신을 드러내시기를 바랍니다.

자기 브랜드가 약하면 이직에 신중하라

이번에는 질문하신 분이 속해있으며, 직장인 가운데 가장 많은 수를 차지하는 사무직의 전반적인 커리어를 한번 살펴봅시다. 2022년 상반기를 기준으로 조사한 통계청의 자료에 따르면 '경 영 및 회계 관련 사무직'에 종사하는 인구는 407만 6,000명으로 전체 취업자 수의 14.5퍼센트에 달하여 가장 큰 비중을 차지했 습니다. 그런데 이를 연령별로 다시 살펴보면 15~29세 그리고 30~49세까지는 '경영 및 회계 관련 사무직'이 가장 높은 비중을 차지하다가, 50세 이상에서는 '청소 및 경비 관련 단순 노무직' 이 가장 높아집니다. 이는 곧 마흔을 넘긴 중장년 사무직 종사자 들은 대부분 경력을 이어가지 못하고 50대가 되면 기존의 경력 경로에서 이탈하게 된다는 사실을 보여줍니다.

　이름 있는 대학을 나와 내로라하는 대기업 또는 탄탄한 중견

기업에 입사하였더라도, 어느 순간 승진에서 밀려나면 더 이상 올라갈 수 있는 곳이 없어집니다. 결국 이전보다 작은 기업으로 이직하게 되고, 근속 기간도 점차 짧아지는 경향을 보이게 됩니다. 사무직 종사자들의 이력서를 확인하면 대체로 이러한 모습을 보입니다. 이들이 모두 가방끈이 짧아서 내리막 이력서를 쓰게 되었을까요? 아닙니다. 자기 역량을 갈고닦음으로써 대체할 수 없는 자기 브랜드를 가꾸지 못했기 때문입니다.

직장생활의 철칙 중 하나가 바로 자기 브랜드가 약한 사람은 이직에 신중해야 한다는 겁니다. 자기 브랜드를 가꾼다는 것은, 어떠한 업무나 분야에서만큼은 '내'가 가장 전문성 있고 대표성이 있음을 남들에게 인정받는다는 것입니다. 자기 브랜드가 강하면 이직도 쉽고 옮겨 간 곳에서도 금방 자리잡을 수 있습니다. 제가 아는 어떤 사람은 보험회사에서 경력을 쌓아 보험 전문 로펌으로 자리를 옮겼습니다. 그곳은 보험 분야의 전문성을 갖춘 사무장들이 일하는 곳으로, 각고의 노력 끝에 이룬 결과였습니다.

자기 브랜드를 만들어내지 못한다면 기존 조직에서 잘 나가던 사람도 직장을 옮긴 다음에 큰 고생을 겪게 됩니다. 이런 사람들은 이직을 통해 연봉과 직급을 뺑튀기하기보다는, 우선 현재 있는 직장에서 자신의 브랜드를 키우는 쪽을 선택하는 것이 좋습니다.

질문하신 분도 부디 직무와 연관된 전문성과 역량을 성공적으로 키워내, 본인의 경력 목표를 설정하고 꿋꿋이 밟아가시기를 바랍니다.

추가 학위를 따두면
임원 승진에 유리할까요?

40대 초반의 직장인입니다. 저는 학창 시절에 공부에 취미를 붙이지 못하고 고등학교 졸업 후 바로 군에 입대했고, 전역 후에는 친척의 소개로 한 중소기업의 영업부에 들어갔습니다. 벌이가 급해 시작한 일이었는데 뜻밖에 재미를 붙이고 성과가 따라붙어 지금껏 승승장구해왔습니다. 그런데 이제 임원 자리를 염두에 두고 보니 학력이 발목을 잡습니다.

실은 아내의 권유로 최근 몇 년간 직장생활과 학업을 병행해왔습니다. 전문대학에 입학한 다음 야간대학교로 편입했고, 얼마 전에 졸업장을 땄습니다. 하지만 이 졸업장으로는 더 좋은 직장은커녕 지금 다니는 곳에서 임원이 되기도 어려울 것 같습니다. 그래서 이번에는 이름 있는 대학의 대학원에 들어가 석사과정을 마치는 것을 계획하고 있습니다.

문제는 벌써 몇 년간 학업과 업무를 병행해오며 지쳐가고 있다는 점입니다. 예전처럼 업무에 충실하지도 못하고 고객과 만나는 횟수도 많이 줄어들었습니다. 임원 자리를 꿰차보겠다고 시작한 학업인데, 이러다가 지금 자리에서도 밀려나는 것이 아닐까 하는 걱정이 됩니다. 대학원 과정을 포기하고 업무에 집중해야 할까요? 아니면 업무를 조금 소홀히 하더라도 일단 계획한 대로 학위를 받는 게 좋을까요?

직장인의 전장은
학교가 아닙니다

회사가 원하는 사람은 모든 측면에서 완전무결한 슈퍼맨이 아닙니다. 훌륭한 인품으로 주변 사람들을 감화시키는 도덕군자도 아닙니다. 현실적으로 그런 사람이 없기도 하고, 그런 사람이 필요한 것도 아닙니다. 설사 이것도 잘하고 저것도 잘하는 사람이 있다손 쳐도 모든 일을 한 사람에게 다 맡길 수는 없습니다. 기업이 인재의 가치를 매기는 기준은 단 하나, '주어진 업무에서 능력을 발휘해 성과를 내는 것'입니다.

질문하신 분께서는 영업부에서 오랫동안 근무해왔다고 하셨습니다. 그렇다면 임원이 되기 위해 정말로 필요한 것은 영업 능력과 성과, 그리고 이를 뒷받침할 수 있는 경험과 지식, 네트워크입니다. 대학원의 석사과정이 영업력 강화에 도움이 된다면 모르되, 그렇지 않다면 학업보다는 오히려 성과를 만들어내는 데 관심을 더 쏟는 게 좋을 것으로 봅니다.

약점 vs 강점

경력 목표로 향하는 과정에서 많은 이들이 약점을 보완할 것이냐, 아니면 강점을 강화할 것이냐라는 문제를 두고 고심합니다. 질문하신 분의 경우라면 영업 능력과 학력이 각각 강점과 약점이 되겠습니다. 이 경우 저는 강점을 더 키우시라 권하고 싶습니다. 자신의 강점을 정확하게 파악한 뒤 이를 계속 강화해나가면, 언젠가 그 분야에서 독보적인 위치에 오를 수 있고 빛나는 성과를 거둘 수 있습니다. 직장인으로서 자신의 브랜드를 갖게 되는 것입니다.

기업이 인재 시장에서 일할 사람을 고를 때는 대체로 무색무취한 사람보다는 약점이 있더라도 강점이 뚜렷한 사람을 선호합니다. 약점은 기업 내부에서 얼마든지 보완할 수 있다고 생각하기 때문입니다. 그래서 인재 시장에서 몸값이 비싼 핵심 인재들은 특정 분야에서 강점을 가진 사람이지 특별히 약점이 없는 사람이 아닙니다. 물론 어떤 약점은 치명적일 수 있습니다. 이런 약점은 당연히 보완해야 합니다. 그러나 직장인들이 약점이라고 여기는 것 가운데 상당 부분은 직무를 수행하는 데 큰 지장이 없는 것들입니다. 그런데도 약점은 늘 강점보다 눈에 잘 들어오는 탓인지, 수많은 직장인이 자신의 부족한 부분을 다른 이들과 비교해보며 이를 보완하는 데 더 많은 시간과 노력을 투입합니다. 그 결과 자신의 약점을 가릴 수는 있겠지만, 정작 자신의 브랜드 강화와 커리어 발전에 도움이 되는 강점은 놓치고 마는 경우가 많습니다.

질문하시는 분께서 공력을 들이고 있는 학력의 경우 약점을 보완하면 마이너스를 줄일 수 있을 것입니다. 그러나 업무 역량이 획기적으로 커지는 게 아니라면 대학원의 석사학위를 받는다고 해서 평가가 획기적으로 달라지지는 않습니다. 학력은 어디까지나 즉 그 사람의 역량을 구성하고 그 역량을 가늠하게 만드는 2차 지표에 불과하기 때문입니다.

대졸 신입사원의 경우 출신 대학교와 전공이 평가에 절대적인 영향을 미칩니다. 성과 창출 능력을 판단할 수 있는 근거가 학력이나 대외활동 정도밖에 없기 때문입니다. 그러나 경력사원은 직장과 직무 경력이라는 훨씬 더 강력한 지표가 있으므로 학력이 미치는 영향은 줄어듭니다. 경력이 길고 직급이 높아질수록 더 그러합니다.

사람에게 약점은 마이너스 요소가 되기도 하지만, 그것을 극복해내려는 의지와 노력이 새로운 강점으로 작용할 수도 있습니다. 그래서 저는 면접관 역할을 할 때마다 후보자의 강점과 약점을 함께 살피고, 둘이 어떻게 작용하고 있는지를 봅니다. 후보자가 약한 부분을 보강하기 위해 부단히 노력하면서 남들이 갖고 있지 않은 기술이나 자격증, 혹은 업무 능력을 갖추었다면 후한 점수를 줍니다. 그 사람은 학력보다도 중요한, 성공을 향한 의지와 노력이라는 재능을 가진 인재이기 때문입니다.

또한 기업은 어떤 한 사람의 완결성보다는 조직 전체의 유기성을 따집니다. 축구팀은 골키퍼와 수비수, 미드필더와 공격수까지 각자의 역할을 부여받은 열한 명의 선수로 구성됩니다. 수비수도 중앙 수비수인 센터백이 있고, 좌우 수비수인 풀백이 있습니다. 경기는 이렇듯 역할이 다른 선수들이 맡은 자리에서 최선을 다할 때 좋은 결과를 기대할 수 있습니다. 축구팀과 마찬가지로 기업 역시 각기 다른 역할을 맡아 자기 몫을 잘 해내는 구성원들이 필요합니다. 기업에서 개인은 맡은 역할에 충실하면 되는 것이지 올라운드 플레이어가 될 필요는 없습니다.

직장인의 무기는 전문성과 역량이다

질문하신 분께서 '재미를 붙이고 성과가 따라붙었다'고 언급하신 영업 능력은 모든 기업이 때를 가리지 않고 확보하려는 매우 귀한 재능입니다. 어떤 기업도 이 능력을 얕잡아보지 않습니다. 영업 능력은 성과와 직결되므로 임원이 되는 데 필수이기도 합니다. 지금 약점이라고 여기는 학력을 보완하는 것이 10점을 따내는 것이라고 한다면, 이에 몰두하다 영업력의 기반이 흔들리는 것은 50점을 잃어버리는 것과 마찬가지입니다.

질문하신 분께서는 임원 승진에 도움이 될 것 같아 대학원 과정을 다니고 있다고 말씀하셨습니다. 조금 더 정확하게 말하면 수업을 통해 얻는 지식보다는 졸업장이 필요하다고 판단하셨을 것이라 생각됩니다. 그렇지만 냉정히 말해 졸업장은 프리패스권이 될 수 없습니다. 전문성이 약해진 사람에게 학력이란 있으나 마나 한 타이틀에 불과합니다. 임원 승진의 첫째 조건은 성과 창출이므로, 탁월한 성과가 받쳐주지 않는다면 임원 승진 후보에도 오를 수 없습니다. 지금 힘을 쏟으셔야 할 것은 영업력 강화이지 학력 개선이 아닙니다.

경험이 많은 관리자들은 부하직원이 모종의 갈등에 처해있다는 사실을 곧잘 알아차리고는 합니다. 또 그것이 업무에 지장을 주고 있다는 사실까지 알아챌 수도 있습니다. 경력관리에 위태로운 상황이 만들어지고 있을 가능성이 있다는 의미입니다. 그러니저는 질문하신 분이 학위를 따는 것보다는 그동안 회사로부터인정받은 영업력을 되살리는 데 집중하시기를 바랍니다.

직장에서 자기 브랜드를
구축해야 하는 이유가 무엇인가요?

중견기업에 다니는 12년 차 직장인입니다. 처음에는 자금 업무를 담당했는데, 영어를 잘한다는 이유로 해외영업부서로 옮겨 5년째 근무하고 있습니다. 처음에는 하던 직무를 버리고 새로운 직무를 맡는다는 것이 무척 불안했는데, 다행히 적응하고 성과도 내고 있습니다.

얼마 전 컨설팅회사에 다니는 친구와 이야기하는 과정에서 제가 "이왕한 회사에서 이만큼 다녔으니 여기에서 임원 한번 해봐야 억울하지 않을 것 같다"고 푸념 섞어 얘기한 적이 있습니다. 그랬더니 친구는 "요즘은 브랜드의 시대다, 임원이 될 생각이라면 자기 브랜드를 만들어야 한다, 스티브 잡스 하면 '혁신의 아이콘', 유재석 하면 '국민MC'가 떠오르지 않냐, 이제부터는 회사 안에서 이미지 쌓기에 힘을 쏟아라"고 조언해주었습니다.

지금껏 '일 잘해서 성과만 내면 알아서 승진이 따라올 것'이라고 생각해온 저에게 친구의 얘기는 조금 황당했습니다. "내가 무슨 연예인이냐, 이미지 쌓고 브랜드를 만들게"라며 얼버무리긴 했지만, 지금도 브랜드라는 단어가 머릿속을 떠나지 않습니다. 임원이 되려면 정말 브랜드가 필요한 걸까요? 자기 브랜드를 만들려면 무엇을 어떻게 하면 되는 걸까요?

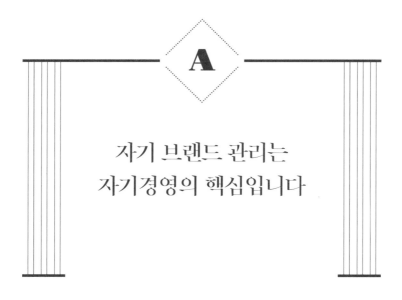

자기 브랜드 관리는
자기경영의 핵심입니다

불확실하고 변화가 심한 현대사회를 묘사할 때 종종 뷰카VUCA라는 단어를 씁니다. 1990년대에 등장한 신조어인데, 변동성Variety, 불확실성Uncertainty, 복잡성Complexity, 모호성Ambiguity을 뜻하는 영어 단어의 앞 글자를 따서 만들어졌습니다. 처음 사용된 곳은 미국 육군대학원으로, 상황이 잘 파악되지 않아 즉각적인 대응 태세와 경각심이 요구되는 상황을 나타내는 군사용어로 쓰였습니다. 최근에는 불안정한 금융시장과 고용시장 상황을 표현하는 용어로 사용되고 있습니다.

뷰카를 구성하는 네 단어는 모든 경제 주체들이 극도로 피하고 싶은 것들입니다. 그 각각이 위험을 부르는 요소들이면서도, 서로에게 영향을 미치며 위험을 더욱 키우기 때문입니다. 기업이 이런 뷰카 시대에서 살아남으려면 지속적인 경영혁신과 구조조정을 통해 늘 새로운 돌파구를 찾아야 합니다.

브랜드 구축에는 시간이 필요하다

현대경영학의 창시자로 불리는 피터 드러커는 생전에 자기경영의 중요성을 강조하면서 이렇게 역설했습니다.

"자신을 경영하라, 지식근로자여. CEO처럼 생각하고 행동하라."

그는 자기경영을 '자기 주도성과 책임성에 따라 기초를 닦고 계획을 세워 자신의 삶을 운영하는 창조적 활동Management'이라고 봤습니다. 그는 노동환경의 변화로 회사가 직원의 일자리를 보장해주지 않고 경력관리도 못 해주는 상황이기 때문에 직원들에게 자기경영이 필요하다고 생각했습니다. 회사조차 생존을 확신할 수 없는 엄혹한 환경에서 지식근로자들은 스스로를 경영해야 한다는 겁니다.

그렇다면 뷰카 시대의 직장인들은 어떻게 하면 자신의 경쟁력을 유지하고 커리어를 발전시킬 수 있을까요? 결론부터 이야기하자면 자기 브랜드를 만들어야 합니다. 자신의 역량과 성과를 기반으로 대표적인 이미지와 이름값을 구축하고 그것을 지속적으로 강화하는 겁니다.

방송인이나 연예인, 스포츠인, 정치인 같은 유명인만 브랜드가 있는 게 아닙니다. 누구라도 자신이 속한 공동체에서 통용되는 브랜드를 갖고 있습니다. 기업에서 임원이 되고 CEO의 자리에 오르는 사람도 자기 브랜드를 갖고 있습니다. 스티브 잡스Steve Paul Jobs는 카리스마와 혁신의 아이콘이었고, 팀 쿡Timothy D. Cook은 관리와 헌신의 아이콘입니다. 두 사람은 서로 매우 다른 브랜드로 리더십을 구축했지만, 모두 애플의 성장과 발전에 크게 공헌했습니다.

기업을 이끄는 사람들은 대외적으로 드러나는 자기의 브랜드를 꼼꼼히 관리합니다. 사업이나 주가에 큰 영향을 미치기 때문입니다. 그런데 이들이 처음부터 자기 브랜드가 명확하게 구축되어 있었을까요? 당연히 그렇지 않습니다. 일을 하면서 역량과 성과가 커졌고, 그만큼의 브랜드가 생겨난 것입니다. 이들은 그 브랜드를 기반으로 꾸준히 역량과 성과를 키운 다음에야 사업체를 확장하거나 고위직에 오를 수 있었습니다.

종종 아나운서들이 방송국을 나와 프리랜서의 길을 걷기로 했다는 뉴스를 접합니다. 아나운서가 독립하는 것은 방송국을 떠나 자신의 브랜드만으로도 충분히 활동할 수 있다고 자신하기 때문입니다. 이 사람들의 브랜드는 단기간에 만들어진 게 아닙니다. 긴 시간에 걸쳐 차근차근 구축된 겁니다.

이미지화할 수 있는 것은 브랜딩할 수 있다

요즈음은 자기 브랜드가 곧 돈이 되는 시대입니다. 2023년 7월 《뉴욕타임스》는 멕시코에서 인플루언서로 성공한 김수진 씨의 사연을 조명했습니다. 그녀는 한국의 대중문화를 소개하는 틱톡과 유튜브 계정을 운영하고 있는데, 당시 틱톡 팔로워는 2,580만 명, 유튜브 구독자는 934만 명, 인스타그램 구독자는 1,100만 명을 넘어섰습니다.

그녀가 멕시코로 이민을 간 것은 20대 후반이었습니다. 서울 출신인 그녀는 한국에서 대학을 졸업했지만 제대로 된 직장을 구하지 못했습니다. 결국 워킹홀리데이로 캐나다에 갔다가 남미를 거쳐 멕시코에 정착했습니다. 그는 코로나19 팬데믹 때 현지인들을 대상으로 한국어 강좌를 하면서 유튜브에 한국 대중문화와 관련된 짧은 동영상을 올렸는데, 이게 인기를 끌었습니다. 그는 이제 자기 브랜드를 기반으로 모델과 사업가로, 동영상 기획자와 편집자로 바쁜 나날을 보내고 있습니다.

브랜드는 회사나 상품에만 통용되는 게 아닙니다. 이미지화할 수 있는 모든 것이 브랜드가 될 수 있습니다. 피터 드러커는 개인 브랜드 시대가 열린 원인으로 조직의 수명이 짧아지고 긱경제Gig Economy(초단기 노동을 위한 계약 경제)가 확산된 것, 길어진 수명으로 제2의 커리어가 가능하게 된 것, 그리고 지식사회 진입으로 인한 계속 교육의 필요성을 들었습니다.

직장인도 본인이 인식하지 못하고 있을 뿐이지 모두 자기 브랜드를 갖고 있습니다. 직장에서도 개인 브랜드에 따라 직무와 직책, 직급이 결정되고 승진이 좌우됩니다. 당연히 연봉도 영향을 받습니다. 따라서 회사 안팎에서 자기 브랜드가 어떤지 꼼꼼하게 살펴보면서 지속적으로 관리해야 합니다.

자기가 원하는 경력 목표에 도달하려면 그만한 브랜드, 거기에 적합한 브랜드를 갖고 있어야 합니다. 이를 위해서는 자신이 속한 조직에서 어떤 브랜드를 구축할 것인지를 고민해야 합니다. 우리가 누군가를 떠올리면 그에 대한 이미지가 생각납니다. 성실하고 똑똑하고 일 잘하고 성과를 잘 내고 전문성을 갖추고 있고 야심이 있고 리더십이 강한 이미지일 수도 있고, 게으르고 불성실하고 일머리가 없고 화를 잘 내고 약속을 잘 어기고 성과가 부진하고 자기 욕심만 챙기는 이미지일 수도 있습니다. 이것이 브랜드입니다. 직장생활에서 만들어진 브랜드는 점차 그 업계로 퍼져나가 그 사람의 커리어에 강한 영향력을 발휘하게 됩니다.

자기 브랜드를 관리하는 사람이 전문가다

경영자인 제가 책을 쓰고 작가 활동을 시작하게 된 것도 실은 브랜드 때문이었습니다.

지금 저는 헤드헌팅회사, 즉 서치펌을 운영하고 있습니다. 첫 직장은 언론사였고, 기자 시절에 헤드헌팅에 관한 실태를 취재하면서 이 분야에 관심을 갖게 됐습니다. 당시 국내에서는 글로벌 서치펌을 포함해 수십 개의 서치펌이 있었지만 일반인들은 잘 알지 못하는 분야였습니다. 그래서 헤드헌팅 사업을 검토할 때 '성장하는 비즈니스지만 대중에게 알려진 선발 브랜드가 없으니 브랜드를 선점하면 성공 가능성이 있다'고 생각했습니다.

브랜드를 만들려면 시간, 비용, 전문가가 필요했습니다. 그러나 당장 제가 가진 것은 기자 경험뿐이었습니다. 무슨 방법이 없을까 하고 고민하던 차에, 어느 출판사 사장으로부터 책을 써보자는 제안이 들어왔습니다. 저는 당황스러운 마음에 이렇게 반문했습니다.

"경험과 지식이 부족한데 어떻게 책을 씁니까? 전문가라야 책을 쓸 수 있는 것 아닙니까?"

황당한 표정을 짓는 저에게 출판사 사장은 제가 꼼짝 못할 한마디를 던졌습니다.

"전문가가 책을 쓰는 게 아니라, 책을 쓰면 전문가가 되는 겁니다."

그때부터 저는 책을 쓰기 시작했습니다. 사람을 만나고, 뉴스를 뒤지고, 자료를 살폈습니다. 그렇게 해서 나온 책이 『입사 후 3년』(2005)이었습니다. 그 뒤로도 2년에 한 번 꼴로 책을 써서 제 이름으로 나온 책이 벌써 열두 권이 되었습니다. 그때 출판사 사장의 말처럼, 책을 쓰다 보니 정말 공부를 많이 했고, 책을 쓰면서 저도 자연스럽게 이 분야의 전문가가 되었습니다.

브랜드는 처음부터 엄청나게 크고 거창한 게 아닙니다. 또 갑자기 만들 수 있는 게 아니라 오랜 시간에 걸쳐 형성되는 것입니다. 그렇지만 브랜드는 '시작은 미약하나 그 끝은 창대'합니다. 자기 브랜드를 의식한다는 것은 자신의 전문성을 염두에 두고 있다는 뜻이고, 그것은 곧 자신의 커리어를 관리한다는 뜻입니다. 직장인이 자기 브랜드를 쌓으면 경력관리의 탄탄한 기반이 됩니다. 직장을 옮길 때 도움이 되는 것은 물론이고, 사업의 바탕이 되기도 합니다.

뷰카 시대를 살고 있는 직장인들에게 자기경영은 곧 자기 브랜드를 관리하는 것입니다. 자기 브랜드 관리는 경력관리에서 가장 중요한 항목입니다. 질문하신 분이 임원을 꿈꾸고 있다면 친구의 말대로 자기 브랜드를 만들어야 합니다. 자신의 강점을 강화하는 쪽으로 경험을 축적하면 원하는 브랜드를 만들 수 있습니다.

무엇이든 위로 올라가려면 에너지를 축적해야 합니다. 지식과 경험과 정보를 축적해야 역량을 강화하고 성과를 창출할 수 있는 에너지가 만들어집니다. 그런 에너지 위에 피는 꽃이 브랜드입니다. 시간이 걸리겠지만 지금부터 자기경영의 핵심인 자기 브랜드 관리를 시작해보세요.

MBA 과정을 밟는 게
몸값을 높이는 데 도움이 될까요?

서비스 업종의 중소기업에서 사업기획 업무를 담당하고 있는 5년 차 직장인입니다. 작년 대리 진급 이후 MBA과정에 들어가는 것을 고민하고 있습니다. 커리어의 그림을 좀 더 크게 그리고 싶고, 무엇보다 현재 업무와 다른 일을 하고 싶기 때문입니다.

관심을 둔 분야는 금융, 이 중에서도 특히 투자 관련 일입니다. 지금의 담당 업무를 계속해봐야 현 회사나, 아니면 현 회사와 비슷한 곳에서 쳇바퀴를 도는 그저 그런 직장인이 될 것 같습니다. 투자회사로 옮기기 위한 발판으로 잡은 것이 국내 대학의 야간 MBA 과정입니다. 지식과 정보를 얻을 수 있고, 네트워크를 확장해 직무 전환에 도움을 받을 수 있다고 생각합니다. 설사 직무를 바꾸는 데 실패하더라도 이직할 때 MBA가 상당한 역할을 해줄 것이라는 계산도 했습니다.

그런데 이 문제를 친구들과 얘기해보니 의견이 분분합니다. 직무를 바꾸거나 직장을 옮길 때 확실히 도움이 된다는 얘기가 있는가 하면, 외국의 유명대학 MBA 과정이 아니면 기업들이 별로 관심을 두지 않을 것이라는 주장도 있습니다.

기업들은 국내 대학교의 야간 MBA 과정을 어떻게 평가하고 있을까요? 또 전직이나 이직할 때 MBA 과정을 마친 게 얼마나 도움이 될까요?

세계 상위권 과정이 아니라면
큰 의미가 없습니다

경영전문대학원, 즉 MBA의 인기는 예나 지금이나 여전합니다. 국내 상위권 대학에서 MBA를 담당하는 교수에게 물어보니 MBA 과정 지원자들이 여전히 많다고 하더군요. 50대 직장인도 있고, 대학교를 졸업하고 바로 입학하는 학생도 있다고 합니다. 배움에는 나이가 따로 없으니 당연하고 자연스러운 일인지도 모르겠습니다.

　MBA의 문을 두드리는 이유는 오직 '불타는 향학열'만은 아닐 겁니다. MBA 과정 담당자들의 얘기를 들어보면 커리어의 약점을 보강해 좀 더 나은 기업으로 이동하기 위한 도약판으로 삼으려고 들어오는 사람들이 아주 많다고 합니다. 직장인들이 MBA 과정을 밟는 것은 지식과 정보를 얻는 것보다 학력과 네트워크를 보강해 커리어의 경쟁력을 강화하는 데 의미를 두고 있다는 것입니다.

MBA 과정을 선택할 때 주의할 점

이렇듯 커리어 보강 차원에서 MBA 과정을 검토할 때는 염두에 둬야 할 것들이 있습니다.

첫째, 시간의 문제입니다. 석사학위는 늦어도 30대를 넘어서기 전에 끝내는 게 좋습니다. 직장인에게 30대는 실무를 익히고 자신의 담당 업무 영역에서 전문성을 확보해야 하는 중요한 시기입니다. 이때가 지나면 본격적인 관리자 역할이 부여됩니다. 어떤 사람들은 실무자보다 관리자가 시간적 여유가 있으니 그때 해도 괜찮지 않겠느냐고 얘기합니다. 그러나 제대로 된 기업이라면 관리자가 여유를 부릴 새는 없습니다.

둘째, 장소의 문제입니다. 다시 말해 어느 대학의 MBA 과정을 이수할 것인가에 관한 것입니다. 많은 이들이 시간과 비용 같은 현실적 이유로 국내 야간 MBA 과정을 우선 검토합니다. 대학도 야간 MBA는 수익 모델 중 하나이므로 어지간하면 지원자들을 받아들이는 편이고, 따라서 MBA 과정에 들어가기도 수월합니다. 그러나 MBA 과정 이수를 기반으로 한 직무 전환은 MBA 과정의 브랜드에 따라 큰 영향을 받는다는 현실을 직시할 필요가 있습니다.

기업들이 지원자들을 평가할 때 어떤 대학교를 졸업했는지를 꼼꼼히 살피는 이유는, 대학교에서 배운 내용보다는 그 대학교에 입학할 수 있는 능력을 중시하기 때문입니다. 대학교에서 4년간 배운 내용도 물론 중요하지만, 대학의 선발 과정을 통과했다는 사실을 더 의미 있게 보고 있다는 말입니다.

MBA도 마찬가지입니다. 기업이 MBA 과정 이수에 의미를 두는 것은 절대적으로 브랜드에 대한 신뢰입니다. 채용 담당자들은 '짧게는 1년, 길어야 2년에 불과한 MBA 과정에서 배웠으면 얼마나 배웠겠느냐'라는 생각을 갖고 있습니다. 학교를 다니며 배운 것보다는 이 사람이 수많은 경쟁을 뚫고 MBA 과정에 들어갈 수 있었던 역량을 갖추고 있다는 점을 높이 삽니다. 따라서 MBA 과정을 검토하고 있다면 가능한 한 MBA 브랜드가 높은 곳을 선택해야 합니다.

투입 대비 산출을 따져보라

자본주의 사회에서 인간의 경제행위는 투입 대비 산출이 클 때 의미를 가집니다. 그런 점에서 야간 MBA 과정 이수가 커리어 자체를 바꾸는 데 큰 도움이 되리라 기대하기는 어렵습니다. 오해하지 마십시오. 이 과정을 마친 분들을 폄훼하려는 게 아닙니다. 기업의 필요와 본인의 커리어 전략이 맞아떨어진다면 얼마든지 비용 이상의 효과를 거둘 수 있습니다. 다만 저는 국내 MBA 졸업장이 직장인들의 경력 전환에 결정적 도움을 주기란 어렵다는 일반적인 현실을 얘기하는 것입니다. 국내 대학원의 MBA 과정은 직장인에게 투자 효율이 그다지 높지 않습니다. 거기에 들이는 시간과 비용 및 품을 생각하면 너무 밑지는 장사입니다.

그렇다면 외국대학교의 MBA 과정을 밟는 것은 어떨까요? 결론부터 이야기하면 세계 상위 20위권 정도의 MBA는 돼야 이수하는 의미가 있습니다. 특히 직장 경력이 길수록 유명 대학교의 MBA 과정을 선택해야 합니다. '그저 그런 곳'이라면 갈 이유가 없습니다.

영미권은 등록금으로 2억여 원, 여기에 기혼자라면 약 1억 원 정도의 가족 생활비까지 포함해 3억 원이 넘는 비용을 지출해야 합니다. 입학 준비 기간과 졸업 뒤 취업하기까지 적어도 3년간은 수입이 없다는 점도 고려해야 합니다. 젊어서는 MBA 과정을 마친 뒤 취업할 때 MBA 졸업장의 도움을 받고, 나이가 들어서는 MBA 동문의 도움을 받을 수 있으니 형편이 된다면 MBA 과정 이수가 커리어에 큰 도움이 될 수 있습니다. 그러나 세계 20위권 이하 과정이라면 자비로는 가지 않는 게 좋습니다. 또 40세 이후라면 과정을 마친 뒤 재취업 가능성을 감안할 때 매우 신중하게 접근해야 합니다.

만일 졸업장이 필요한 게 아니라 오직 배움을 위한 것이라면 미국 대학의 온라인 강의를 들어보세요. 예를 들어 미국 스탠퍼드 대학교의 온라인 공개강좌 코세라^{Coursera}의 경우 과목당 월 6만 원 정도면 세계적 석학의 강좌를 들을 수 있습니다. 온라인을 뒤져보면 국내나 외국의 유명 대학교가 개설한 무료 강의도 부지기수입니다.

과연 MBA로 새 길을 찾을 수 있을까

질문으로 돌아가보겠습니다. 질문하신 분께서는 현재 맡은 일과 다른 분야의 일을 하고 싶다고 하셨습니다. 5년 차 직장인이라면 MBA 과정은 충분히 시도할 가치가 있습니다. 그러나 직무 전환의 계기와 발판으로 삼으려 한다면 MBA 과정은 그다지 좋은 선택이 아닙니다.

물론 이런 시도가 경력개발에 도움이 될 수는 있습니다. 그러나 MBA 과정을 마쳤다고 해서 전혀 다른 직무로 옮기기는 매우 어렵다는 현실을 염두에 둬야 합니다. 1~2년 정도의 MBA 과정을 통해 특정 분야의 직무 경험을 충분히 쌓았다고 볼 기업은 많지 않습니다.

기업이 원하는 것은 직무 경험입니다. 귀하의 직무 경쟁자들은 해당 분야에서 상당한 경험과 성과를 가진 사람들입니다. 과연 이들을 압도할 직무 경험을 MBA가 만들어줄 수 있을까요?

실제로 외국에서 MBA 과정을 밟고 있는 사람들은 MBA 과정 이수의 가장 큰 효과로 직무 전문성 강화보다는 '네트워크 강화'를 꼽고 있습니다. 2024년 2월 12일, 영국《파이낸셜타임즈》가 세계 132개 MBA 졸업생 6,330명을 대상으로 조사한 결과 MBA 졸업생들은 MBA 과정의 최대 장점으로 재학생들 간의 팀워크를 꼽았습니다. 설문에 응답한 사람들은 1점부터 10점까지 점수를 매기는 방식으로 MBA 과정의 유용성을 평가했는데, 졸업생의 80퍼센트가량이 팀워크에 대해 9~10점을 줬습니다. MBA의 최대 강점을 수업 과정에서 오가는 인적교류라고 생각하고 있다는 겁니다. 그 외의 항목으로는 자신의 강점과 약점을 파악하는 자기진단, 문제해결력, 리더십, 소통 능력, 시간 관리, 회복탄력성, 프로젝트 관리 능력 향상을 MBA 과정 이수의 장점으로 꼽았습니다.

따라서 질문하신 분께서는 현재 몸담은 조직 내부에서 직무 전환 가능성이 있는지부터 확인하는 게 올바른 순서라고 생각합니다. 회사에 따라 다르겠지만 야간 MBA 과정에 들어가는 것을 꺼릴 수도 있습니다. 업무에 지장을 주지 않을까 우려하기 때문입니다. 반대로 충분한 역량과 성과를 보여줬고 핵심인재로 성장할 가능성이 있다고 판단되면 회사가 MBA 과정에 들어가는 비용을 지원할 수도 있습니다.

직장인의 대학원 공부는 일차적인 목적을 현재 자신의 가치를 높이는 데 둬야 합니다. 석사학위나 박사학위를 받는 것은 현재 경력을 업그레이드하기 위해서입니다. 다시 말해 현재 직무에 이론적 뒷받침을 더하고 네트워크를 넓히기 위해서이지, 직무를 바꾸기 위한 것이 아니란 얘기입니다.

CHAPTER
5

조직의 문법을
이해하는 방법

LEVEL UP

평판조회가 정말
입사를 좌우하나요?

10년 차 IT 개발자입니다. 얼마 전에 헤드헌터로부터 이직을 제안받아 잘 알려진 유니콘기업에 지원했습니다. 최종 면접까지 마치고 결정을 기다리고 있었는데, 인사 담당자로부터 다른 사람으로 결정됐다는 연락을 받았습니다. 면접 때 분위기가 매우 호의적이었기에 탈락 소식은 뜻밖이었습니다. 인사 담당자에게 이유를 물으니 설명하기가 곤란하다고 하더군요. 그래서 저를 소개한 헤드헌터에게 문의했는데, 평판조회에서 문제가 있었다는 얘길 들었습니다.

실망감과 불쾌감을 넘어 '도대체 왜'라는 의문이 생겼습니다. 저는 그동안 세 차례 직장을 옮겼습니다. 그런데 다녔던 직장에서 제가 맡은 업무에 문제가 생긴 적이 없었고 업무 성과도 좋았습니다. 두 번째 직장에서 팀장과 갈등 끝에 퇴사했지만, 벌써 오래전 일입니다.

누구로부터 무슨 얘기를 들었는지 모르겠지만, 업무 경험이나 성과가 명확하고 면접에서도 좋은 평가를 받았는데 다른 사람이 한 얘기 때문에 입사가 불발된다는 게 이해가 안 됩니다. 제가 겪은 것이 흔히 있는 일인가요? 정말 평판조회 때문에 채용이 취소될 수도 있나요?

평판조회는
결정적인 검증 절차입니다

결론부터 드리자면 평판조회 결과는 채용에 결정적 영향을 미칩니다. 평판조회는 이제 웬만한 기업에선 채용의 필수 과정이 됐습니다. 중요한 임직원을 뽑을 때 평판조회를 거치지 않는 경우는 없다고 봐도 무방합니다. 그리고 평판조회 결과가 나쁜 사람을 기업이 채용하는 경우는 매우 드뭅니다.

예전에는 평판조회 대상이 임원이나 핵심인재로 한정돼있었습니다. 그런데 이제는 과·차장급은 물론이고 일반직원으로까지 확대되고 있습니다. 평판조회가 얼마나 많이 쓰이고 있는지는 저희 회사의 평판조회 매출에서도 확인됩니다. 저희 회사에는 평판조회 전문 조직인 '씨렌즈센터'가 있습니다. 10여 명의 전문 컨설턴트들로 구성돼있는데, 씨렌즈센터의 매출이 매년 가파르게 상승하고 있습니다. 고객도 과거에는 주로 대기업이나 글로벌기업이었으나 요즘은 중견·중소기업, 정부 부처, 공기업, 벤처기업, 그리고 대학과 병원, 시민단체까지 확대됐습니다. 그만큼 평판조회가 후보자의 검증에 효과적이라는 사실이 널리 알려진 겁니다.

평판조회로 알아낼 수 있는 것들

평판조회가 이렇게 널리 활용되는 것은 서류나 면접만으로는 후보자의 능력과 역량, 태도를 파악하기가 쉽지 않기 때문입니다.

몇 년 전 어떤 기업의 대표로부터 황당한 이야기를 들었습니다. 그 회사의 인사 담당 임원을 뽑았는데, 몇 달 뒤 그 임원의 학력이 모두 허위로 드러났다는 겁니다. 이 사람의 이력서에는 미국의 명문 사립대를 졸업하고 유명 MBA 과정을 마친 것으로 돼있었는데, 실제는 한국의 지방대를 다니다 미국의 서부에 있는 칼리지를 졸업했답니다. 이 사람이 이전 직장에서 나온 것도 허위학력이 드러났기 때문이었습니다. 하지만 한국에 진출한 글로 벌기업과 한국의 대기업에서 인사 임원을 했기 때문에 채용 담당자나 헤드헌터가 허위 학력 가능성을 염려하지 않았답니다.

'저런 수준의 회사에서 인사 임원을 한 사람인데 설마 학력과 경력에 문제가 있겠어?'

이렇게 생각하는 바람에 이 사람은 내로라하는 기업에서 인사 담당 임원 경력을 쌓아갈 수 있었던 겁니다.

'열 길 물속은 알아도 한 길 사람 속은 모른다'는 옛말이 있습니다. 아무리 경험이 많은 인사 담당자가 후보자의 이력서와 경력기술서를 살피고, 베테랑 면접관을 투입해 면접을 해도 후보자를 제대로 파악하기는 참 어렵습니다. 특히 후보자가 속이겠다고 작정하면 인사 담당자와 면접관의 검증망은 쉽게 통과할 수 있습니다. 이 때문에 누군가를 제대로 파악하려면 오랫동안 지켜보면서 그 사람의 평소 모습과 행동을 관찰해야 합니다.

많은 후보자들이 경력기술서에 자기 성과를 기록합니다. 그런데 이 성과가 모두 자신이 만든 게 아닐 수 있습니다. 그 성과를 만드는 데 보조자로 참여했을 수도 있고, 업무지원에 그쳤을 가능성도 있습니다. 그러나 면접에서 진실을 파악하기는 쉽지 않습니다.

특히 후보자의 소프트 스킬, 즉 리더십이나 네트워크, 갈등 해결능력 같은 정성적 역량들은 확인이 매우 어렵습니다. 또 업무 윤리성이나 인성, 업무 외적인 리스크는 웬만한 방법으로는 파악이 쉽지 않습니다. 평판조회는 바로 기업의 이러한 갈증을 해소해줍니다.

채용 담당자들이 평판조회의 효용성에 높은 점수를 주는 것은 후보자와 오랜 시간 함께 해온 사람들의 의견을 청취할 수 있기 때문입니다. 상사와 동료가 후보자를 평가하는 내용을 수집하면 면접관이 보지 못하는 사각지대를 살필 수 있습니다. 그래서 평판조회를 '제3의 면접', 또는 '소리 없는 면접'이라고 부르기도 합니다.

인사 담당자들이 평판조회 내용 가운데 가장 관심을 쏟는 것은 후보자의 전 직장 상사가 내리는 평가입니다. 물론 동료나 후배도 평판조회에 도움이 되지만 한계가 있습니다. 일반적으로 상사는 후보자에게 업무를 지시하고, 실무 진행 과정을 지켜보고, 결과를 보고받은 뒤 피드백을 주는 사람입니다. 후보자의 업무 능력과 방식을 잘 알고 있는 최고의 현장 면접관입니다. 그래서 평판조회의 정확도는 전 직장 상사로부터 얼마나 정확한 이야기를 들을 수 있느냐에 달려있습니다. 평판조회를 했는데 평판조회에 응한 사람이 상사가 아니라 동료나 후배, 혹은 친구나 지인이었다면 그 내용에 큰 의미를 두지 않는 게 좋습니다.

평판조회는 어디까지나 후보자의 동의를 받고 진행하는 것이므로 불법이 아닙니다. 물론 어떤 사람들은 평판조회를 뒷조사라며 부정적으로 바라보기도 합니다. 그렇지만 기업 입장에서는 이런 시각이 부담이 되더라도 생략할 수 없습니다. 중요한 역할을 맡길 사람이기 때문에 철저하게 살펴야 하니까요. 또 자신 있게 평판조회에 응할 수 있는 후보자라야 신뢰하고 중용할 수 있습니다. 자신의 과거 행적에 문제가 있는 후보자라면 부담스러워서 평판조회를 피할 테니 미리 걸러낼 수도 있습니다.

커리어케어의 평판조회 전문조직인 씨렌즈센터는 평판조회를 할 때 후보자가 알려준 이들을 상대로 조회하는 '오픈 방식'과 후보자를 알고 있는 사람을 임의로 찾아 의견을 듣는 '블라인드 방식'을 병행합니다. 만약 후보자가 지정하지 않은 사람을 대상으로 조회하게 된다면 사전에 후보자에게 이 사실을 고지하고 동의를 받습니다. 동의 없이 진행하면 부작용이 발생할 수 있고, 자칫하면 위법행위로 내몰릴 수도 있습니다.

평판조회는 얼마나 신뢰할 수 있는가?

평판조회는 보통 3~7명을 대상으로 실시합니다. 평판조회의 완성도나 신뢰도는 평판조회를 진행하는 컨설턴트에 의해 좌우됩니다. 컨설턴트가 어떤 조회처에게 평판조회를 진행할지, 조회처의 여러 의견 가운데 어떤 것을 취하고 버릴지를 결정하기 때문입니다.

컨설턴트는 어떤 조회처가 후보자에 대해 일방적으로 부정적 이야기만 쏟아낸다면 다른 조회처를 찾아서 사실을 꼼꼼하게 확인합니다. 왜곡이 있을 수 있기 때문에 교차 검증하는 것입니다. 물론 평판조회 경험이 많은 컨설턴트는 조회처가 하는 얘기를 조금만 들어도 조회처와 후보자의 관계를 짐작할 수 있습니다.

따라서 평판조회는 경험이 많은 전문가들이 진행해야 정보가 왜곡될 가능성이 줄어듭니다. 그런데 아무리 노력해도 왜곡을 완전히 피할 수는 없기 때문에 평판조회 결과는 면접 자료와 인적성 자료, 성과 자료와 함께 채용 과정에서 하나의 보조 자료로 활용하는 것이 좋습니다.

질문하신 분께서 서류평가와 면접에서 좋은 점수를 받고도 탈락한 것은 평판조회에서 부정적 평가가 나왔기 때문일 것입니다. 안타깝지만 이런 일이 앞으로 더 발생할 가능성도 있습니다.

따라서 두 번째 직장에서 벌어진 일들에 대해 인사 담당자나 헤드헌터가 너무 부정적 인식을 갖지 않도록 설명하는 방안을 마련할 필요가 있습니다. 아울러 직장생활에서 본인에 대해 부정적 평판이 만들어지지 않도록 노력해야 합니다. 특히 퇴사하는 과정에서 형성된 인식이 전체 평판에서 상당한 비중을 차지한다는 점을 기억해두세요.

상사와 갈등이 생기면
이직을 해야 할까요?

재무팀에서 일하고 있는 30대 직장인입니다. 이 회사에 입사한 지는 3년이 조금 지났습니다. 그동안 순탄하게 조직에 적응했고 인사고과도 잘 받아왔습니다. 그런데 지난 정기인사 때 총무팀에 있던 차장이 저희 팀의 팀장으로 오면서 모든 게 뒤죽박죽이 돼버렸습니다.

팀장과 저는 성격이나 업무 진행 방식이 극단적으로 다릅니다. 팀장은 성격이 급하고 막무가내입니다. 시간을 조금만 주면 완벽하게 끝낼 수 있는 일도 당장 보고하라고 성화를 부리는 바람에 결국 몇 번씩 손을 대게 만듭니다. 퇴근 직전뿐만 아니라 퇴근 후에 메시지로 업무를 하달하여 밤을 새운 적도 여러 번입니다.

견디다 못해 몇 차례 정식으로 문제를 제기했는데 감정의 골만 깊어지고 말았습니다. 요즘은 저를 기죽일 요량인지 팀원들 앞에서 "그 연차에 이런 것도 제때 못하느냐"는 식으로 인신공격을 해댑니다. 제 올해 인사고과는 보나마나 뻔하고, 승진도 물 건너간 것 같습니다.

다른 팀으로 이동을 시도할 상황도 아니어서 제게 남은 것은 이직밖에 없어 보입니다. 하지만 이 상태에서 회사를 그만두면 이직 과정에서 문제가 되지는 않을까 걱정됩니다. 이러지도 저러지도 못하는 제 상황이 답답하기만 합니다. 어떻게 돌파구를 찾아야 할까요?

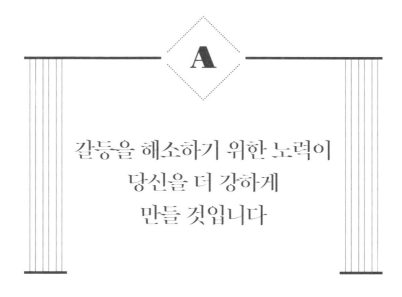

갈등을 해소하기 위한 노력이
당신을 더 강하게
만들 것입니다

상사 문제는 직장생활에서 결정적이고 치명적인 요인으로 작용하는 경우가 많습니다. 상사 덕분에 탄탄한 커리어를 밟아가는가 하면, 상사와의 갈등이 원인이 되어 이직하는 경우도 매우 흔합니다. 혼자 일하는 프리랜서가 아니라면 업무에 있어 상사와의 원만한 관계는 다른 설명이 필요 없을 만큼 중요합니다. 상사와의 원만한 관계는 업무뿐만 아니라 커리어의 발전에 큰 영향을 미칩니다. 상사의 눈 밖에 난 직원이 직장생활을 순탄하게 이어가는 것은 불가능하다고 해도 과언이 아닙니다. "직장의 절반은 상사"라는 말이 나오는 까닭도 여기에 있습니다. 그래서 저는 늘 직원들에게 상사와 좋은 관계를 맺어가야 한다고 강조합니다.

이렇게 이야기하면 불편하게 받아들이는 사람들도 있을 겁니다. "상사에게 무조건 아부하라는 얘기냐"라고 반문할 수도 있습니다. 특히 젊은 직원들 중 일부는 거부반응을 보일 수도 있습니다. 그러나 조직을 이해하고 직장생활을 오래 해본 사람은 상사와의 관계가 중요하다는 말의 의미를 잘 알고 있습니다.

직장인에게 상사가 불편한 것은 당연한 것입니다. 상사는 업무의 배분과 평가 권한을 가지고 있어서 나의 성과와 평판에 직접적이고도 거대한 영향을 미치는 사람입니다. 그러므로 피할 수 있으면 피하고 싶은 부담스러운 존재입니다. 그렇지만 상사와 좋은 관계를 유지하면 직장생활이 순조로울 뿐만 아니라 커리어도 탄탄대로를 걸을 수 있습니다. 반대로 상사와 관계가 불편하거나 갈등 상황에 처하면 직장생활이 힘들어집니다. 어떤 경우엔 승진이 좌절되고 심지어는 회사를 떠나야 하는 상황으로 내몰리기도 합니다.

갈등 요인을 세분화해서 살펴라

상사와의 관계에 적신호가 켜졌다면 어떻게 해야 할까요? 가장 먼저 해야 할 일은 우선 상사의 처지와 마음을 헤아려보는 것입니다.

우선 상사가 자신을 힘들게 하는 요인이 무엇인지 살펴보세요. 성과, 역량, 태도 가운데 어떤 것이 상사와 관계를 어긋나게 하는 핵심 요인인지 꼼꼼히 살펴보십시오. 특히 자신의 역량과 성과를 객관화해서 냉정하게 파악할 필요가 있습니다. 만약 역량이나 성과 때문이라면 다른 곳에 가더라도 비슷한 상황이 벌어질 수 있습니다.

기본적으로 조직의 수장은 성과를 관리하는 책임자입니다. 직원들이 맡은 일을 잘 수행해서 조직의 성과를 만들어내도록 해야 할 책임이 있고, 이를 달성하지 못하면 결과를 감당해야 할 책임도 있습니다. 책임의 무게가 절대 가볍지 않은, 결코 쉽지 않은 자리입니다. 이 때문에 관리자는 성과를 잘 못 내는 사람, 일을 제대로 못하는 사람을 좋게 보지 않습니다. 상사의 지시를 잘 따른다 해도, 결국 성과를 잘 내지 못하면 상사의 좋은 평가를 기대하기 어렵습니다.

만약 상사의 스타일이 나와 맞지 않는 게 결정적 이유라면,

회사를 바꾸는 것도 한 방법입니다. 그러나 상사는 직책상 대부분 비슷한 성향을 보입니다. 앞서 말한 것처럼 조직은 모든 책임을 상사에게 묻습니다. 상사는 그런 책임감을 짊어지고 있습니다. 따라서 부하직원은 상사의 책임이 그만큼 크다는 것을 이해해야 합니다. 상사의 눈으로 자신의 회사생활을 되돌아볼 필요가 있습니다. 또 자신이 상사가 되었을 때 어떤 방법으로 직원들을 일하게 만들지 생각해보세요. 그러면 새로운 관점에서 상황을 분석할 수 있습니다. 원망과 분노는 내려놓고, 객관적으로 바라보는 게 문제해결의 첫 단계입니다. 자칫 감정적으로 대응하다가 경력관리에 커다란 문제를 초래할 수 있습니다.

자신은 최대한 노력하고 있는데 상사와의 관계가 여전히 불편하고 다른 부서로 전출 가능성까지 없다고 한다면 이직을 검토해야 합니다. 아무리 노력하고 상대의 처지에서 생각해봐도 상황이 바뀔 가능성이 없는데 어떻게 하겠습니까. 다만 직장을 옮기는 것은 마지막 순간까지 신중하게 결정해야 합니다.

이직을 선택하는 데는 여러 가지 위험 요소를 염두에 두어야 합니다. 아무리 이직이 일상화되었다지만 여전히 기업은 잦은 이직을 부정적인 시각으로 바라봅니다. 인간관계, 특히 상사와 관계에 문제가 있어서 퇴사했다는 것은 인사 담당자나 헤드헌터에게 문제가 있는 사람으로 보이게 하는 근거가 될 수 있습니다. 만약 이직 사유를 숨긴다고 해도 평판조회라는 절차가 있으므로 드러날 가능성이 큽니다.

부드럽고 원만한 접근 방식을 시도하라

질문하신 분은 결과물을 다 만든 다음 피드백 받기를 원하는 반면에 상사는 그때그때 단계별로 업무를 확인하면서 나아가는 방식을 선호하는 것 같습니다. 두 방식 모두 나름의 장단점이 있습니다. 그러나 상사는 자신의 방식으로 지금까지 성과를 내왔다는 점을 염두에 두어야 합니다. 어쩌면 직원이 결과물을 완성할 때까지 기다렸는데 일정에 쫓기는 바람에 제대로 수정하지 못한 채 일을 끝내야 했던 경험이 있을지도 모릅니다. 만약 그랬다면 질문자의 상사는 '단계별로 확인하는 방식'이 옳다고 확신하고 있을 겁니다.

어쨌든 상사와 질문하신 분이 원하는 것은 같습니다. 성과를 최대한 많이 내는 것이죠. 다만 그 방식에서 차이가 있을 뿐입니다. 두 사람의 갈등이 업무 방식의 차이에서 시작됐다면 자신의 방식을 밀어붙이기보다 팀장의 방식을 따르는 게 좋을 듯합니다. 우선 조심스럽게 대화를 시도해보십시오.

"팀장님은 이런 방식을 원하시는 것 같은데, 제가 이해한 게 맞나요? 그런데 저는 중간중간 확인하는 것보다 제가 일단 초안을 만든 뒤 팀장님의 피드백을 받아 수정안을 만드는 게 효율적이라고 생각합니다. 혹시 일정 때문에 걱정되신다면 제가 초안을 만드는 기한을 좀 앞당길 수도 있습니다."

이렇듯 부드럽고 논리적으로 접근하면 팀장도 자신이 그 방식을 원하는 이유가 무엇이고, 우려하는 지점이 무엇인지를 이야기할 것이라고 생각합니다.

어떤 회사에 가든 상사는 있습니다. 늘 자신의 상사 운이 나쁘다고 한탄하면서 '나를 알아주고 사랑해주는 상사'를 찾아 떠돈다면 경력관리는 힘들어집니다. 문제의 핵심을 냉정하고 진지하게 고민한 다음 소통을 시도해보면 어떨까요? 감정적인 부분을 걷어내고 더 좋은 결과물을 위해 협력하는 토대가 마련될 수도 있습니다. 만약 그렇게 안 되더라도 이 과정을 통해 상사를 대하는 법, 상사와의 관계에서 벌어지는 문제에 대처하는 법을 배울 수 있습니다.

무능한 상사 밑에서
계속 일해야 할까요?

중견 제조회사의 구매부서에서 8년째 일하고 있습니다. 반년 전 인사 때 뜬금없이 품질관리 팀장이 새 팀장으로 왔습니다. 왜 회사가 그런 인사를 했는지 아직까지도 팀원들 간에 의견이 분분합니다.

예상했던 대로 새 팀장은 저희 팀의 업무 프로세스와 의사결정 조건을 잘 이해하지 못합니다. 그러면서 끊임없이 팀원들을 자기 나름의 원칙으로 관리하려고만 합니다. 팀장이 업무를 모르니 실무자들이 알아서 처리하면 그 과정을 하나부터 열까지 보고받고 간섭합니다. 어쩌다 저희가 처리한 업무에서 오류를 발견하면 온종일 난리가 납니다.

처음 몇 달 동안은 그래도 팀장이니 업무 지시가 부당하고 부적절하다고 생각돼도 군말 없이 따랐습니다. 그런데 지시를 수행하는 과정에서 건건이 문제가 발생하고 있습니다. 야근과 주말근무를 통해 사태를 수습하고 있지만 팀원 모두가 불만과 피로가 누적되고 있습니다.

지금까지 경험한 팀장이나 선배들은 업무 경험이 풍부했습니다. 게다가 외풍을 막아주는 바람막이 역할까지 해주었기에 지금의 팀장과 더욱 비교됩니다. 실무를 모르는 팀장과 일하는 게 이렇게 힘든 것인지 몰랐습니다. 부서를 바꿔달라고 해볼까요? 아니면 다른 회사로 옮기는 것이 좋을까요?

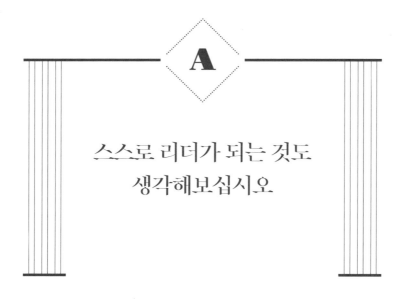

스스로 리더가 되는 것도
생각해보십시오

예전에 기업 간부들의 모임에서 업무 능력과 성과가 부족한 문제 직원을 어떻게 할 것인지를 두고 얘기가 오간 적이 있습니다. 어떤 사람은 어려운 일을 많이 맡겨야 한다고 주장했고, 반대로 어떤 사람은 최대한 일을 맡기지 않는 게 좋다고 이야기했습니다. 그런데 한 사람이 농담 삼아 엉뚱한 해법을 던져 참석자들을 실소하게 만들었습니다. 그가 제시한 해법은 무능한 상사와 단둘이 일하게 만드는 것이었습니다. 어차피 성과를 기대하기 어려우니 다른 사람이 일하는 데 방해가 되지 않도록 별도 조직으로 빼야 한다는 말이었습니다. 문제 직원이 팀장과 팀원, 팀워크의 중요성을 깨닫는 계기가 될지도 모른다는 기대 아닌 기대도 해봄직하다는 말까지 덧붙였습니다.

무거운 분위기를 바꾸기 위한 농담이었지만, 이 농담에는 무능한 조직 책임자에 대한 경영자들의 걱정이 담겨있었습니다. 업무 능력이 부족한 사람이 이끄는 조직의 성과는 부진할 수밖에 없습니다. 게다가 조직의 구성원들은 육체적으로, 그리고 정신적으로 참 힘든 시간을 보내게 됩니다.

상사는 직장생활의 전부라 해도 과언이 아닐 만큼 부하직원의 커리어를 좌우하는 중요한 요소입니다. 직장인의 복 가운데 최고는 상사 복이란 얘기가 나오는 것도 이 때문입니다. 우리 주변에는 어떤 회사의 누구 밑에서 일했다는 것을 자랑삼아 이야기하는 사람들이 있습니다. 그 분야의 베테랑과 같이 일했다면 업무를 제대로 배웠다고 추정할 수 있기 때문입니다.

실무를 모르는 관리자는 리더십을 발휘하기 어렵다

축구 감독의 연봉은 다른 종목의 감독에 비해 훨씬 많습니다. 2022년 영국 프리미어리그에서 가장 많은 연봉을 받은 선수는 맨체스터 유나이티드의 크리스티아누 호날두였습니다. 당시 그의 연봉은 2,680만 파운드였습니다. 같은 해 프리미어리그 감독 가운데 가장 많은 연봉을 받은 감독은 맨체스터 시티의 펩 과르디올라였고, 1,900만 파운드를 받았습니다. 최고 감독의 연봉이 최고 선수 연봉의 71퍼센트나 될 정도로 축구 감독은 다른 스포츠의 감독에 비해 남다른 대우를 받고 있습니다.

축구 감독의 연봉이 이렇게 많은 것은 그 역할이 크기 때문입니다. 흔히 "축구는 감독 놀음"이라고 합니다. 그만큼 감독이 중요하다는 얘깁니다. 똑같은 선수로 구성된 팀이라도 누가 감독을 맡느냐에 따라 승패가 달라지고 순위가 급변하는 일이 다반사입니다. 감독의 경기 전략과 전술, 팀 관리 방식에 따라 무명의 선수로 구성된 팀이 우승하기도 하고, 최고의 선수가 모인 팀이 종이호랑이로 전락하기도 합니다.

세계적으로 명장 칭호가 붙은 축구 감독들은 경험이 풍부합니다. 명감독들이 선수를 지휘할 수 있는 힘은 경험에서 나옵니다. 난다 긴다 하는 세계적 스타 선수들이 감독의 지휘에 따라 일사불란하게 움직이는 것도 감독의 지시가 경험에 입각해 설득력을 갖고 있기 때문입니다.

축구 감독은 대개 선수 출신입니다. 축구와 관련된 조직에서 행정이나 관리 업무를 하던 사람들이 감독이 되는 경우도 물론 있습니다. 그러나 감독 대부분은 선수 출신으로 평생 축구에 몸 담아왔습니다. 물론 모든 선수가 감독이 되는 것은 아니고, 될 수 있는 것도 아닙니다. 아무리 뛰어난 선수라고 해도 감독이 되려면 일정 기간 코치 교육을 받아 코치 자격증을 확보해야 하고, 감독 밑에서 코치 생활을 하면서 실전 경험을 쌓아야 합니다. 이런 과정을 거쳐 리더십이 검증된 사람만이 감독의 자리에 오를 수 있습니다.

이렇게 감독이 되기까지 선수로 뛰고 리더로 교육을 받고 실무 경험을 쌓아야 하기 때문에 감독은 축구에 관한 지식과 정보, 경험이 매우 풍부합니다. 선수들이 감독의 리더십에 승복하지 않을 수가 없는 겁니다. 만약 감독이 이론만 알고 실무를 모른다면 선수들이 감독의 지시를 순순히 따를 리가 없고, 그런 감독이 팀을 승리로 이끌기는 어려울 겁니다.

회사에서 관리자가 되면 직원 시절에 비해 역할이 확대되고 관장하는 업무도 많아집니다. 자연스럽게 실무에서는 손을 떼게 됩니다. 감독이 경기에 선수로 뛰지 않는 것처럼, 실무를 하는 대신 판단하고 결정하고 지휘하고 감독합니다. 실무를 맡기가 싫거나 실무가 어려워서 안 하는 게 아닙니다. 얼마든지 실무를 할 수 있고 오히려 아랫사람보다도 더 잘할 수 있지만, 실무보다 부가가치가 더 큰 업무를 하다 보니 어쩔 수 없이 손을 떼게 되는 것입니다. 성과가 좋은 조직은 관리자가 현안을 정확하게 판단하고 빠르게 의사결정을 하지 실무에 매달려있지 않습니다.

팀장이나 상사가 의사결정과 관리감독 외에도 수행해야 하는 중요한 임무 중 하나는 실무자들이 막다른 길에 다다랐을 때 막힌 곳을 뚫어주는 겁니다. 이것이 가능하려면 실무자 시절에 누구보다도 유능한 직원으로서 경험과 역량을 쌓아둘 수밖에 없습니다.

관리자는 실무 담당자의 공백이 생기면 언제든지 실무를 맡을 수 있어야 합니다. 그것도 실무 담당자보다 더 잘할 수 있어야 합니다. 리더십의 시작은 팔로워들의 자발적 승복입니다. 부하직원들은 팀장이 자기보다 능력이 부족하다고 생각하면 팀장의 권위를 인정하지 않고 지시를 잘 따르지 않습니다.

따라서 관리자는 직원들보다 실무를 훨씬 잘할 수 있다는 것을 인식하도록 만들 필요가 있습니다. 실무를 모르면 조직과 업무를 장악하기 어려울 뿐만 아니라 소통에도 문제가 생깁니다. 회사에서 리더십에 문제가 있는 관리자의 상당수는 실무를 잘 모릅니다. 실무 경험이 부족해 부하직원들이 어떤 상황에서 어떻게 생각하고 어떻게 행동하는지를 알지 못하는 겁니다.

좋은 새는 나무를 가려서 앉는다

무능한 상사가 할 수 있는 것은 부하직원들을 다그치는 것뿐입니다. 성과는 내야 하는데 그 방법을 모르기 때문에 부하직원들을 대상으로 성과를 독촉하는 것입니다. 이런 상사와 함께 일하면 부하직원들은 정말 힘이 듭니다. 질문하신 분도 현재 이런 상황에 처해있는 것 같습니다.

질문하신 분이 부서를 바꾸건 이직을 하건 그것은 본인이 선택할 문제입니다. 다만 현재 상태로 팀장과 함께 업무를 계속한다면 상당히 힘들 것 같습니다. 팀장은 업무를 모르기 때문에 앞으로도 부하직원들을 채근할 가능성이 높습니다. 물론 팀장이 바뀔 때까지 기다리는 것도 한 방법입니다. 그러나 이런 선택을 한다면 심한 마음고생을 각오해야 할 겁니다. 어쩌면 성과가 부진한 것에 대한 오명을 뒤집어쓰는 것을 감수해야 할지도 모릅니다.

노파심에서 하는 말인데, 혹시 질문하신 분이 현재의 팀장을 불만스러워하는 것이 정말 팀장의 업무 능력 때문인지 한 번 더 살펴보세요. 어쩌면 질문자의 불만은 상사와 업무 스타일이 맞지 않거나 인간적으로 맞지 않아서 생긴 일인지도 모릅니다. 직장생활에서 업무 능력과 방식은 분리해서 생각해야 합니다. 인간적 호감도와 업무 능력은 결코 비례하지 않습니다. 직장에서는 인간적 매력은 떨어지지만 역량과 성과가 뛰어난 사람은 얼마든지 찾아볼 수 있습니다. 특히 고위직으로 갈수록 그 연관성은 낮아집니다.

정 견디기 어렵다면 먼저 팀장에게 털어놓고 이야기를 해보세요. 이게 어렵거나 효과가 없다면 부서를 옮겨달라고 요구하십시오. 이런 노력에도 불구하고 달라지는 것이 없고 힘든 상황이 계속된다면 직장을 옮기는 것을 검토해야겠지요.

만약 질문하신 분께서 도저히 새 팀장을 받아들일 수 없고 지금 있는 부서와 팀원들에게 애정이 있다고 하면, 스스로 팀장의 자리에 오를 각오를 다지고 방법을 찾아보는 것도 방법입니다. 주변이 따를 만한 사람이 없다면 그때부터는 자신이 그런 사람이 되어야 하는 법입니다.

팀플레이에서
지적을 받았습니다

저는 마케팅 업무를 맡고 있는 10년 차 직장인입니다. 요전에 사내 태스크포스팀^{TFT}에 파견된 적이 있습니다. 회사의 중장기 발전 계획을 세우기 위해 구성된 팀인데, 각 본부에서 차출된 직원들로 구성됐습니다. 당시 TFT 팀장은 팀이 출범할 때 "자기 분야에 국한하지 말고 적극적으로 의견을 개진하라"고 주문했습니다.

저는 직장에서 '선무당이 사람 잡는' 경우를 가장 피해야 한다고 배웠고, 그래서 잘 아는 분야가 아니면 섣불리 의견을 개진하거나 조언하지 않았습니다. 이번 TFT에서도 회사의 중장기 발전계획이라는 중차대한 사안을 두고서 여물지 않은 생각을 이야기하지 않도록 조심했습니다. 물론 제가 관계된 분야나 과제는 열성을 다했습니다.

그런데 TFT가 해체되고 얼마 지나지 않아 본부장으로부터 '일 혼자 하는 거 아니다'라는 핀잔을 들었습니다. 대체 무슨 일인가 싶어 수소문해보니 TFT 팀장이 저희 본부장에게 직원 평가를 전달한 것 같다는 얘기를 들었습니다.

TFT에 파견됐을 때 회의에 빠짐없이 참석하고 제가 맡은 과제는 문제없이 잘 완료했습니다. 제 본업이 아니었지만 남들로부터 지적을 받을 정도로 업무에 불성실했던 적은 없습니다. 대체 제가 뭘 잘못한 걸까요?

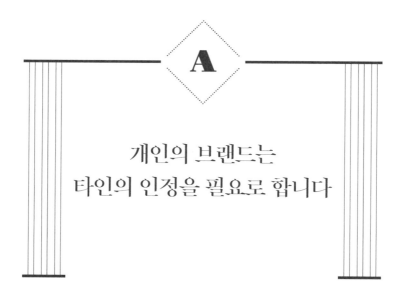

A

개인의 브랜드는
타인의 인정을 필요로 합니다

실은 요즘 질문하신 분의 사연과 비슷한 얘기가 귀에 자주 들어옵니다. 저는 질문하신 분의 이야기가 개인의 브랜드 쌓기와 관련된 문제의 하나로 읽힙니다. 자신의 전문 분야가 아닌 부분에 대해서는 관련되는 것과 언급을 피하는 것이 올바른 전문가의 태도이고, 내가 다른 사람들의 영역을 인정해주는 만큼 나도 내 영역을 존중받을 것이라는 사고방식이 겉으로 드러난 것이지요.

일견 공감할 만한 태도이지만 한편으로 우려가 되는 모습이기도 합니다. 왜냐하면 개인의 브랜드는 다른 사람과 일할 때 형성되기 때문입니다. 즉 브랜드는 '역량과 전문성'과 함께 '평판과 신뢰'가 중요한 축이 됩니다.

팀플레이는 자기 브랜드를 보여줄 기회다

직장생활을 하다 보면 종종 본인의 업무에만 관심을 쏟고 공동 업무는 소극적인 직장인들을 접하게 됩니다. 본인의 업무는 평가에 직결된다고 생각하지만, 공동 업무는 노력해도 티가 잘 안 나고 열심히 안 해도 큰 영향이 없다고 여깁니다. 그러나 그렇지 않습니다. 개인 업무의 평가는 나중에 이뤄지기 때문에 당장 다른 사람과 비교가 되지 않습니다. 그러나 공동 업무는 여러 사람이 같이 하기 때문에 수행하는 과정에서 시시각각 참여자들끼리 비교와 평가가 이루어집니다. 누가 얼마나 열심히 하고 역량과 성과는 어떤지, 상사는 물론 참여자들이 다 알고 있습니다.

보통 TFT는 한 부서가 맡아서 해결할 수 없고 융합적인 사고와 부서 간 협업이 요구될 때 구성됩니다. TFT는 대개 본부장이나 부서장급이 책임을 맡습니다. 조직에서 차지하는 중요도와 비중이 그만큼 크기 때문입니다. TFT에는 급하게 결과를 도출해야 하는 과제가 주어질 수도 있고, 회사의 방향성을 좌우하는 중

장기적 과제가 부여될 수도 있습니다. 그래서 TFT의 활동은 회사의 주요 간부를 포함해 많은 구성원들이 눈여겨봅니다. 만약 TFT에 참여한 직원이 참여 태도가 좋지 않거나 일을 대충 하면 순식간에 이미지가 나빠집니다. 조직 내에 이미지가 잘못 잡힌 직원 중 상당수는 이런 공동 과제를 수행하는 과정에서 역할을 제대로 해내지 못한 사람들입니다.

팀플레이는 조직에서 자기 브랜드를 만들 수 있는 좋은 기회입니다. 조직 내 네트워크도 대개 팀플레이를 하면서 구축됩니다. 한배를 탔다는 심정이 구성원 간 관계를 탄탄하게 만드는 것이죠. 따라서 공동 과제일수록 더 열심히 하고 더 좋은 성과를 내야 합니다. 팀에서 기여도를 최대한 높여야 합니다. 그래야 개인의 브랜드가 좋게 형성되고, 같이 일했던 사람들이 다음에도 함께 일하고 싶어 합니다. 그렇지만 안타깝게도 개인 성과에 매몰된 직장인들은 이 점을 간과하고 있습니다.

무임승차는 치명적이다

대학생 때 조별 과제를 하다 보면 여러 유형의 사람들을 만납니다. 일반적으로 조별 과제를 수행하려면 주제 잡기, 계획 세우기,

조사, 자료 수집, 의견 취합, 결과 정리, 발표 같은 여러 프로세스가 필요합니다. 이때 주도적이고도 적극적으로 자기 역할을 수행하는 조원이 있는가 하면, 대충 시늉만 하면서 결과물을 나눠 받으려는 '얌체' 같은 조원도 있습니다.

조별 과제를 수행할 때 무임승차하는 얌체들은 당연히 인기가 없습니다. 무임승차가 반복될 경우 입소문이 나면서 기피 대상에 오르기도 합니다. 반대로 좋은 결과물을 뽑아낼 수 있는 사람, 솔선수범하면서 자기 역할에 최선을 다하는 사람, 조원 개개인의 특성에 따라 과정을 설계하고 조원들 간 시너지를 유도하는 사람은 인기가 좋습니다.

회사에서도 마찬가지입니다. 파견을 나가는 직원들은 여유있게 일해도 된다고 생각하는 경향이 있습니다. 연수나 출장, 파견 중인 직원에 대해서는 관리가 소홀하다는 것을 알기 때문입니다. 그러나 '대충 해도 티가 안 나겠지'라고 생각하는 것은 대단한 착각입니다. 함께 일하는 사람들은 다 아니까요.

평판조회를 해보면 연수나 출장, 파견 때 나쁜 이미지가 만들어져 부정적 코멘트를 받는 사람들이 적지 않습니다. 같이 일했던 사람들은 업무 과정에서 개개인이 어떤 역할을 어떻게 수행했는지, 성과에 어느 정도나 기여했는지, 다른 부서와 협업하는 태도는 어땠는지를 잘 압니다. 이들이 자신을 긍정적 시각으로

봤다면 주변 사람들에게 긍정적인 코멘트를 할 것이고, 그렇지 않다면 비판적으로 이야기할 겁니다. 이렇게 다른 사람들과 함께 일하는 과정에서 본인에 대한 이미지가 형성되는데, 이 이미지는 어떤 식으로든 직장생활에 영향을 미칩니다.

브랜드 가치는 팀플레이에서 나온다

직장인들은 하루 중 많은 시간을 회사에서 지냅니다. 자기에게 주어진 업무를 하기도 하고, 회의에 참여하기도 하고, 상사나 동료와 이야기를 나누기도 합니다. 그런데 직장인이 명심해야 할 것은 지금 하는 일이 자신의 브랜드를 형성하고, 그 브랜드가 자신의 커리어에 영향을 미친다는 점입니다. 직장생활의 모든 순간이 모여 개인의 브랜드가 만들어집니다.

한국의 국가대표 축구감독으로 많은 화제를 뿌렸던 위르겐 클린스만은 선수시절 독일 축구 국가대표팀의 핵심 공격수였습니다. 108경기에 출전해 무려 47골을 넣으면서 독일 축구의 레전드로 자리 잡았습니다. 이렇듯 선수로서 화려한 경력을 갖고 있는 클린스만이지만 감독으로서는 좋은 평가를 받지 못하고 있습니다. 과거에도 혹평을 받았고, 최근 한국 국가대표 감독을 맡고 나서는 온갖 비난과 수모를 당하다가 1년도 안 돼 역대 최악의 감독이라는 비판을 받으며 해임당하고 말았습니다.

그가 비판받는 데는 여러 이유가 있겠지만, 핵심은 자기 브랜드 관리에 실패한 것입니다. 그는 한국에 주재하겠다는 약속과 달리 미국과 유럽을 자주 오갔습니다. 잦은 휴가와 해외출장, 이에 따른 원격근무는 그가 국가대표 감독 업무에 집중하지 않는다는 부정적 이미지를 만들었습니다. 이렇게 해서 망가지기 시작한 클린스만의 브랜드는 회복되기 어려웠습니다. 경기에서 지면 전략전술의 부재라는 비판이 쏟아졌고, 이기더라도 공은 감독이 아니라 선수들에게 돌아갔습니다. 그의 발언과 행동에 대한 언론과 축구팬들의 반응은 부정 일변도였습니다. 어떤 것을 해도 좋은 평가를 받지 못하는 상태에서 그는 국민들이 희망하는 결과를 만들지 못하자마자 경질당했습니다. 단지 경기에 져서 경질당한 게 아니라 브랜드가 망가져서 감독 업무를 더 이상 할 수 없게 된 겁니다.

개인의 브랜드는 하나하나의 언행과 그것에 대한 평가가 모여 만들어지는 집합체입니다. 즉 자기 브랜드는 다른 사람과 만나고 일하는 과정에서 만들어집니다. 그러므로 아무리 사소한 업무라도 공동으로 하는 것이라면 더욱 최선을 다해야 합니다.

'가랑비에 옷 젖는 줄 모른다'는 옛말이 있습니다. 가늘게 내리는 비는 조금씩 젖어 들기 때문에 옷이 젖는 것을 깨닫지 못한 다는 뜻입니다. 사소한 것이라도 반복되면 하나의 상을 형성합니 다. 개인 브랜드도 마찬가지입니다. 조금씩 꾸준히 쌓아 올린 브 랜드는 좀처럼 바뀌지 않고 상당한 영향력을 행사합니다. 브랜드 가 좋으면 뒤에서 불어오는 순풍과 함께 항해할 수 있지만, 브랜 드가 나빠지면 마주 불어오는 역풍을 뚫고 앞으로 나아가야 합 니다. 잘 관리하면 안전하고 편안하고 빠르게 목적지에 도착하는 데 큰 힘이 되지만 브랜드 관리에 실패하면 경력 목표를 달성하 기가 어렵습니다.

커리어에 도움 되는 네트워크는
어떻게 구축해야 할까요?

중견 의류회사에서 해외영업을 담당하고 있는 4년 차 직장인입니다. 저는 오직 직장에서 성공하겠다는 일념으로 시간과 노력을 들여왔습니다. 가장 힘을 쏟은 것은 외국어였습니다. 전공은 사학과였지만 이것이 직장에선 그리 환영받지 않는 분야라는 것을 잘 알고 있었기에 무엇이든 무기 하나를 만들어야 한다고 생각했습니다. 그래서 선택한 것이 외국어였습니다. 지금은 영어와 중국어로 의사소통이 가능하고, 일본어는 알아들을 수 있는 정도입니다. 덕분에 지금 회사의 해외영업 부서로 입사할 수 있었습니다.

그런데 제가 요즘 골몰하고 있는 것은 네트워크 확보입니다. 제 동료 가운데 인간관계의 달인이 있습니다. 스터디에만 나가도 얼마 지나지 않아 멤버의 지인까지 만나며 인맥을 잔뜩 넓혀놓는 친구입니다. 고작해야 학교 동기 정도가 인맥의 전부인 저는 꿈도 꾸지 못할 만큼 인간관계가 넓어 부럽기만 합니다. 저는 회사 동료들과는 그럭저럭 어울리는 편이지만, 그 친구처럼 회사 밖 사람들과 교류하며 인맥을 쌓는 것은 성격상 엄두도 못 낼 일입니다.

어떻게 하면 제가 커리어에 도움이 될 네트워크를 만들 수 있을까요? 또 네트워크를 어떻게 하면 잘 관리할 수 있을까요?

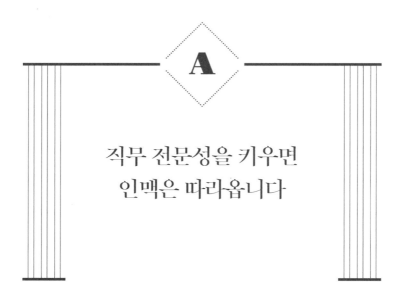

직무 전문성을 키우면
인맥은 따라옵니다

지방 대도시에는 지역 이름을 딴 명문고가 하나씩 있습니다. 고
교 평준화가 이뤄지기 전, 이들 명문고 출신들은 그 지역의 주요
자리를 차지했고 강력한 네트워크를 형성했습니다. 대학도 그렇
습니다. 국내외를 막론하고 주요 명문대 출신들은 선후배들의 네
트워크가 강력합니다. 잘 아는 사이가 아니어도 단지 대학 동문
이라는 이유만으로 서로를 밀어주고 끌어줍니다. 수험생들이 재
수나 삼수를 해서라도 명문대에 입학하려는 이유도, 기업이 가능
하면 명문대 출신을 뽑으려는 이유도 여기에 있습니다.

인적 네트워크의 강력한 영향력

사람들은 흔히 기업이 명문대 출신을 선호하는 이유가 이들의 학습 능력과 지적 능력을 신뢰하고 남들보다 더 좋은 성과를 낼 수 있을 것으로 기대하기 때문이라고 생각합니다. 틀린 답은 아니지만 온전한 답도 아닙니다. 일반적으로 일정 직급을 넘어서면 업무 능력보다는 사회적 연결망, 즉 네트워크가 성과에 더 큰 영향을 미칩니다. 인적 네트워크는 종종 '끼리끼리'나 '연고주의'로 지탄을 받고 있지만, 현실에서는 강력한 영향력을 행사하고 있음은 부정할 수 없습니다.

인적 네트워크를 중시하는 것은 비단 한국에서만 나타나는 현상은 아닙니다. 일본에서 인맥은 영어 단어 커넥션Connection에서 따와 '코네ㄱㅊ'라고 하는데, 직장생활이나 비즈니스에서 코네의 위력은 대단합니다. 중국에서도 인맥이라는 뜻의 꽌시關係가 막강한 위력을 발휘합니다. 꽌시는 자주 만나서 밥 먹고 술 마신다고 되는 게 아니라 진심으로 마음을 나누고 신뢰가 쌓여야 형성되는 무형의 끈입니다. 그냥 말로 사귀는 게 아니라 혼인관계나 경제적 지원, 혹은 선물 같은 실질적인 것들이 뒷받침돼야 만들어집니다.

서구 사회에서도 인맥의 영향력은 마찬가지로 강력합니다.

사립 명문고나 전통의 명문대학을 중심으로 동문 네트워크가 강하게 작동합니다. 미국 상위권 대학교의 MBA는 자신들의 동문 네트워크를 공공연하게 장점으로 내세웁니다. 졸업할 때 동문 선배들을 만나게 하고 체계적으로 연결해서 선배들이 후배들의 사회 진출과 비즈니스 기회 창출 과정에서 직간접적으로 도움을 주도록 합니다.

이렇듯 인맥은 아무리 강조해도 지나치지 않을 만큼 인간 세상에서 중요한 요소임에 틀림없습니다. 네트워크는 곧 돈이자 권력입니다. 단순히 서로 아는 사이를 넘어선 '확장된 나'로 봐도 무방합니다. 따라서 네트워크를 잘 만들고 유지하는 것, 강하고 폭넓은 네트워크를 구축하는 것은 직장생활은 물론이고, 경력관리에서도 매우 중요합니다.

인맥의 목적은 인간관계가 아니다

문제는 네트워크를 확보하기가 참 어렵다는 점입니다. 특히 단기간에 인위적으로 네트워크를 만들기는 참 어렵습니다. 질문하신 분처럼 비교적 내향적인 사람들은 자신의 성격 탓에 인맥을 강화하기가 어렵다고 토로하기도 합니다.

그런데 과연 빈약한 네트워크는 오직 성격 탓일까요? 저는 인맥이란 전혀 다른 요소에서 비롯된다고 생각합니다. 바로 현재 몸담은 직장과 직무입니다.

직장에 다니는 이들의 인맥 쌓기는 자신이 하는 업무에서 출발합니다. 주변을 살펴보면 같은 기간 동안 같은 업무를 맡더라도 그 업무와 관련된 사람들과 탄탄한 관계를 구축하는 이가 있는가 하면, 자기 일만 마치면 끝인 이들도 있습니다.

관계의 지속성은 사업을 전개하는 조직이 원활하게 운영되기 위한 기본 중의 기본입니다. 사업과 장사의 차이로 여러 가지 요소가 제시되는데, 저는 관계의 지속성이 그중 매우 중요한 요소라고 봅니다. 사업은 기본적으로 일정한 목표와 계획에 따라 지속적으로 시장을 관리하고 운영하는 것입니다. 이를 위해서는 각 업무를 담당하는 사람들의 꾸준하고도 안정적인 관계가 매우 중요합니다. 오다가다 물건을 사고파는 일회성 관계와는 근본적으로 다릅니다.

우리는 직장이라는 조직 안에서 일할 때 매일같이 상사와 부하, 동료들과 만납니다. 그들과 맺는 관계는 그 자체가 네트워크이고, 다른 네트워크를 구축하고 확장하는 출발점이 됩니다. 학교를 다니면 동창이 생기고 같은 지역에 오래 살면 이웃들과 관계가 형성되는 것과 마찬가지입니다.

이렇듯 네트워크는 어떤 목적을 위해 활동하는 과정에서 생겨나는 것이지 네트워크 자체를 목적으로 만드는 것이 아닙니다. 인맥 자체를 목적으로 만들어진 네트워크는 깨지기 쉽습니다. 조금만 신경을 쓰지 않으면 강도가 약해지고, 그런 상태에서 일정한 시간이 지나면 네트워크로서 의미가 없어집니다.

요즘은 의미가 많이 퇴색했지만, 한국 사회의 대표적인 친목단체들이 있습니다. 향우회, 전우회, 그리고 동문회 같은 유형의 모임들이죠. 이들 친목단체는 한때 한국을 넘어 해외에 지부를 둘 만큼 강력한 결속력을 자랑하기도 했습니다. 그렇지만 핵심 운영진으로 활동하면서 상당한 공을 들이지 않는다면 이런 유형의 친목단체를 통해서 비즈니스 네트워크를 만들기는 참 어렵습니다.

충실한 직장생활이 네트워크의 시작점이다

어떤 사람들은 네트워크를 확장하겠다고 사방팔방으로 돌아다니며 사람을 만나는 데 힘을 쓰기도 합니다. 그러나 그런 네트워크가 얼마나 자신의 커리어에 실질적 도움이 되는지는 따져볼 필요가 있습니다. 직장인에게 필요한 네트워크는 직무 관련 네트워크입니다. 직무와 무관한 네트워크는 경력관리에 큰 도움이 안됩니다.

제가 이끄는 커리어케어는 인재 컨설팅사업을 하는 헤드헌팅회사입니다. 커리어케어 임직원들은 헤드헌팅 업무의 특성상인적 네트워크가 상당히 중요하기 때문에 어느 곳보다도 관리에신경을 씁니다. 회사에서 전문 컨설턴트로 성장하거나 팀장 또는본부장으로 성장하려면 네트워크가 탄탄해야 합니다. 그런데 저희 회사의 간부들을 보면 애초에 네트워크가 좋았던 사람도 있지만, 대부분은 이곳에서 업무를 하면서 만난 사람들을 통해 네트워크를 확장했습니다.

어느 회사이건 간부들은 업무를 잘하고 성과를 잘 내는 사람들입니다. 이들은 업무 수행 과정에서 네트워크가 확장되는데,이 확장된 네트워크가 다시 업무 능력과 성과를 끌어올립니다.흔히 말하는 선순환 구조가 만들어지는 거지요. 그래서 직장은최고의 학교이자 훈련소입니다. 업무를 하면서 전문성이 키워지고 개인 브랜드가 구축됩니다. 네트워크도 당연히 직장에서 싹틔우고 키워나가는 것입니다.

거듭 강조하지만 네트워크의 기본은 직장입니다. 업무를 통해 형성된 관계보다 더 중요한 네트워크는 세상 어디에도 없습니다. 자신의 직무에서 성과를 잘 만들어내는 것, 직장생활을 제대로 해서 동료와 상사들로부터 인정을 받는 것이 네트워크를 만드는 가장 빠르고 효율적인 길입니다.

질문하신 분은 아직 주니어 연차이기 때문에 회사가 인맥을 통해 문제를 해결해야 할 직무를 맡기지는 않았을 것으로 보입니다. 그런 점에서 네트워크가 약한 것은 어쩌면 자연스러운 현상입니다. 다만 높은 경력 목표를 갖고 있다면 그 높이만큼 네트워크에 관심을 가져야 합니다. 이를 위해서는 자신의 직무 전문성을 키우는 게 중요합니다.

'일가_一家_를 이룬다'는 것은 전문성을 키워 하나의 자기 영역을 구축한다는 의미이지만 그 과정에서 전문성만큼이나 탄탄한 네트워크가 만들어진다는 의미이기도 합니다. 길을 걸은 만큼 더 많은 곳이 연결됩니다. 일을 한 만큼, 성과를 거둔 만큼, 활동을 열심히 한 만큼 네트워크도 넓어지고 탄탄해질 것입니다.

당장은 주변 동료의 인맥이 부러울 수 있을 겁니다. 그러나 직급이 높아지면서 업무의 폭이 넓어지고 깊이가 깊어지면 네트워크도 자연스럽게 확장되니까 너무 걱정하지 않아도 됩니다. 지금 단계에서는 네트워크보다 직무 전문성을 강화하는 게 우선 과제입니다.

좋은 멘토와 롤 모델을 구하려면
어떻게 해야 할까요?

입사한 지 반년 남짓 된 직장 초년생입니다. 제가 목표로 했던 대기업은 아니지만, 취업 재수를 하지 않고 지금의 직장에 들어온 것을 행운이라 생각하고 열심히 업무를 배우고 있습니다. 이 회사가 만족스러운 이유는 무엇보다도 상사 때문입니다. 저희 팀장은 사내에서 일 잘하는 사람으로 소문나 있습니다. 날카로운 분석력과 치밀한 업무 처리로 정평이 나 있어서 팀장이 만든 문서를 보거나 프레젠테이션을 들으면 저도 모르게 감탄이 나옵니다.

저는 직장생활에서 성공하려면 롤 모델Role model과 멘토Mentor가 필요하다고 생각합니다. 대학교를 다닐 때는 제가 생각하는 대로, 뜻하는 대로 살면 되지 굳이 누굴 본받거나 따라 살아야 할 필요는 없다고 생각했습니다. 그런데 직장에 들어와 보니 그렇지 않다는 걸 알게 되었습니다. 단순히 바라보고 배우는 것보다 조금 더 구체적인 가르침을 받을 수 있다면 내가 원하는 목표에 가까이 갈 수 있다고 생각합니다.

팀장은 이미 제 롤 모델이지만, 앞으로 멘토로 삼아 더 많은 가르침을 얻고 싶습니다. 하지만 이 말을 어떻게 꺼내야 할지 고민입니다. 그냥 무작정 가서 '제 멘토가 되어주십시오'라고 부탁하면 될까요?

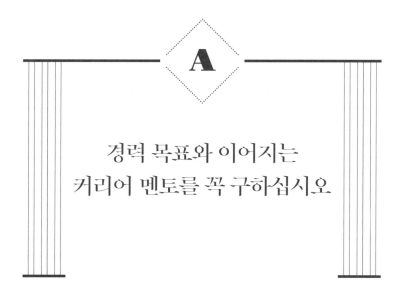

경력 목표와 이어지는
커리어 멘토를 꼭 구하십시오

'롤 모델'은 존경하거나 닮고 싶은 사람을 의미합니다. 사회학자 로버트 머턴Robert K. Merton이 만든 용어로, 현재의 자신이 어떤 과정을 거쳐 어떤 목표를 향해 나아갈 것인지를 파악할 때 도움이 됩니다.

롤 모델은 단순히 닮고 싶은 사람이 아닙니다. 특히 경력관리에서 롤 모델은 막연하게 좋아하고 존경하는 게 아니라 그를 떠올리며 커리어 경로를 생각하게 만드는 사람입니다. '위인'과는 다른 개념이죠.

'멘토'는 인생이나 직장의 길을 안내하는 자발적 조언자입니다. 멘토링을 받고 싶다면 먼저 멘토로부터 무엇을 배울 것인지를 명확히 해야 합니다. 멘토는 꼭 한 명일 필요는 없습니다. 역할에 따라 여러 명이 있을 수도 있습니다. 가능하다면 필요한 분야에 있는 여러 멘토로부터 도움을 받는 게 좋습니다.

우선 일상생활에서 멘토 역할을 하는 사람이 있을 수 있습니다. '인생 멘토Life mentor'라고 부를 수 있을 겁니다. 일상의 모든 영역에 대해 일차적으로 조언해줄 수 있는 사람입니다. 의사에 비유하자면 일종의 주치의라고 할 수 있습니다. 주치의는 자신이 맡고 있는 사람의 기초적인 건강을 관리합니다. 그러다 이 사람이 특정 분야에서 문제가 발생하면 해당 분야의 전문병원이나 전문의를 소개해줍니다. 멘토는 이처럼 언제든 자신의 문제를 상의하고 조언을 받을 수 있는 사람입니다.

경력관리에 도움 되는 멘토는 자신의 진로와 관련해 조언해줄 수 있는 사람입니다. 이런 사람을 '커리어 멘토'라고 합니다.

커리어 멘토의 조건

커리어 멘토는 최소한 두 가지 조건을 갖추고 있어야 합니다. 하나는 멘티Mentee(멘토로부터 조언이나 상담을 받는 사람)가 가려는 분야를 잘 알고 있어야 합니다. 그래야 멘티에게 좋은 경력 경로를 알려줄 수 있습니다. 가능하면 그 분야에서 성공한 사람이면 좋겠지요. 성공으로 이어진 정보와 경험이 많으면 훨씬 효율적인 조언을 해줄 수 있을 뿐만 아니라 본인의 네트워크를 통해 실질적인 도움을 줄 수도 있습니다. 특히 회사에서의 승진이나 전보, 이직의 경우 멘토는 결정적 역할을 하기도 합니다.

멘토는 인적 네트워크 중에서도 가장 강력한 네트워크입니다. 강력한 멘토, 유능한 멘토가 여럿 있다면 경력관리에서 매우 유리한 환경을 갖고 있는 겁니다. 이 때문에 어떤 기업에서는 멘토링을 하나의 제도로 도입하여 적극 활용하기도 합니다.

리버스 멘토링이라는 것도 있습니다. 후배 직원이 선배의 멘토가 되어 최근의 트렌드나 자신이 아는 지식을 공유해주는 것입니다. GE의 잭 웰치Jack Welch 전前 회장은 1999년에 회사 임원 500명에게 후배 직원으로부터 인터넷을 배우라는 지시를 내리고, 자신도 20대 직원에게 인터넷을 배웠습니다. 그 뒤 많은 기업이 리버스 멘토링을 도입해 조직에 새로운 활기를 불어넣었습니다.

둘째, 당연한 이야기지만 멘토는 멘티에게 호의적이고 애정을 갖고 있어야 합니다. 멘티를 잘 알고 있고 멘티를 도울 의사가 분명히 있어야 합니다. 멘토링은 시간을 내서 멘티에게 신경을 써야 하는 일입니다. 어려운 일은 아니지만 그렇다고 가볍게 볼 일도 아닙니다. 멘토가 멘티에게 호감이 있거나 도와줘야 할 특별한 이유가 없으면 멘토 역할을 하기가 쉽지 않습니다. 아무에게나 가서 멘토를 해달라고 부탁한다고 해서 멘토링 관계가 쉽게 성립하는 것은 아닙니다.

사람의 관계는 한쪽으로 흐르지 않습니다. 도움을 받은 만큼 돕고, 주는 만큼 받는 것이 통상의 진리입니다. 일방적으로 한쪽만 주거나 받을 수는 없습니다. 따라서 좋은 멘토를 구하려면 그만큼 공을 많이 들여야 합니다. 그렇게 만들어진 관계여야 유익한 멘토링을 기대할 수 있습니다. 질문하신 분도 멘토로 삼고 싶은 사람이 있다면 조심스럽게 서서히 호의적인 관계를 형성한 다음 구체적 사안에 대해 의견을 구하는 게 좋겠습니다.

롤 모델은 경력 목표와 이어진다

멘토와 롤 모델이 일치하는 것은 이상적이지만, 현실이 되기는 쉽지 않습니다. 커리어 설계의 초기 단계에서는 롤 모델이 역사적 인물이나 현실적으로 만나기 어려운 유명인인 경우가 많기 때문입니다. 그러나 개인이 성장하고 발전하다 보면 더 구체적이고 현실적인 롤 모델을 찾게 됩니다.

롤 모델은 고정된 것이 아닙니다. 경력 목표와 과정이 변하면 롤 모델도 달라질 수 있습니다. 거꾸로 롤 모델이 달라지면 경력 목표와 과정이 바뀔 수도 있습니다. 그만큼 롤 모델은 경력 목표와 직결돼있습니다.

누구든 한번쯤은 책을 읽고 강연을 듣고 영화를 보다가 어떤 사람의 삶에 푹 빠져 그런 삶을 살고 싶다고 생각한 적이 있을 겁니다. 이럴 때 그에 대해 연구해보는 것도 의미가 있습니다. 그 사람이 그런 삶을 살기까지 어떤 과정을 거쳤는지, 그 과정에서 부닥쳤던 문제들은 무엇이고 그것들을 어떻게 해결했는지 구체적으로 살펴보는 겁니다. 그런 점에서 인물의 자서전은 롤 모델을 선정하는 데 큰 도움이 됩니다.

만약 이런 과정을 거쳐서 롤 모델을 정했다면, 다음에는 그의 삶을 토대로 자신의 커리어를 설계해보십시오. 그리고 이렇게 설계한 커리어를 지속적으로 수정 보완하십시오. 그러면 롤 모델보다 더 발전하고 성장하면서, 어느 순간 롤 모델을 넘어설 수도 있습니다.

제가 아는 스타트업 대표들 가운데 상당수는 롤 모델을 거울 삼아 회사를 세워서 운영하고 있습니다. 그들은 또 사업을 확장하면서 어려움에 처했을 때 어떻게 그다음 단계로 나아가야 할지, 자금을 어떻게 추가로 확보할 수 있을지, 임직원들의 갈등을 어떻게 해소할지, 고객을 어떻게 확보해야 할지에 관해 멘토로부터 조언을 듣고 있습니다.

어떤 사장은 현대그룹 창업자 정주영을 롤 모델로 삼아 혁신적 발상으로 사업을 전개하고 있습니다. 한국 최초로 종업원 지주제를 도입했으며 자신의 전 재산을 사회에 환원한, 유한양행의 창업자 유일한을 모델로 삼고 있는 경영자도 있습니다. 어떤 임원은 등산 동호회에서 만난 선배로부터 경험을 전수받고 있고, 어떤 사업가는 주변에 여러 명의 멘토를 주변에 두고 필요할 때마다 조언을 구하기도 합니다.

그런 점에서 질문하신 분이 팀장을 롤 모델과 멘토로 삼으려는 것은 매우 현명한 방법입니다. 롤 모델과 멘토는 가까운 곳에 있을수록 도움을 많이 받을 수 있기 때문입니다. 우선 팀장께 면담을 요청하고 이야기를 나누어보십시오. 진심으로 멘토가 돼 주길 요청하면 아마 팀장도 흔쾌히 수락할 것입니다. 팀장으로부터 많은 것을 배워서 경력 목표를 달성할 수 있기를 바랍니다. 그리고 목표를 이룬 뒤에는 후배들에게 좋은 롤 모델과 멘토가 되어 주세요.

CHAPTER
6

커리어 변곡점을
대비하라

L E V E L   U P

마흔에 하는 커리어 고민,
너무 늦은 게 아닐까요?

올해 마흔한 살이 된 직장인입니다. 대학교 졸업 후 중견기업에 입사했다가 업종이 다른 현재 회사로 자리를 옮겨 차장으로 일하고 있습니다. 지금까지 두 군데 회사에서 기획실과 비서실을 오가며 근무했고, 회사의 전반적인 관리 시스템과 운영 방식은 비교적 잘 파악하고 있습니다. 그렇지만 현재 업무가 내가 가장 잘할 수 있는 것인지, 이 업무를 계속한다면 지금 회사에서 어느 자리까지 올라갈 수 있는지, 직장을 옮겨 뭔가 새로운 기회를 찾아야 하는 것은 아닌지, 직장을 옮긴다면 어느 방향을 선택해야 하는지, 다 때려치우고 더 늦기 전에 창업에 나서야 하는 것은 아닌지 등 이런저런 생각과 의문이 꼬리를 물고 이어지면서 마음을 잡지 못하고 있습니다.

30대 젊은 시절에는 지금의 나이가 되면 제 커리어에 대한 확신이 생길 줄 알았습니다. 그런데 40대에 접어들었는데도 여전히 불확실하고 불안정한 상태가 계속되고 있습니다. 제가 지금 뒤늦게 사춘기를 겪고 있는 걸까요? 제 나이대의 다른 사람들도 비슷한 고민을 하고 있을까요? 지금 제가 이렇게 커리어를 불안해하고 있어도 되는 걸까요?

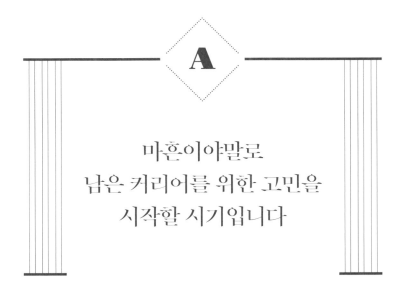

마흔이야말로
남은 커리어를 위한 고민을
시작할 시기입니다

나는 15세에 학문에 뜻을 두었고志學, 30세가 되어서 마음을 확고하게 정했으며而立, 40세에는 어떤 유혹에도 흔들리지 않게 됐고 不惑, 50세가 되어서는 하늘의 뜻을 깨달았으며知命, 60세에는 남의 말을 들으면 그 뜻을 알게 됐고耳順, 70세가 되어서는 마음이 하고 싶은 대로 해도 법도에 벗어나지 않았다從心.

『논어』 위정 편에 나오는, 공자가 자신의 일생을 돌아보며 한 말입니다. 이를 보고 '내 나이 30이면 길을 딱 정하고 흔들림이 없어야지'라고 생각하는 것은 조금 오류가 있습니다. 저 말은 농경 시대에서 비롯된 말이고 산업화 시대를 넘어 첨단기술 시대를 사는 우리에게는 잘 들어맞지 않습니다.

옛말에 남자 나이 스물은 '약관弱冠'이라 불렀는데, 이는 갓을 쓰는 나이라 하여 지금으로 치자면 사회에 진출하는 시기를 이릅니다. 그런데 요즘엔 빨라도 20대 중반이거나 보통은 20대 후반이 돼야 공부를 마치고 사회에 진출합니다. 결혼하는 나이도 과거보다 10년은 더 늦춰졌습니다. 그러니 공자가 자기 일생을 돌아보며 언급한 나이는 지금으로 따지면 대략 열 살씩은 더 먹어야 맞아들어갈 것 같습니다.

실제로 요즘 40세 무렵이 되어도 자기 미래에 확신을 가지는 이들이 드물어진 것 같습니다. 21세기를 사는 사람들에게 마흔은 안정된 시기가 아니라 일생에서 가장 활동적으로 일할 때입니다. 40대 초반은 아직 시장에서 수요가 많은 '조직의 허리'에 해당합니다. 대체로 중간에 공백이 없이 40대 초반까지 직장생활을 계속해온 직장인이라면 기업들의 관심 대상이 됩니다. 업무지식과 경험이 풍부하고 리더십 훈련도 일정하게 받은 것에 비해 몸값은 아직 오름세를 타기 전이라 시쳇말로 '가성비가 좋은' 인적 자원입니다. 그러다 보니 여러 기업에서 러브콜을 보내고, 이에 따라 진로에 관한 고민도 많아지고 깊어집니다.

또한 커리어에 대한 고민은 특정 시기에 끝나는 게 아닙니다. 50대가 되면 50대의 커리어 고민이 나타납니다. 60대에도 상당히 많은 이들이 커리어를 고민합니다. 저한테 상담을 요청하는 사람들 가운데는 60대 초반도 적지 않습니다. 결국 커리어에 대한 고민은 평생 한다고 봐야 합니다.

40대는 자기 브랜드를 점검할 마지막 기회

저는 신문사에서 기자를 하던 서른아홉 살 시절에 경제주간지 창간작업의 책임을 맡게 됐습니다. 부랴부랴 준비팀을 꾸렸는데, 갑자기 경영기획실장이 찾아와 창간을 연기하거나 포기해야 할 것 같다는 소식을 전했습니다. 그는 회사의 자금 운용에 차질이 생겨 사업 추진이 어렵게 됐다며, 미안하지만 준비팀을 해산하고 사업을 재추진할 때 조직을 다시 꾸리자고 이야기했습니다. 어렵사리 후배들을 설득해 팀을 꾸리고 인사발령까지 난 상황이어서 경영기획실장의 이야기는 몹시 당혹스러웠습니다.

이때 사업을 원래대로 추진하는 유일한 방법은 외부의 투자를 받는 것이었습니다. 저는 허겁지겁 작성한 사업계획서를 가지고 평소에 알고 지내던 사람들을 찾아다녔습니다. 당시 저는 기자 생활만 했기 때문에 사업에는 문외한이었습니다. 그러나 투자를 받지 못하면 모든 게 물거품이 될 수밖에 없는 상황이어서 꽤 절박한 심정으로 투자자를 찾아다녔습니다.

그런데 당시 가깝게 지내던 기업의 임원이 사업의 책임자, 즉 설립되는 회사의 사장이 누구인지 묻더군요. "잘 모르겠다"고 대답했더니 "사장도 정해지지 않은 상태에서 어떻게 투자를 받으려고 하느냐"며 핀잔을 줬습니다. 그는 "투자를 받으려면 사장부터 결정하라"고 조언했습니다. 투자자는 사업 내용뿐만 아니라 사업 책임자나 회사의 대표를 보고 투자를 결정한다는 것이었습니다.

저는 신문사 대표에게 "사장이 있어야 투자를 검토해볼 수 있답니다"라고 상황을 전했습니다. 그랬더니 저더러 사장을 맡으라고 하더군요. 당시 제가 맡을 역할은 편집장이었고, 경영 경험이 전혀 없는 데다 마음의 준비도 안 돼 있는 터여서 몹시 황당했습니다. 하지만 어떻게든 사업 중단을 막아야 한다는 생각에 결국 대표를 맡았습니다. 현재 제가 이끄는 커리어케어는 이렇게 시작됐습니다. 헤드헌팅은 당시 설립된 회사의 여러 사업 가운데 하나였는데, 나중에 분리·독립했고 커리어케어의 주력 사업으로 자리잡았습니다.

제 경험을 소개한 것은 40대의 커리어는 20~30대의 업무 경험과 지식이 축적된 결과라는 것을 설명하기 위해서입니다. 저는 신문사에서 주로 경제 분야를 담당해온 데다, 사장의 비서실장을 지냈기 때문에 조직과 사업의 논리를 어느 정도 파악하고 있었습니다. 신문사의 대표는 그래서 저에게 새로운 회사의 준비와, 나아가 사장 역할까지 맡겼던 것입니다.

마흔이 되면 보통 직장생활을 한 지 10년쯤 되어갑니다. 대개 관리자 반열에 올라있거나 목전에 두고 있을 것입니다. 속도가 빠른 사람들은 임원으로 승진해있을 수도 있고 창업해서 기반을 닦은 사람도 있을 겁니다. 이렇게 사람마다 다양하면서도 천양지차의 모습으로 40대를 맞게 되는데, 이런 모습 역시 그동안 걸어온 축적의 결과물입니다. 오늘의 나는 어제와 동떨어진 사람이 아닙니다. 조직에 몸담은 사람들이 경력관리를 위해 가장 집중해야 할 일은 무엇보다 '당장의 업무'라는 얘기가 나오는 것도 이 때문입니다.

40대는 현재 몸담은 직장에서 자신이 하는 일을 계속할 것인가, 진로의 방향을 바꿀 것인가를 고민하는 시기이기도 합니다. 현재의 일이 전문성이 있는 일인지, 축적이 이뤄지고 있는지, 축적의 결과가 전문성과 연결돼 있어서 임원이 되거나 스페셜리스트로 자리 잡는 데 도움을 줄 수 있는지를 살펴야 합니다.

때로는 직장에 갇힌 시야를 벗어날 필요도 있습니다. 자기 브랜드 가운데 온전히 자신의 역량과 경험, 지식과 기술의 비중을 키워서 회사 브랜드의 비중을 줄여나갈 필요가 있습니다. 그러려면 회사에서 맡게 될 업무 가운데서도 자기 브랜드 비중을 키울 수 있는 직무를 택하는 게 좋겠죠. 40대에 이렇게 지식과 경험을 쌓고 나면 50대에 이를 활용할 수 있게 됩니다.

40대는 커리어 후반의 모습을 결정하는 변곡점

40대 초반은 대개 역량도 커져있고, 브랜드도 일정하게 형성된 시기입니다. 그러나 가정을 꾸리고 아이를 낳았다면 자녀의 성장 시기와 맞물려 경제적으로 부담을 느낄 나이기도 합니다. 조금 더 시간이 흘러 40대 중반이 되면 조직에 대한 책임감뿐만 아니라 자신을 둘러싼 주변 상황 때문에 자기 생각대로 거처를 결정하기가 쉽지 않습니다. 그래서 40대 초반은 자신의 진로를 결정을 할 수 있는 마지막 시기일 가능성이 큽니다.

많은 이들이 이 시기에 커리어를 바꿀 때 '연봉'을 가장 중요한 선택 기준으로 삼습니다. 하지만 연봉 한 가지만 보고 마흔 이후의 커리어 경로를 결정하면 안 됩니다. 커리어의 완성은 급여의 액수에 달린 것이 아닙니다. 급여는 커리어의 결과물입니다.

급여보다 우선해야 할 부분은 자신의 도달 지점을 어디로 정할 것인가 하는 점입니다. 더 길게 내다보고 상황을 판단하라는 얘기입니다.

40대의 이직은 여러 측면에서 다른 시기의 이직과 비교해 특수성을 갖고 있습니다. 청년들의 입사 시기는 늦춰지고 기업의 실질적 정년 시기는 당겨지면서 40대가 커리어의 주요한 변곡점이 되고 있습니다.

우선 40대에는 임원 승진 가능성을 따져보아야 합니다. 관리자나 임원이 되지 못하면 직장생활을 오래 하기가 어렵기 때문입니다. 또 은퇴 이후의 삶도 계획해야 합니다. 대략의 윤곽이라도 잡아놓지 않으면 시간이 지날수록 조급해지면서 커리어의 다음 지점을 연결할 때 악수를 둘 가능성이 커집니다.

이 시기에 커리어를 설계할 때는 각 단계별로 발생할 수 있는 모든 경우의 수를 나열하고 하나하나를 점검하는 방식으로 치밀하게 준비해야 합니다. 먼저 이전에 세운 경력 목표와 경로를 다시 점검해보십시오. 애초 목표가 제대로 설정됐고 그동안 그 경로를 잘 따라왔는지, 그 목표와 경로가 여전히 유효한지, 수정하거나 보완할 필요는 없는지를 살펴보십시오. 현재의 모습이 목표에서 벗어났다면 그 이유를 면밀하게 따져봐야 합니다.

이전에 경력 목표를 설정한 적이 없다면 이참에 자신에게 현재의 상황을 적나라하게 고백하는 시간을 가져보십시오. 내가 일하는 이유를 깨닫고 내가 몸담은 회사를 제대로 보는 것입니다. 내 커리어에 집중하는 시간을 가진 사람은 그렇지 않은 사람과는 전혀 다른 미래를 맞이하게 될 것입니다.

제게 맞는 헤드헌터는
어떻게 찾아야 할까요?

저는 10년 차 직장인이고 소비재회사의 마케팅 부서에서 중간간부로 일하고 있습니다. 제가 론칭을 주도한 브랜드 가운데 몇 개가 성공하면서 소문이 난 탓인지 2~3년 전부터 헤드헌터의 전화를 자주 받고 있습니다. 그동안 딱히 이직할 뜻이 없어 '생각 없습니다'라고 단호하게 거절해왔는데, 최근 제 주변에 좋은 조건으로 직장을 옮긴 경우가 몇몇 있어 관심이 생기기 시작했습니다. 그중 한 사람에게 어떻게 좋은 조건으로 이직했는지 물어보니, 자주 연락하며 지내는 헤드헌터가 도움을 주었다는 것이었습니다.

그동안 헤드헌터를 '직장 잘 다니고 있는 사람을 괜히 들쑤시는 사람' 정도로만 생각해왔는데, 이런 이야기를 듣고 나니 조금 혼란스럽습니다. 여태 두 번의 이직을 해왔지만 늘 저 스스로 알아보고 준비해왔고, 그래서 헤드헌터가 커리어의 동반자가 될 수 있다고는 생각해본 적이 없습니다. 저를 담당하는 사람이 얼마나 유능하고 저와 합이 잘 맞는지 알 수가 없어 불안하고 답답할 것 같습니다. 인생이 걸린 이직인데 의혹을 가진 채 진행할 수는 없는 노릇 아니겠습니까?

어떤 헤드헌터가 쓸 만한 사람인지, 그리고 제게 맞는 헤드헌터는 어떻게 골라야 하는지 조언을 부탁드립니다.

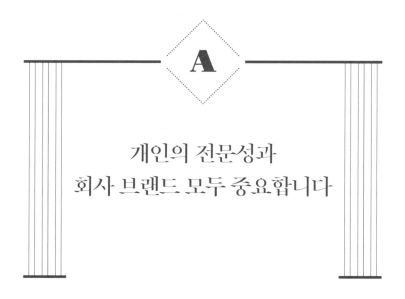

A

개인의 전문성과
회사 브랜드 모두 중요합니다

'훈수訓手'라는 용어는 장기나 바둑에서 기원한 것으로, 곁에서 지켜보던 제3자가 좋은 수를 일러주는 행위를 뜻합니다. 영미권에서는 훈수꾼을 'Backseat driver', 즉 선수 뒤에 앉은 사람이라고 표현합니다. 훈수는 경기에 몰두하느라 시야가 좁아진 선수가 미처 보지 못한 부분을 한발 떨어져 지켜보는 사람이 하는 일입니다. 훈수꾼은 대개 경기가 원활히 진행되지 않거나 선수가 좋지 않은 수를 두었을 때 개입합니다.

세상을 살다 보면 우리는 다양한 훈수꾼들을 만납니다. 만약 질문하신 분께서 두 번의 이직을 진행하며 주변 사람들에게 커리어에 관한 고민을 얘기하고 답변을 들었다면, 이때 답을 준 사람도 일종의 훈수꾼입니다. 이러한 훈수꾼은 직장 내의 선배나 동료일 수도 있고, 나름 다양한 경험을 가진 친구나 지인일 수도 있습니다. 그러나 한번 여쭤보고 싶습니다. 이렇게 주변인이 제공한 이직 정보나 가이드가 '신의 한 수'가 된 적이 얼마나 있는지요?

일반적으로 내 일이 아니고 내 상황이 아닐 경우 타인의 조언은 원론적 수준을 벗어나기 어렵습니다. 특히 경력 경로에 관한한 그들은 전문가가 아닐 뿐더러, 이직이란 인생이 걸린 중대한 사항이므로 함부로 왈가왈부하기가 어렵기 때문입니다.

그렇지만 이 일을 업으로 삼는 사람들이 있습니다. 바로 헤드헌터입니다. 헤드헌터는 기업에게는 가장 적합한 인재를 찾아주고 개인에게는 최적의 일자리를 소개해주는 전문가입니다. 이들은 적임자를 원하는 기업과 직장을 찾는 후보자 사이에서 양자의 속사정을 속속들이 파악해야 성과를 거둘 수 있습니다.

헤드헌터는 기업이 전개하는 사업과 후보자의 인생에서 중요한 의사결정을 할 때 도움을 주는 진정한 의미의 훈수꾼입니다. 진정한 훈수꾼은 허용된 규칙 안에서 상대가 필요할 때 입을 여는 적극적 게임 참가자입니다. 이들은 보통 책임질 수 없을 경우

아예 얘기하지 않습니다. 뒷감당이 가능해야 할 수 있는 게 훈수이기 때문입니다. 그렇지 않으면 장기판이 뒤집어지는 싸움이 벌어지게 되니까요.

헤드헌터는 일반적으로 프로젝트의 성사가 곧 보수와 직결됩니다. 성과를 만들어내지 못하면 자신의 존재가치를 인정받을 수 없습니다. 이는 곧 헤드헌팅 업계에서 퇴출된다는 사실을 의미합니다.

유능한 헤드헌터의 조건

이직은 경력 목표에 맞는 전략적 판단에 입각해야 하고, 이 시기의 이직은 가정과 직장, 그리고 사회적 위상까지 아우르는 포괄적 고민을 해야 하기 때문에 개인 혼자 결정하기엔 난이도가 높습니다. 무엇보다도 10년 차 시니어 직장인의 이직에서는 연봉이나 워라밸, 복지 같은 것보다 더 중요하게 살필 부분이 있습니다. 바로 다음 단계에 대한 설계입니다. 특히 질문하신 분처럼 그간의 성과가 명확한 상황에서의 이직이라면 임원 발탁의 가능성을 저울질해야 합니다. 그 어느 때보다 유능한 헤드헌터의 조력이 필요한 시기라는 의미입니다.

유능한 헤드헌터는 산업과 직무의 전문성을 토대로 협상과 설득의 기술, 그리고 인재 발굴 능력을 갖춘 전문가입니다. 이런 헤드헌터를 두세 명 정도 알고 지내는 것은 당장의 이직뿐만 아니라 자신의 커리어 설계에 큰 도움이 됩니다. 보통은 헤드헌터가 먼저 제안을 하기 위해 연락하기 때문에 이 기회를 잘 활용해야 합니다.

기업 대부분은 최고의 인재Best Person가 아니라 최적의 인재Right Person를 원합니다. 아무리 훌륭한 이력을 가진 후보자라도 해당 기업 최고경영자의 경영철학이나 조직문화, 업무 방식에 맞지 않는다면 적절하지 않다고 판단합니다. 그러나 기업의 경영철학이나 문화, 업무 방식 같은 것을 직장 밖에 있는 후보자가 파악하기란 참 어렵습니다. 이때 유능한 헤드헌터는 회사와 후보자의 상황을 파악한 뒤 양자 간의 정보 전달을 매개할 뿐만 아니라, 둘 사이에 생기는 이견을 조율해서 합의점을 찾아냅니다.

후보자가 이직할 때 알아야 할 중요한 정보 가운데 하나는 옮겨 가려는 회사가 얼마나 우량하며 성장 가능성과 안정성이 있는가 하는 것입니다. 이를 판단하는 가장 단순하면서도 확실한 방법은 그 회사의 재무제표를 살피는 것이지만, 해당 기업이 비상장이거나 스타트업이라면 회사와 관련 없는 직장인들이 재무제표에 접근하기는 매우 어렵습니다. 그러나 유능한 헤드헌터와

서치펌은 이런 정보를 비교적 정확하게 파악하고 있습니다.

유능한 헤드헌터의 중요한 덕목 중 하나로 후보자의 정보 보호도 빼놓을 수 없습니다. 후보자가 이직을 추진하는 과정에서 정보가 잘못 공개될 경우 후보자의 이력서가 사방팔방 돌아다닐 수 있습니다. 이렇게 되면 후보자는 직장을 옮기기도 전에 이직을 준비하는 중이라는 소문이 직장 내에 퍼져버릴 가능성이 있습니다. 이 경우 후보자는 이직 전까지 불편한 시간을 견뎌야 하며, 이직이 실패하기라도 하면 커리어 자체에 치명상을 입을 수도 있습니다. 이직을 준비할 때 이 사실을 함구해야 하는 것은 비단 헤드헌터만이 아니라 모든 직장인의 철칙입니다.

헤드헌팅회사의 브랜드를 살펴라

그렇다면 직장인들은 헤드헌터가 얼마나 신뢰할 수 있고 유능한지를 어떻게 판단할 수 있을까요? 우선 헤드헌터가 속해있는 헤드헌팅회사, 즉 서치펌의 브랜드와 헤드헌터의 전문성을 살펴봐야 합니다. 이것은 소비자가 제품을 사는 과정과 비슷합니다. 소비자들은 가전제품을 고를 때 대개 어떤 회사의 제품을 살 것이냐부터 정합니다. 해당 제품에 대한 전문가가 아니므로 제조회사의 브랜드에 대한 신뢰를 판단의 주된 기준으로 삼는 것입니다.

보통 펌firm이라고 불리는 회사 가운데 로펌이나 어카운팅펌 등은 라이선스가 필요합니다. 즉 법무법인, 노무법인, 세무법인, 회계법인 같은 회사는 아무나 설립할 수 없고 자격증을 갖고 있는 사람들이 모여서 일정한 기준을 충족해야 설립할 수 있습니다. 그러나 마케팅펌이나 전략컨설팅펌은 설립이나 운영에 관한 규제가 거의 없습니다. 이는 서치펌도 마찬가지입니다. 따라서 이러한 펌들을 이용해야 할 때는 해당 회사의 업무 경험이나 조직 규모, 임직원들의 전문성을 보고 판단할 수밖에 없습니다.

반드시 그렇다고는 할 수 없지만, 서치펌의 경우 대형 회사일수록 업무 경험이 풍부하고 임직원들의 전문성이 높아 신뢰할 수 있습니다. 특히 대형 서치펌은 대체로 사회적 위상이 높은 기업으로부터 인재 추천 요청을 받고 있기 때문에 후보자들에게 좋은 자리를 제안할 확률이 높습니다.

제가 이끌고 있는 커리어케어의 경우를 예로 들어 보겠습니다. 커리어케어는 6개 본부와 35개 전문팀에 속해있는 150여 명의 전문 컨설턴트들이 기업의 인재 추천 요청에 대응하고 있습니다. 홈페이지에는 팀장급 이상의 시니어 헤드헌터에 대해 학력과 경력, 전문 분야를 자세히 소개하고 있습니다. 만약 더 자세한 정보를 알고 싶다면 직접 물어보는 것도 좋습니다. 자기 커리어의 동반자에게 그러한 정보를 묻는 것은 권리이지 실례가 아닙니다.

또 저희 회사의 인재DB에는 창사 이후 20여 년 동안 축적된 50만 명이 넘는 핵심인재 정보가 구축돼있습니다. 그동안 진행했던 수만 건의 프로젝트도 체계적으로 정리돼있습니다. DB센터 직원들은 핵심인재들의 최근 동향을 수시로 파악해 업데이트합니다. 이 때문에 기업의 이사회 구성과 운영에서부터 최고경영자와 주요 임원, 그리고 각 분야의 핵심인재까지 기업이 원하는 인재를 빠르고 정확하게 찾아서 추천할 수 있습니다.

국내 서치펌들의 규모는 천차만별입니다. 혼자 운영하는 곳도 있고 커리어케어처럼 150여 명의 전문 헤드헌터들이 모인 곳도 있습니다. 규모가 큰 서치펌은 수수료가 비싸다 보니 자연스럽게 대기업이나 글로벌기업을 핵심고객으로 두게 됩니다. 인재 발굴과 추천 대상도 주로 임원급이나 핵심 전문가에 집중됩니다.

헤드헌터는 높은 지적 역량과 풍부한 업무 경험, 그리고 사명감이 요구되는 전문직입니다. 그래서 서치펌들은 신중하게 직원을 뽑고 철저하게 훈련시킵니다. 이런 회사에 소속된 헤드헌터들은 학력과 경력이 뛰어나며 자신의 주력 분야에 대해 해박한 지식을 갖고 있습니다.

좋은 헤드헌터는 후보자를 만날 때 종종 경력 목표를 묻습니다. 찾고 있는 인재가 근무할 곳이 후보자의 경력 목표에 부합해야 기업과 후보자 모두를 앞으로도 고객으로 남겨둘 수 있기 때문입니다. 헤드헌터는 귀하의 기대에 부응할 역량과 의지를 갖고 있습니다. 그들과의 만남을 어려워하지 마십시오. 좋은 헤드헌터는 귀하의 인생을 바꾸는 데 제법 쓸 만한 훈수꾼이 될 것입니다.

13년 차 직장인인데
주특기가 없습니다

건설업계에서 경력을 쌓아온 13년 차 직장인입니다. 영업관리 업무로 첫 직장생활을 시작한 뒤 그동안 부서와 회사를 옮겨다니면서 자재, 현장관리, 감리, 해외영업, 기획, 인사 같은 다양한 업무를 경험했습니다. 건설 분야의 업무는 공사장에서 직접 콘크리트를 쏟아붓는 일 빼고 다 해봤다고 말할 정도로 정말 여러 업무를 담당했습니다.

부서를 옮길 때마다 시급한 업무에 투입되었는데, 그때마다 그럭저럭 잘 해내는 바람에 해당 업무를 오랜 기간 담당하곤 했습니다. 그리고 직장을 옮길 때마다 연봉이 상승했던 터라 직장과 업무가 자주 바뀌는 것에 대해 그리 심각하게 생각하지 않았습니다. 그런데 건설경기가 침체되면서 상황이 달라졌습니다. 이직을 시도해야 할 일은 늘어났고, 채용을 하겠다는 기업은 많이 줄어들었습니다.

가장 큰 문제는 경력기술서입니다. 지금껏 여러 부서를 돌아다니며 일할 때는 제 능력을 시험해볼 기회로 여겼습니다. 그런데 이제 '내 주특기가 무엇인가' 곰곰이 생각해보니 무엇인지 알 수가 없었습니다. 회사의 필요에 부응해왔던 것이 너덜너덜해진 제 커리어로 남을 줄은 몰랐습니다. 앞으로 어떻게 해야 제 망가진 커리어를 수습할 수 있을까요?

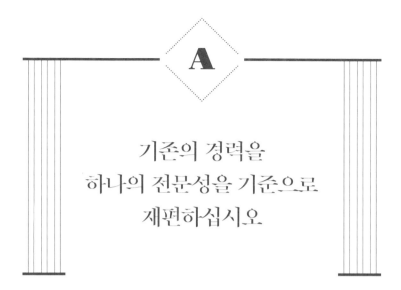

기존의 경력을
하나의 전문성을 기준으로
재편하십시오

직장생활 10년을 넘긴 직장인 중 상당수가 이직을 위해 지원서를 쓸 때 한숨을 쉬곤 합니다. 의도하지 않았는데 이력서와 경력기술서가 누더기로 변해있기 때문입니다. 열심히 살아왔다고 생각했는데 지나온 길을 살펴보니 뚜렷한 목표도 방향성도 보이질 않는 것입니다. 그러다가 용케 이직에 성공한들 옮겨 가는 회사의 이름값은 점점 낮아지고 회사에 몸담는 기간도 점점 짧아집니다.

　기업의 인사 담당자나 헤드헌터들은 잦은 이직 이력을 가진 직장인을 기피합니다. 재직했던 회사가 길게 나열된 경력기술서는 슥 살펴본 뒤 옆으로 밀어냅니다. 연봉을 더 준다고 옮기고, 직급을 올려준다고 옮기고, 상사와 관계가 불편하다고 옮기고, 야근이나 휴일 근무가 많다고 옮기고, 출퇴근 시간이 길다고 옮긴 것으로 간주하는 것이지요. 때에 따라서는 조직 부적응자로 볼 수 있습니다. 구직자는 그럴 만한 이유가 있었다고 이야기하고 싶겠지만, 기업은 후보자가 많은데 굳이 그런 사람을 채용할 이유가 없는 겁니다.

한 직장에서 계속 근무했더라도 담당 업무가 두서없이 계속 바뀌었다면 사정은 별반 다르지 않습니다. 회사에 다양한 부서가 있는 이유는 담당 업무가 구분돼있기 때문인데, 각각의 업무를 잘 처리하려면 일정한 전문성이 필요합니다. 물론 여러 업무를 했더라도 그 업무가 연관성이 있으면 나름 경쟁력을 인정받을 수도 있습니다. 그러나 담당해온 업무의 연결성이 희박하다면 인사 담당자나 헤드헌터의 관심을 끌기가 어렵습니다. 경력기술서에 학력란이 길게 이어지는 것은 좋지만 경력란이 긴 경우는 좋은 평가를 받지 못합니다.

매몰 비용의 오류

'매몰 비용Sunk cost'이라는 것이 있습니다. 이미 지출해서 회수할 수 없는 비용을 뜻합니다. 다시 거둬들일 수 없으므로 경제학에서는 투자를 계속할지를 결정할 때 아예 고려 대상에서 제외합니다. 어떻게 해도 회수할 수 없는 비용이어서 매몰 비용은 아무리 규모가 크더라도 현재와 미래의 가치를 0으로 보는 겁니다.

그러나 이것은 이론일 뿐 사람이 느끼는 감정은 다릅니다. 매몰 비용에 아쉬움을 느끼지 않고 미련을 버릴 수 있는 사람은 거의 없습니다. 그리고 이 감정은 합리적 판단을 어렵게 만듭니다. 미국의 심리학자 리처드 탈러Richard H. Thaler는 개인은 물론이고 기업이나 정부도 이미 실패했거나 실패할 것으로 예상되는 일에 시간과 노력, 돈을 투자하는 '매몰 비용의 오류'를 범한다고 주장했습니다. 사람은 아무래도 손실에 따른 고통을 더 크게 느끼기 때문에 판단을 잘못 내린다는 것이죠.

매몰 비용의 오류는 쉽게 찾아볼 수 있습니다. 우리 주변에는 이제껏 투자한 시간과 돈이 아까워서 쓸모없는 것들을 붙잡고 있는 사람들이 적지 않습니다. 도박판에서 잃은 돈은 이미 없어진 것인데, 잃은 게 아깝다고 노름을 계속하다 더 큰 돈을 잃는 사람들이 많은 것과 비슷한 현상입니다.

'콩코드 오류^{Concorde fallacy}'도 대표적인 매몰 비용의 오류입니다. 영국과 프랑스의 항공기회사가 합작해서 만든 초음속 여객기인 콩코드는 1960년대에 개발돼 1976년 첫 운항을 개시했습니다. 개발 당시 일반 여객기보다 2배 이상 빠른 마하 2.0 대의 속도를 예상해 세계적 주목을 받았습니다. 그러나 엄청난 소음과 배기가스, 비싼 운임 때문에 20여 대밖에 생산되지 못했고, 2003년에는 결국 운항이 중단됐습니다.

콩코드 여객기의 좌석은 일반 여객기의 3분의 1에 불과한 100석에 그쳤고, 연료비는 일반 비행기의 3~4배가 넘었습니다. 그 바람에 콩코드 전 좌석 가격은 일반 항공기 1등석의 3배, 이코노미석의 15배에 가까울 정도로 비쌌습니다. 이 때문에 콩코드 사업을 중단해야 한다는 지적이 많았지만 이미 10조 원 이상을 투자한 데다 국가적 자존심까지 걸려있어서 쉽게 포기하지 못했습니다. 그렇게 27년 동안 생산과 운항을 이어가다 결국 막대한 적자를 감당하지 못해 콩코드 사업은 파산하고 말았습니다.

리셋 버튼을 누를 용기

이렇게 매몰 비용은 미련을 남기면서 합리적 결정을 내리기 어렵게 만듭니다. 그러나 누구라도 길을 잘못 들었다고 생각하면 현재 시점에서 목표를 재조정하고 길을 찾아야 합니다. 질문하신 분도 지금 당장 경력 목표를 재설정하고 그곳에 도달하기 위한 새로운 경로를 그려야 합니다. 40대 초반이면 앞으로 경제활동을 해야 할 시간이 지금까지 해온 시간보다 많습니다. 이런 점을 고려하면 결코 늦은 게 아닙니다. 따라서 과거는 잊어버리고 목표 지점을 다시 설정해야 합니다.

질문하신 분은 10년 이상 여러 건설회사를 다니며 다양한 업무를 맡아왔습니다. 저는 지금까지 쌓아온 경험과 지식, 관계를 모조리 포기하라고 말하는 것이 아닙니다. 제 말은 목표와 경로를 다시 설계하기 위해 버릴 것은 버리고 취할 것은 취하며 새로운 골조를 구성해야 한다는 의미입니다. 지금까지 수행해온 다양한 업무 중에서 강점을 가졌던 것이 무엇인지를 찾아내 그것이 인생을 걸 만한 것인지 판단해야 합니다.

이 과정에서 드러나는 자신의 실체를 확인하면 당황스러울 수 있습니다. 처음 직장생활을 시작할 때 세웠던 것과 비교해 한참 달라진 경력은 좌절감을 주기에 충분합니다. 그러나 자신의 경력은 지울 수 없는 발자국입니다. 부정할 수 없고 부정해서도 안 됩니다. 마음에 들지 않더라도 이것을 토대로 다시 쌓아나가야 합니다. 자신이 무엇을 하고 싶었고, 이것을 위해 얼마나 많은 시간과 쓰고 노력을 했는지에 관한 미련을 다 털어버려야 합니다. 이제부터라도 경력관리를 제대로 하려면 과감하게 리셋 버튼을 누르는 용기가 필요합니다.

만약 이 과정을 슬기롭게 이겨낸다면 조금 규모가 작은 기업의 임원 자리는 얼마든지 노려볼 수 있습니다. 질문하신 분은 그동안 건설 분야에서 다양한 경험을 했습니다. 주특기가 없다고 했지만 건설 분야 전반을 두루 잘 알고 있습니다. 회사를 많이 옮겨 다녔지만 건설이라는 한 분야에서 일했기 때문에 건설이라는 전문분야를 갖고 있습니다. 이 분야 중에서도 특정한 어떤 직무를 특화해 강화해나가세요. 그리고 이것을 기반으로 한 회사에서 자리를 잡아야 합니다. 더 이상 옮겨 다니면 안 됩니다. 가능하면 한 조직에 뿌리를 내리고 회사 차원의 성과를 거두는 것을 목표로 잡으세요. 그렇게 해서 경영진의 신뢰를 얻고 임원으로 승진하는 길을 찾아야 합니다. 아니면 전문성을 계속 강화해 이를 기반으로 자기 사업을 할 수도 있습니다. 그러니 급하게 결정하지 말고 현재의 자신과 시장의 상황을 꼼꼼히 살펴 경력 목표와 경로를 재점검해야 합니다.

나이 든 사람들이 "내가 10년만 젊었어도"라는 말을 자주 합니다. 저도 그렇게 생각할 때가 종종 있습니다. 그러나 누구에게나 지금이 가장 젊은 시기입니다. 지금이라도 서두르지 말고 차근차근 시작해보십시오. 오래지 않아 길이 보일 겁니다. 우리 삶은 생각보다 길고, 일해야 할 시기는 많이 남아있습니다. 시간이 다소 걸리더라도 현재의 누적된 커리어 자산 가운데 자신을 대표하는 주특기를 찾아보십시오.

경력을 전환하고 싶은데
방법을 모르겠습니다

중견 유통회사에서 근무하고 있는 30대 초반의 직장인입니다. 신입사원으로 입사한 뒤 첫 배치를 받은 재무관리 부서에서 일한 지 3년째입니다. 요즘 상사에게 업무를 지시받을 때마다 가슴이 꽉 막히는 기분이 듭니다. 일하기 어려워서가 아니라 도무지 재미를 느낄 수가 없습니다.

저는 사람 만나는 것을 좋아하고 활동적인 편입니다. 또 모든 일은 해결할 방법이 어떻게든 생기기 마련이라는 생각에 변화와 모험도 크게 두려워하지 않았습니다. 이 때문에 사람을 직접 접촉하는 현장에서 일하고 싶었고, 입사할 때도 영업 분야에서 일하고 싶다고 강하게 어필했습니다. 그런데 경영학 전공 때문인지 현재의 부서로 배치되고 말았습니다.

'언젠가는 길이 열리겠지'라고 생각하며 상사에게 직무 전환 요청을 몇 차례 해보았지만 상사는 "아직은 때가 아니"라거나 "나중에 기회가 있을 것"이라며 제 이야기에 귀를 기울이지 않고 있습니다.

이러다가 원하지 않는 직무에 붙박이처럼 눌러앉게 될 것 같아 걱정입니다. 당장 직장을 옮겨서라도 원하는 직무를 맡는 게 맞을까요? 회사가 시키는 일을 거부하고 이직을 택하면 앞으로의 경력에 피해가 있지는 않을까요?

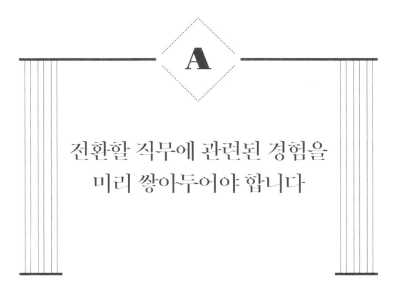

전환할 직무에 관련된 경험을 미리 쌓아두어야 합니다

조언에 앞서 저는 질문하신 분이 주어진 대로 살지 않고 적극적으로 내 인생을 만들겠다고 결심하신 것을 응원합니다. 경력을 바꾸는 것은 조금 과하게 표현하면 사는 방식을 바꾸는 일입니다. 지금까지 수행했던 업무는 원했든 아니든 간에 버리려고 해도 버려지지 않는 자신의 직무 경력입니다. 이를 묻어두고 본래 원했던 직무로 가겠다는 것은, 질문하신 분이 주니어 연차임을 고려하더라도 쉽게 마음먹기 어려운 용기임에 틀림없습니다.

경력 전환Career transition은 보통 세 가지 유형으로 나뉩니다.

같은 직장 내에서 현재와 다른 직무를 맡는 경우, 다른 직장으로 가서 하던 직무를 계속하는 경우, 그리고 다른 직장으로 옮기면서 직무도 바꾸는 경우입니다. 우리가 일상적으로 얘기하는 이직은 직무를 바꾸지 않고 일터를 바꾸는 경우가 대부분입니다. 그러나 여기서는 직무를 바꾸는 문제를 다루기 때문에 제외하겠습니다.

직장인이 직무를 바꾸기란 참 쉽지 않은 문제입니다. 많은 이들이 더 이상 앞이 보이지 않는 커리어의 돌파구로서 경력 전환을 시도하지만, 적응하는 데서부터 어려움을 겪다 실패하는 사례가 많습니다. 연차가 쌓인 시니어의 경력 전환이라면 더욱 그렇습니다.

연관된 분야부터 시도하라

경력 전환은 가지고 있는 경험과 경력을 어떻게 활용하여 방향을 잡느냐에 따라 성패가 갈립니다. 경력 전환에 성공하려면 몇 가지 문제를 꼼꼼히 짚어봐야 합니다.

첫째, 지금 하는 일과 얼마나 연관이 있느냐 하는 것입니다. 예를 들어 농부가 여태 자기 밭에 포도를 키워오다가, 사과가 비싸다는 말에 당장 포도나무를 다 베어내고 사과 묘목을 심었다고 해봅시다. 물 빠짐, 채광, 바람, 습도, 온도 같은 제반 요소들이 이미 포도에 맞추어졌는데 난데없이 사과나무를 심었다고 좋은 열매를 많이 얻을 수 있을까요? 현명한 농부라면 포도 대신 사과를 심기보다는 역시 포도의 일종이지만 부가가치가 높은 샤인머스켓을 심는 쪽을 선택하지 않을까요?

직무를 전환하는 일 역시 마찬가지입니다. 연관 분야가 아니라 전혀 이질적인 업무로 곧바로 직행한다면 적응에 어려움을 겪을 수 있습니다. 자신이 쌓아온 경력과 전혀 다르고, 아무 경험도 지식도 없는 곳에 뛰어들어 성공하길 기대하는 것은 욕심이고 만용입니다. 이직 자체도 쉽지 않을뿐더러 이직한다고 해도 좋은 성과를 거두는 경우가 많지 않습니다. 그러므로 경력을 전환할 때는 지금 하는 일의 연관 분야로 직무를 확장하면서 무게 중심을 옮겨가는 편이 좋습니다. 질문하신 분의 경우 곧바로 영업부서로 가기가 어렵다면 영업관리부서나 영업지원부서 같은 곳으로 옮겨보는 것을 고려해보십시오. 이런 부서들은 관리 경험이 필요하므로 관리부서에 있는 사람들을 받아줄 가능성이 있습니다.

연관 분야로 직무를 전환하는 것은 개인의 선택 문제만이 아니라 기업의 요구이기도 합니다. 기업은 아주 특별한 경우가 아니면 경력이 무관한 직원을 해당 자리에 밀어넣지 않습니다. 아무리 개인이 원한다고 해도 기업이 경력 전환에 따른 리스크를 부담해야 할 필요는 없으니까요. 만약 어떤 직원이 특별한 상황이 아닌데도 현재와 전혀 다른 직무로 전환됐다면 일종의 '징계' 성격을 띠고 있다고도 볼 수 있습니다.

먼저 현재 직장에서 관련 경험을 쌓아라

둘째, 현재 회사에서 업무 영역을 넓히거나 업무를 바꿀 수 있느냐는 문제입니다. 질문하신 분은 재무관리 부서에 있지만 영업 직무를 지망한다고 하셨습니다. 그런데 기업이 이직 지원자 가운데 영업 경험이 없는 사람을 뽑아줄 가능성은 크지 않습니다. 만약 받아준다고 해도 경력이 인정되지 않으므로 급여를 비롯한 처우가 나빠질 수도 있습니다. 또 후자의 경우, 이를 용인하는 회사는 비교적 직무 전문성을 덜 따지는, 브랜드 가치가 낮은 곳일 수 있습니다. 이러한 경우 커리어 손상을 피할 수 없습니다.

제가 운영하는 헤드헌팅회사를 통해 이직을 추진하는 사람들 중에서도 이직하며 경력 전환을 시도하는 분들이 제법 있습니다. 저희 컨설턴트들은 현재의 회사에서 직무 전환 기회가 있는지부터 확인하라고 이야기합니다. 아무리 잠재 역량이 뛰어난 사람이더라도 검증되지 않은 사람을 쉽게 받아줄 기업은 드무니까요.

질문하신 분도 장차 영업으로 직무를 전환하고 싶으시다면 어떻게든 현재의 직장에서 영업과 관련된 업무 경험을 쌓는 것이 좋습니다. 영업 부서 사람들과 자주 만나고, 그들의 모임과 행사에 직·간접적으로 참여해보십시오. 영업이 연관된 TF 자리가 생기면 적극적으로 지원해 관련 업무를 겪어보는 것도 좋습니다. 그렇게 차근차근 영업에 관심을 기울이다 보면 다른 사람들에게 영업을 좋아할 뿐만 아니라 잘할 수도 있겠다는 인식을 심어주게 됩니다. 그러면 부서를 전환하는 과정이 조금 더 수월해질 수 있습니다.

마지막까지 성과와 평가를 관리하라

셋째, 경력 전환 과정에서 현재의 성과와 평가가 훼손될 것이냐 하는 문제입니다. 경력 전환을 추진하는 사람들에게서 흔히 발생하는 문제는 현재 맡은 업무를 등한시하는 것입니다. 물론 지금 맡은 직무와 업무가 만족스러웠다면 경력 전환을 시도하지도 않았을 테니 이해가 가지 않는 것은 아닙니다. 하지만 직장생활 영역에서 경력 전환 과정에 현재의 업무를 소홀히 한 결과는 상당히 혹독합니다. '안에서 새는 바가지는 밖에서도 새는 법'입니다. 나빠진 성과와 평판은 꼬리표처럼 따라다닐 것이고, 그러한 평가를 받는 사람을 받아줄 기업과 부서는 어디에도 없습니다. 경력 전환이 결정된 뒤 업무 인수인계를 소홀히 하면 안 되는 것도 이 때문입니다. 떠나기 직전의 마지막 모습이 그 사람의 평판에 가장 큰 영향을 미칩니다.

끝으로 한 가지 팁을 드리자면, 경력 전환을 시도할 때는 승진한 이후를 노리는 것이 좋습니다. 직전의 직급은 보통 인정받는 편이고, 새로운 곳으로 옮겨 가서 단기간에 승진을 노리기는 어렵기 때문입니다.

정년까지
버틸 자신이 없습니다

중견기업의 부장입니다. 이곳을 첫 직장으로 삼아 근무한 지 벌써 20년을 훌쩍 넘겼고, 이제 정년을 4년 앞두고 있습니다. 실은 몇 년 전까지만 해도 임원 승진에 대한 희망을 품고 있었는데, 후배들이 먼저 치고 올라간 뒤로 마음을 접고 정년까지만 버티는 것으로 목표를 바꾸었습니다.

다만 그러고 나니 마음이 많이 부대낍니다. 고참 부장이어서 그런지 따로 보직도 없고 주어진 업무량도 많지 않아 시간이 넘칩니다. 마음으로는 수없이 많은 사표를 쓰고 명예퇴직 프로그램 신청서까지 작성해두었지만, 아직 학교에 다니고 있는 늦둥이 딸을 생각해 꾹 참고 있습니다. 이대로 정년까지 버틸 수 있을지도 모르겠고, 버틴다고 해도 그동안 마음이 많이 불편할 것 같습니다.

중소기업으로 옮기면 상황이 조금 더 나아지지 않을까 생각해본 적도 있습니다. 그런데 알아보니 연봉이 지금과는 비교할 수 없을 정도로 줄어들고 근무 조건도 무척 열악합니다. 정년까지는 버티는 것이 목표인데, 성과 경쟁이 치열하다 보니 옮겨서도 그때까지 근무할 수 있으리라는 보장이 없을 것 같습니다.

어떻게 하면 직장생활을 안정적으로 조금 더 오래 할 수 있을까요?

나를 필요로 하는 곳을
찾아가십시오

답변에 앞서 제가 조금 잔인한 이야기를 먼저 해야겠군요. 인간
적인 측면에서 질문하신 분의 처지와 바람은 이해합니다. 그러나
그런 조건을 받아들일 수 있는 기업은 세상에 거의 없습니다. 업
무상 안락함을 유지하면서, 많은 급여를 받으며, 자신이 원하는
때까지 직장생활을 하고 싶다는 욕망을 품지 않은 직장인은 없
습니다. 그러나 경쟁력이 쇠퇴한 사람이 품은 이런 욕망은 '값싸
고 질 좋은 소고기'를 원하는 것처럼 현실성이 없는 일입니다.

나이를 먹어 정년이 다가왔다는 건 귀하의 잘못이 아닙니다.

세월은 누구에게나 공평하게 찾아옵니다. 그러나 이 시점이 되도록 조직에서 자신의 존재가치를 증명해내지 못했다는 것은 귀하가 오롯이 만들어낸, 귀하가 떠맡아야 할 결과물입니다.

임원 승진을 하지 못한 데는 여러 요인이 작용했을 겁니다. 운이 없어 티 안 나는 일만 골라 처리해왔을 수도 있고, 맡은 부서와 직무에 회사의 지원이 부족했을 수도 있습니다. 또는 본인이 원하지 않았는데도 사내 정치에 휘말렸을 수도 있고, 동료나 부하의 과오를 대신 뒤집어썼을 수도 있습니다. 그러나 귀하께서 얘기하는 '뒷방 늙은이가 된 이유'를 회사의 모든 사람이 이해해줄 것인지 생각해보십시오.

'승포자', 즉 승진을 포기한 사람은 기업에서 아주 골치 아픈 존재입니다. 그들은 일하는 동기를 찾아볼 수 없고, 회사에 출근해서 월급을 받는 일상 자체가 목표입니다. 승포자가 많을수록 조직은 활력을 잃고 생산성이 낮아집니다. 기업이 적지 않은 위로금을 지급하면서까지 나이 든 부장급 관리자들을 내보내는 이유가 바로 여기에 있습니다.

승포자 개인에게도 이런 상황은 최악입니다. 가만히 앉아서 정년을 기다리는, 이른바 사라질 날을 기다리고 있는 사람이 무슨 흥이 나서 성과를 챙기겠습니까. 그 결과 정년까지 버티기가 갈수록 어려워지고, 설령 어찌어찌해서 버틴다고 해도 은퇴 이후는 정말 대책이 없게 됩니다. 아무런 경쟁력이 없는 사람이 세상에 나오면 찬밥 신세를 면하기 어렵습니다.

현실을 직시하라

쓴소리는 이 정도로 하고, 본격적으로 주신 질문에 대한 답을 찾아봅시다.

한국은 2016년에 법정 정년을 60세로 정했습니다. 그러나 현실에서 '직장 천수天壽'를 누리는 이들은 많지 않습니다. 2012년 무렵에도 평균 53세였던 현실 퇴직 시기는 2022년이 되면서 무려 49.3세로 짧아졌습니다. 이에 반해 우리나라 국민들의 은퇴 희망 연령은 국민연금 수령 시점과 동일한 평균 65세로 나타났습니다.❖

이를 보면 국민들이 희망하는 퇴직 연령과 실제 퇴직 연령 사이에 무려 15년이라는 시간 차이가 있습니다. 다시 말하면 대한민국 국민들은 직장을 퇴직한 후 국민연금이 나오기까지 15년간

❖ 「조기은퇴와 직장인의 부수입 창출 활동에 관한 조사」(2021), 한국리서치. 전국 만 18세 이상 남녀, 1,000명, 온라인 조사.

뚜렷한 현금흐름이 없는 시간을 버텨야 한다는 의미입니다. 이러한 점을 고려하면 평범한 직장인들이 지상 최대의 과제로 정년을 사수하고자 하는 이유를 짐작할 수 있습니다.

일반 직원이 아니라 임원이라 해도 사정은 다르지 않습니다. 임원은 계약직입니다. 보통 1년 단위로 재계약을 논의하는데, 성과를 내지 못하면 재계약이 성사될 수 없습니다. 오죽하면 임원이란 '임시 직원'이라는 우스갯소리가 있을 정도로 임원 승진 후 1년 만에 회사를 나오는 경우가 허다합니다. 결국 직장인이라면 누구나 지금 다니고 있는 직장을 잃고 난 다음의 일을 고민하지 않을 수 없다는 것입니다.

질문하신 분은 현재의 직장에서 정년을 맞기가 어려울 것이라 예상하고 계신 것 같습니다. 그렇다면 하루라도 빨리 나를 받아줄 곳으로 옮겨야 합니다. 중소기업이라고 마다할 상황이 아닙니다. 자신을 필요로 하는 곳이 있다면 자존심에 상처를 입고 급여가 현재보다 줄어드는 것을 감수하고라도 경력을 이어가야 합니다. 또한 회사를 나온 이후에는 경쟁력이 손상되므로 반드시 재직 중에 이직에 성공해야 합니다.

질문하신 분과 비슷한 처지에 있는 사람들과 얘기를 나눠보면, 머리로는 이해하겠는데 조금 더 생각해보고 결정하겠다는 분들이 의외로 많습니다. 현실을 충분히 받아들일 시간이 필요하다는 말이지만, 속뜻은 현재 직장에서 누리는 안락함을 조금만 연장하고 싶다는 의미지요. 이럴 때 제가 자주 하는 말이 있습니다.

"지금 당장 눈높이를 바꾸지 않으면 미래는 갈수록 답답해질 겁니다."

나를 필요로 하는 곳을 찾아라

회사를 옮기기로 결정했다면, 남은 문제는 어떤 곳으로 어떻게 옮기느냐 하는 것입니다. 헤드헌터에게 이직을 상담하는 사람들의 희망을 분류해보면 대략 두 가지로 나뉩니다. 바로 '자리'와 '연봉'입니다. 연봉은 말할 것도 없이 다다익선이고, 자리는 자신의 커리어를 강화해줄 더 큰 조직이나 더 높은 직책을 뜻합니다.

그런데 질문하신 분처럼 나이 있는 시니어라면 그 양상이 조금 달라집니다. 정년에 가까운 이들이 원하는 곳은 연봉을 많이 주고 직급을 우대해주는 곳이 아니라 자신을 써야 할 이유가 분명한 곳이라야 합니다. 그래야 '오래 일할 수 있기 때문'입니다. 이러한 바람을 가진 분들께 저는 '눈높이를 낮추고, 현실적인 이점을 보라'고 말하며 중소기업으로 이직하는 것을 추천드리고는 합니다.

중소기업의 경우 고용의 유연성이 있는 편입니다. 법정 정년에 얽매이지 않는다는 얘기입니다. 경우에 따라서는 시니어 직급으로 이직하더라도 기여도에 따라 임원으로 승진할 수도 있고, 오너와 호흡이 잘 맞으면 정년보다 훨씬 오래 근무할 수도 있습니다.

물론 중소기업은 이전보다 보상수준이 낮고 근무 조건도 열악할 수 있습니다. 그러나 우리나라의 중소기업 가운데는 우량한 기업도 제법 있습니다. 그런 곳 가운데 질문하신 분이 가진 경험과 역량, 네트워크를 사고 싶어 하는 곳을 찾아보면 됩니다.

조금 심한 얘기를 많이 했습니다. 다른 뜻이 있는 것이 아니라 의기와 용기를 북돋기 위해 일부러 말을 세게 한 것이니 이해해주십시오. 부디 지금부터라도 뜻깊은 마지막을 맞이하겠다는 마음으로 정년이 되기 전에 과감한 결단을 내리시기를 바랍니다.

경단녀가 다시 커리어를
시작할 방법은 무엇인가요?

저는 요즘 말로 '경단녀경력 단절 여성'입니다. 대학교 졸업 뒤 제법 알려진 화장품 브랜드에서 디자이너로 근무했는데, 아이가 태어나면서 일을 그만두었습니다. 당시 저는 직장을 그만두는 것을 반대했지만 아이가 어린 시절에는 꼭 엄마가 돌봐야 한다, 아이 얼굴을 봐서라도 양보해라, 당신 정도면 몇 년 뒤라도 다시 일을 찾을 수 있을 것이다, 그때는 당신 뜻을 따르겠다, 라고 말하는 남편의 설득을 이기지 못했습니다.

그렇게 직장과 담을 쌓은 시간이 벌써 8년이 되었습니다. 그사이 아이는 초등학교 2학년이 되었고 저는 40대 문턱을 넘어섰습니다. 아직 아이가 저의 손을 필요로 하는 시기이긴 하지만 더 미뤄서는 안 되겠다는 생각에 입사지원서를 써서 여기저기에 넣는 중입니다.

그런데 면접을 보러 오라고 하는 곳이 정말 손에 꼽을 정도입니다. '일해 보자'라고 한 곳이 딱 한 군데 있었습니다만, 통근하기에 거리가 너무 멀고 급여나 근무 조건을 들어보니 너무하다 싶어 포기했습니다.

남편이 원망스럽고, 할 수만 있다면 과거로 시간을 돌리고 싶습니다. 그러면 아이 돌봐주는 사람을 구해서 월급 태반을 주는 한이 있더라도 직장을 그만두지 않을 것 같습니다. 제가 어떻게 하면 직장생활을 다시 시작할 수 있을까요?

일단 경력을 이어간다는 데
초점을 맞추십시오

최근 한 기사에 의하면 2023년에 여성 고용률이 54.1퍼센트로 역대 최고를 기록했다고 합니다. 이 가운데 흔히 결혼과 출산 시기와 맞물리는 30대 여성의 고용률이 무려 68퍼센트에 이르렀더군요. 여성 직장인들 다수가 출산과 육아로 인해 경력 단절을 겪는다는 사실을 고려하면, 현재 결혼과 출산을 미루거나 아예 접어두고 직장을 다니고 있는 여성이 아주 많다는 것으로 해석됩니다.

저 68퍼센트의 여성들이 결혼과 출산 대신 직장을 선택하는 모습에서 저는 질문하신 분과 같은 경단녀들을 떠올렸습니다. 경단녀들이 겪고 있는 어려움을 직·간접적으로 보거나 알게 되면 누구라도 지금 다니는 직장을 포기하고 싶지 않을 테니까요.

경력 단절과 이에 따르는 문제들은 비단 한국만의 문제는 아니겠지만, 그렇더라도 특히 우리나라 여성들에게서 더 심각하게 나타나는 것으로 보입니다. 한국 사회에서는 여전히 육아의 책임이 여성에게 있는 것으로 간주하고 있습니다. 부부 둘 중 한 사람이 아이를 돌봐야 한다면 남편보다는 아내가 일을 그만두고 아이를 돌보는 것이 '자연스럽다'고 여기는 인식 자체가 이를 증명합니다.

여성이 직장으로부터 멀어지기가 더 쉽고, 한번 멀어지면 다시 커리어를 이어가기가 쉽지 않다는 현실은 결혼과 출산의 감소로 이어집니다. 현재 출산율 감소, 초고령사회 진입, 연금 고갈 문제, 인구 절벽에 따른 노동력과 국방력 감소 등 인구 문제가 국가적 재앙으로 대두되고 있음에도, 질문하신 분처럼 일할 의지를 가진 경단녀들에 대한 처우는 나아지지 않고 있습니다.

정부가 돌봄 인프라를 획기적으로 개선하겠다며 이런저런 정책을 내놓고 있지만, 이런 제도적 움직임도 그다지 효과가 있어 보이지 않습니다. 퇴직 이후 재취업을 하려는 이들에게 아이 맡길 곳은 찾는 것은 일터로 향할 수 있는 선결조건일 뿐이고, 취업은 또 다른 문제이니까요.

이 때문에 우리의 관심은 '경단녀들이 어떻게 하면 다시 원하는 일을 찾을 수 있는가' 하는, 현실적 문제에 집중할 수밖에 없습니다.

과거와 헤어질 결심

경력자들은 새로운 직장을 찾을 때 '지난 경력을 이어 발전시킬 수 있는 곳인가'를 중요한 기준으로 삼습니다. 경단녀 역시 그렇습니다. 다시 직장생활을 시작한다면 이전과 같은 분야의 경력에, 이전과 비슷한 수준의 회사로 복귀하기를 희망합니다. 가장 선호하는 경우는 이전에 다녔던 회사에 다시 같은 직급으로 입사하는 것입니다. 공백이 있긴 해도 이미 기업문화도 잘 알고 업무도 낯설지 않기 때문에 다시 적응하기가 쉽습니다. 기업 역시 이러한 경우라면 환영할 만합니다. 해당 직무 경험도 있고, 이전에 해당 업무를 해냈던 사람이기에 검증된 인력입니다.

얼핏 매우 이상적인 사례일 듯하지만, 여기에는 함정이 숨어 있습니다. 우선 경력 단절자가 과거 근무했던 회사로 복귀를 원하는 경우 기업은 경력 단절 기간을 고려하지 않을 수 없습니다.

때문에 이전과 동일한 대우를 해주는 경우는 손에 꼽을 정도로 적습니다. 이전과 같은 대우를 받으며 복귀했다 하더라도 문제는 남아있습니다. 경력이 단절된 기간 동안 회사에 남아있었던 동기나 후임들은 어느새 상급자가 된 경우가 많습니다. 이들에게 업무 지시를 받고 평가를 받는다는 것은 아무래도 기꺼운 마음으로 받아들이기 어렵습니다. 실제로 경단녀가 퇴직 전 근무하던 곳으로 복귀하는 경우는 사례 가운데 가장 성공률이 낮을 만큼 희귀합니다.

이러한 이유로 저는 경력 단절자들에게 과거의 자신과 두 가지 면에서 '헤어질 결심'을 할 것을 제안합니다. 하나는 기업의 규모와 이름값 면에서, 다른 하나는 경력을 이어가겠다는 바람에서 눈높이와 자존심을 낮출 필요가 있다는 의미입니다.

어떻게든 경력을 이어가고 싶다면, 규모나 이름값 면에서 이전과 비슷한 수준의 회사 대신 중소 또는 중견기업의 계약직으로 가는 것도 고려해보시기를 바랍니다. 일단 재취직에 성공하여 커리어를 잇고 공백을 채운 뒤 다시 더 좋은 곳으로 옮기거나, 그곳에서 상위 직급을 노려보는 게 좋겠습니다.

제 지인 중에는 육아 휴직이 3개월이던 시절에 어쩔 수 없이 회사를 그만두었다가 나중에 계약직으로 다시 입사한 사람이 있습니다. 그녀는 처음엔 단순한 자료 정리 일을 했습니다만 이를 악물고 버틴 결과 정규직 전환뿐만 아니라 부서장 승진까지 이뤄냈습니다.

재취업을 단순 직무로 시작하면 영영 하고 싶은 직무를 맡지 못하게 되는 것이 아닐까 하는 걱정은 던져버리십시오. 지금 단계에서 중요한 것은 경력을 다시 이어가겠다는 계획을 실행에 옮기는 것입니다. 회사가 맡긴 일을 하다 보면 어느 순간 도약할 수 있는 기회가 올 것이라는 믿음을 가져야 합니다.

과거의 경력을 이어가기가 어려울 것 같다면 새로운 기술을 습득하여 경력을 전환해 복귀하는 방법도 생각해보시기를 바랍니다. 자격증을 따거나 새로운 교육을 받아서 직무 능력을 키우면 생각보다 빠르게 길이 열릴 수도 있습니다. 물론 직무가 바뀌기 때문에 처음엔 힘들고 적응이 쉽지 않을 수 있습니다. 실패 가능성도 있으므로 그만큼 부담이 되는 길이지만, 도전 정신을 갖는다면 시도해볼 만합니다.

리턴십 프로그램을 노려보라

요즘 글로벌 기업들은 리턴십 프로그램Returnship Program, Return-to-Work Program에 대해 큰 관심을 갖고 있습니다. 리턴십은 리턴

Return과 인턴십Internship의 합성어로, 우수한 인재를 영입하기 위해 퇴직자를 적극 채용하는 제도입니다.

리턴십 프로그램을 처음 도입한 기업은 글로벌 투자은행 골드만삭스입니다. 이것이 좋은 효과를 거두자 애플, 아마존, 메타, 구글 같은 세계적 기업들이 비슷한 프로그램을 운영해 인력난을 해소하고 있습니다.

인력 솔루션 기업인 맨파워그룹의 조사에 따르면 남녀 응답자의 84퍼센트가 중간 공백기를 가질 예정이라고 답했습니다. 자녀나 가족을 돌보기 위한 경력단절 비율은 여성이 74퍼센트, 남성도 57퍼센트에 이르렀습니다. 경력단절은 여성뿐만 아니라 남성에게도 나타나는 현상으로, 그만큼 리턴십 프로그램의 수요도 커지고 있다는 것을 보여줍니다.

우수한 인적 자원이 복귀해 능력을 발휘할 수 있게 해야 한다는 사회적 분위기가 형성되면서 국내 대기업들도 경력단절자 채용을 점차 늘리고 있습니다. 향후 국내 대기업도 리턴십 프로그램을 차용할 것으로 예상됩니다. 물론 앞서 언급한 대우 문제와 자존심 문제가 있겠습니다만, 반드시 경력을 이어가고 싶다면 이를 감수하고 눈높이를 조금 낮춰서 전 직장의 문을 적극적으로 두드려보길 권합니다. 경력단절자에게 중요한 것은 '꺾이지 않는 마음'입니다.

현재 여성가족부와 고용노동부는 전국 158개 '여성새로일하기센터'를 통해 직업교육, 인턴 연계, 창업지원, 상담프로그램 등을 운영하고 있습니다. 서울시의 '우먼업 프로젝트' 같은 지자체 프로그램도 늘고 있으므로 관련 정보를 잘 찾아보면 큰 도움이 될 것입니다.

이직과 창업 제안을
동시에 받았습니다

중소기업에서 6년째 기획업무를 담당하고 있습니다. 직장생활을 하는 사람들 대부분이 그렇듯이, 일이 익숙해질 만하니 생각이 많아집니다. '때 되면 거르지 않고 월급이 나오는 이 안락함이 정말 내가 원하는 삶이었던가?' 하는 생각이 듭니다.

실은 최근에 이직과 창업 동참 제안을 동시에 받았던 것이 이런 생각을 떠올린 계기가 됐습니다. 둘 가운데 더 마음이 가는 건 창업 쪽입니다. 학교 동아리 선배가 꽤 구체적인 창업 아이템을 들고 '너라면 믿을 수 있다'며 같이 사업을 해보자고 제안했습니다.

당장은 먹고살기가 팍팍해지겠지만 내 사업이란 점이 매력적입니다. 운이 따라준다면 지금의 회사에서 기대할 수 없는 큰 성취감을 맛볼 수도 있을 것 같습니다. 돌아보면 사업은 오랜 제 꿈이었지만 가정 형편상 감행하기 어려웠습니다. 그런데 그 기회가 갑자기 찾아왔고, '다니던 회사에서 익힌 업무 능력을 내 회사에서 펼칠 수 있지 않을까'라고 생각하니 가벼운 흥분마저 들면서 마음이 크게 흔들립니다.

아직 미혼이어서 부담이 적고, 실패하더라도 한 살이라도 더 젊을 때 하는 게 좋을 것 같기도 합니다. 저는 어느 쪽을 선택하면 좋을까요?

창업 시에는
희망이 아니라
조건을 따져야 합니다

질문하신 분께서도 "멀쩡하게 회사 잘 다니다 사업을 시작해 다 들어먹었다"는 사연을 여기저기서 들어보셨을 것이라 생각합니다. 아무리 직장생활에 넌더리가 나더라도 내 사업을 시작하기가 어려운 까닭이 이것입니다. 재주나 능력이 뛰어나다고 평가받던 사람들도 성공하기 어려운 것이 창업이고 보면, 창업에는 이직과는 사뭇 다른 차원의 준비와 결심이 필요합니다.

저는 창업을 하려는 사람들에게 네 가지를 꼭 따져보라고 권합니다. 바로 '시기, 분야, 규모, 주체'입니다.

시기: 조급함을 경계하라

먼저 창업 시기입니다. '창업은 한 살이라도 젊을 때 해야 한다'는 얘기가 있습니다. 이는 창업을 하면 반드시 위기가 찾아올 것이므로, 실패했을 때는 한 살이라도 젊어야 재기하기 쉽다는 의미입니다. 실제로 나이 들어서 창업했다가 실패하면 다시 일어나기가 쉽지 않습니다. 가지고 있는 돈은 다 써버렸고 다시 모으기는 어렵습니다. 직장으로 복귀하는 것도 나이가 있다면 간단하지 않습니다.

그러나 저는 저 말이 반만 맞는 얘기라고 봅니다. 무슨 말인가 하면, 젊었을 때 창업하면 경험과 역량, 시야와 지식이 부족해서 위기에 취약하고 실패할 가능성이 크다는 점도 생각해보아야 한다는 의미입니다. 자기가 잘 아는 분야가 생기고, 네트워크가 만들어지고, 필요한 자금을 마련하려면 일정 정도의 직장생활이 필요합니다.

결론적으로 창업은 나이가 아니라 '자신이 얼마나 준비가 되어있는가'를 기준으로 삼아야 합니다. 창업에 있어서 가장 경계해야 할 것이 '조급함'입니다. 뭔가 잘될 것 같고, 빨리 시작해야 할 것 같고, 지금 잡지 않으면 놓칠 것 같은 분위기에서 달려드는 것을 경계해야 합니다. 이런 생각을 자꾸 하다 보면 자기만의 생각에 빠져서 브레이크가 걸리지 않습니다. 자기 확신이 강해지면서 함정에 빠질 가능성이 커집니다.

분야: 잘 알고 있고 잘할 수 있는 것을 선택하라

두 번째 살펴볼 지점은 창업 분야입니다. 창업은 자기가 잘 아는 분야에서 해야 한다는 것은 아무리 강조해도 지나치지 않습니다. 이 단순하고도 뻔한 이치를 많은 이들이 간과합니다. 특히 질문하신 분처럼 창업을 고려하던 사람이 동업 제안을 받은 경우 십중팔구 잊어버립니다. 제안을 한 사람은 당연히 자신이 잘 아는 분야이니 같이 일하자는 것이지만, 제안을 받은 사람은 그렇지 않을 수 있습니다.

잘 아는 분야에서 창업해야 하는 이유는 자금 문제와도 연결됩니다. 사업을 이루는 3요소는 '시간, 사람, 돈'입니다. 이 가운데 가장 큰 리스크가 발생하는 부분은 '돈'입니다. 사업 구상 단계를 지나 실행에 들어가면 대개 애초의 계획보다 더 많은 자금이 들어갑니다. 이것은 사전에 아무리 철저한 조사를 거치고 준비했다고 해도 바뀌지 않는 진실입니다. 이때 잘 알고 있는 분야라면 지출을 줄일 요소와 방법을 찾기 쉽습니다. 즉 시장을 잘 알고 있을 경우의 이점을 살릴 수 있는 것입니다.

창업자들 가운데에는 자신이 원하는 것을 시장이 원하는 것이라고 착각하는 이들이 있습니다. 이는 수요 파악에 오류가 있는 것이어서 결과가 좋을 수 없습니다. 남이 성공한 아이템을 따라 하거나 거기에 자기 아이디어를 조금만 붙이면 되지 않을까 싶어도, 바로 그런 생각을 떠올린 경쟁자들이 무수히 많습니다. 이러한 궤적을 벗어날 방법이 자신의 전문 분야를 창업 아이템으로 삼는 것입니다. 해당 분야의 전문가라야 기존의 경쟁자들과 관행이 미처 커버하지 못한 영역을 찾아내 사업으로 성공시킬 수 있고, 자금을 비롯해 사업 요소에서 발생할 리스크도 줄일 수 있습니다.

규모: 작게 시작해서 크게 키워라

셋째 창업 규모입니다. 사업을 시작하는 사람들 가운데 자신이 할 수 있는 최대 규모로 시작하려고 하는 잘못을 범하는 사람들이 적지 않습니다. 보기 좋고 사업하는 맛도 내기 위한 과시적 의사결정에서 비롯되는 경우도 있고, 딴에는 '규모의 경제' 효과를 꾀하려는 것일 수도 있습니다. 사업을 하다 보면 계획했던 것보다 비용은 더 많이 들고 매출은 더 적게 나오고 시간은 더 많이 걸리기 일쑤입니다. 이 때문에 사업자금이 바닥나서 버틸 수 없는 지경에 빠지는 경우가 빈번합니다.

웃자란 벼는 쓰러지기 쉽습니다. 마찬가지로 사업 역시 초기부터 외양만 키우면 내실을 다지지 못해 무너지기 쉽습니다. 따라서 초기부터 규모를 너무 키우지 말아야 합니다. 10억 원의 자금을 동원할 수 있다면 10억 원보다 작은 그림을 그리는 게 좋습니다. 물건과 서비스가 팔리고 영업이익이 나는 게 확인되면 그때부터 조금씩 키워나가는 전략이 현명합니다.

사업의 규모를 키우는 것은 확실한 수익모델을 갖고 있다는 확신이 설 때 해도 됩니다. 실패하는 이들을 보면 수익모델을 갖추지 못한 것이 주요 원인입니다. 기회는 생각보다 늦게 오고 위기는 생각보다 빨리 옵니다. 비용은 생각보다 많이 들어가고 매출은 생각보다 적게 나옵니다. 자금은 생각보다 빨리 사라지고 수익은 생각보다 더디게 발생합니다.

위기 대처 능력은 창업의 성공 요인 중 하나입니다. 창업하면 반드시 위기가 찾아오기 마련이고, 이 위기를 넘길 수 있으냐가 성공의 관건입니다. 위기를 넘기려면 이때 집중 투입할 수 있는 여유 자금과 역량이 필요하고, 따라서 평소에는 자금과 역량의 70~80퍼센트 범위에서 사업과 조직이 굴러갈 수 있도록 계획을 짜는 것이 좋습니다. 자기 역량의 100퍼센트를 넘어서는 계획은 무모한 것이고 운에 맡기려는 태도입니다.

주체: 책임과 권한, 의사결정 과정을 명확히 하라

마지막으로 살필 부분은 창업 주체입니다. 질문하신 분의 경우 학교 동아리 선배였던 분이 '동업'을 제안했다고 말씀하셨습니다. 그런데 동업은 태생적으로 위기를 내포합니다.

저는 동업에 실패한 사람들로부터 '사람 잃고 돈도 잃었다'는 얘기를 많이 들었습니다. 막연하게 좋은 관계로 모여 일을 시작했다가 갈등을 겪고 헤어지는 경우가 그만큼 잦다는 것입니다. 동업으로 성공한 사례가 없는 것은 아니지만 생각보다 드문 게 현실입니다.

많은 이들이 부푼 기대를 품고 창업에 나섭니다. 위험과 위기를 염두에 두는 경우는 상당히 적습니다. 그런데 신생기업은 늘 위기 상황에 놓여있습니다. 위기가 발생했을 때 동업은 누가 책임질지가 불분명합니다. 책임 주체가 불분명하면 위기가 닥쳤을 때 책임을 서로 돌리며 다투게 됩니다. 그러다 보면 서로 갈라서게 되는 것입니다.

그래서 사업은 할 수 있다면 혼자서 하는 게 좋습니다. 동업을 하더라도 책임과 권한이 분명하도록 지분구조나 의사결정 과정을 미리 세밀하게 짜놓아야 합니다. 할 수 있는 한 명확하고 세세한 규정을 만들어놓고 시작하라는 겁니다.

선배가 던진 '너라면 믿을 수 있다'는 말에 혹하거나 섣부르게 판단하지 말고 조금 더 진지하게 고민해보셨으면 합니다. 내가 잘 아는 분야에서, 작게, 나의 책임과 권한의 범위 및 의사결정에서의 역할을 분명히 한 다음, 충분한 시간을 갖고 준비해서 창업하는 것이 정석입니다.

창업 준비는 꾸준함을 요구하는 작업입니다. 갑작스러운 창업은 준비가 안 됐다는 고백과 다르지 않습니다. 철저하게 준비하고 시작해도 실패 확률이 높은 게 창업의 세계입니다. 역사적으로 뛰어난 경영자들도 대개는 첫 번째 창업보다는 두 번째나 세 번째 창업을 통해, 또는 엄청난 위기를 가까스로 수습하면서 자리를 잡은 경우가 많았다는 점을 기억하시길 바랍니다.

레벨 업을 위한 최고의 시간은 바로 지금이다

L E V E L U P

조선 후기에 활약한 실학자인 박제가朴齊家는 젊은 날 정조에 의해 규장각 검서관으로 발탁돼 신임과 총애를 받은 인물입니다. 그는 청나라를 자주 오가며 외교관으로서 크게 활약하면서 『북학의北學議』란 견문록을 남기기도 했습니다.

그런데 박제가는 '서얼' 출신이었습니다. 조선 시대에는 서얼 출신을 관료로 등용하지 않았는데, 박제가는 어떻게 관료가 될 수 있었을까요?

직접적인 원인은 정조가 펼친 서얼 중용 정책입니다. 정조는 능력 있는 인물들이 서얼 출신이라는 이유로 제 뜻을 펴지 못하는 폐단을 혁파하고자 그들을 일정한 한도에서 관료로 등용하는 정책을 펼쳤습니다.

그러나 보다 근본적인 원인은, 출신의 한계를 뛰어넘을 능력을 갈고닦으며 역량을 펼쳐보일 기회를 준비한 박제가의 노력에 있었습니다. 박제가는 생활고에 시달리면서도 각고의 노력으로 중국어와 만주어를 능숙하게 구사하는 수준에 이르렀습니다. 또 학문의 폭과 깊이가 남달라 당대의 문인과 학자들에게 주목받았습니다. 이러한 노력과 성과가 정조의 눈에 들어 마침내 서얼 출신이라는 한계를 벗어나 관료가 될 수 있었던 것입니다.

당시에는 박제가처럼 자신의 능력을 키움으로써 관직에 나아가는 사람들이 여럿 있었습니다. 여기에는 역관譯官, 의관醫官, 율관律官, 화원畵員 등 잡과 출신 기술 관리와 양반의 서얼들이 다수 속했고, 이들을 일컬어 중인中人이라 불렀습니다.

중인들은 신분제도의 한계를 돌파하기 위해 치밀한 계획을 세웠습니다. 이들은 양반들이 성리학에 몰두하는 동안, 세상이 돌아가는 데 반드시 필요한 기술과 지식을 쌓아 전문성을 확보했습니다. 또한 무역과 물류를 장악하여 재산을 불렸습니다. 양반들과는 다른 커리어 계획을 세워 차별적 커리어를 구축한 것입니다.

주어진 조건의 한계를 벗어나 자신의 신분과 재산, 능력과 사회적 평판을 '레벨 업'하는 중인들의 모습은 현재를 사는 우리 직장인에게는 그리 낯설지 않습니다. 저들과 마찬가지로, 직장인이라면 누구나 '더 좋은 근무환경과 더 합리적인 기업문화를 가진 직장에서 더 뛰어난 동료들과 일하면서 더 많은 연봉을 받을 방법'을 고민합니다.

그러나 순조롭게 자신을 레벨 업하며 목표를 향해 나아가는 이들이 있는가 하면, 어떤 이들은 꿈만 꿀 뿐 늘 그 자리에 머물러 있거나 오히려 퇴행하기도 합니다. 이런 차이가 생겨나는 원인은 무엇일까요?

첫 번째 이유는 레벨 업을 위한 뚜렷한 계획을 세워두지 않았기 때문입니다. 그저 눈앞의 더 큰 회사, 더 많은 월급, 더 좋은 근무환경을 찾아 직장을 옮기고 직업과 직무를 바꾸는 사람은 언젠가 막다른 골목에 이르게 됩니다. 그러다 보면 커리어 목표에 대한 큰 그림을 그리고 그 과정을 치밀히 설계한 사람과는 점점 더 커리어의 격차가 나기 마련입니다.

두 번째 이유는 축적이 제대로 이뤄지지 않았기 때문입니다. 레벨 업을 원하는 사람들 상당수가 과정은 외면한 채 결과에만 관심을 보입니다. 하지만 축적의 시간이 없다면 결실을 맛볼 시간도 뒤따르지 않습니다. 목표로 하는 커리어에 도움이 되지 않는, 엉뚱한 업무와 분야에 시간과 에너지를 낭비하는 경우도 있습니다. 축적이 제대로 이루어지려면 적확한 곳에 충분한 자원을 투입해야만 합니다.

세 번째 이유는 적극적으로 도전하지 않았기 때문입니다. 아무리 전문성을 갖춘 탁월한 직무 역량이 있더라도, 이것을 현실에서 보여줄 기회를 찾아 나서지 않는다면 없는 것이나 마찬가지입니다. 역량을 보여줄 수 있고, 그것을 평가받을 수 있는 곳으로 자신을 이끌어야만 자신을 레벨 업 시킬 수 있습니다.

레벨 업은 모든 직장인의, 아니 모든 사람의 꿈입니다. 그 꿈은 누구에게나, 언제나, 어디서나 현실이 될 수 있습니다. 늦었다고 생각할 때가 가장 빠른 때이고, 지금이 시작하기에 가장 좋은 때라는 말이 있습니다. 레벨 업도 마찬가지입니다. 이 책을 읽는 순간이 커리어의 레벨 업, 인생의 레벨 업을 꿈꾸는 독자들에게 가장 빠르고 좋은 시기를 일깨워줄 수 있기를 희망합니다.

레벨 업 강한 커리어

초판 1쇄 발행 2024년 4월 25일

지은이 신현만
펴낸곳 (주)커리어케어 출판본부 SAYKOREA

출판본부장 이강필
편집 박진희 손성원
마케팅 허성권
디자인 STUDIO BEAR

등록 2014년 1월 22일 (제2008-000060호)
주소 03385 서울시 강남구 테헤란로 87길 35 금강타워3, 5-8F
전화 02-2286-3813
팩스 02-6008-3980
홈페이지 www.saykorea.co.kr
인스타그램 instagram.com/saykoreabooks
블로그 blog.naver.com/saykoreabooks

ⓒ (주)커리어케어 2024
ISBN 979-11-93239-12-4 03320

SAY KOREA는 (주)커리어케어의 출판브랜드입니다.